Thomas Polland

Fit für das DSD I PRO

Übungsbuch mit Audios online
Deutsch als Fremdsprache

Hueber Verlag

Beratung: Manuel Haß

Quellenverzeichnis

Cover: von links: © fotolia/Picture-Factory; © fotolia/ehrenberg-bilder; © Thinkstock/iStock/Stanislav Komogorov; © MEV S. 190: © manuta – stock.adobe.com S. 192: Gärten © manuta – stock.adobe.com; Straßen © Rechitan Sorin – stock.adobe.com; Öffentliche Einrichtung © Iulia Goncharova – stock.adobe.com; Gegenstände © Maksim Kostenko – stock.adobe.com; Gärten © manuta – stock.adobe.com; Gärtner © K.-U. Häßler – stock.adobe.com; bewässern © All Rights Reserved – stock.adobe.com

Bildredaktion: Ahmadullah Dardmanesh, Hueber Verlag, München

Kostenlose Materialien unter www.hueber.de/fit-fuer:
alle Audiodateien, Transkriptionen der Hörtexte und Lösungen zum Buch

Sprecherinnen und Sprecher: Sebastian Höffner, Tinka Kleffner, Lenny Peteanu, Ella Rendtorff, Patricia Strasburger, Alexander Wohnhaas
Produktion: Atrium Studio Medienproduktion GmbH, München

Verwendete Symbole:

🔊 Hörtext als MP3-Datei im Internet (www. hueber.de/fit-fuer)

Diese Aufgabe müssen Sie nicht machen, um die Prüfung zu bestehen.
Sie lernen hier aber Dinge, die in der Prüfung zusätzlich positiv bewertet werden.

In dieser Aufgabe lernen Sie verschiedene Möglichkeiten kennen, die Sie in der Prüfung verwenden können. Sie müssen aber nur eine davon anwenden.

5. 4. 3. | Die letzten Ziffern
2028 27 26 25 24 | bezeichnen Zahl und Jahr des Druckes.
Alle Drucke dieser Auflage können, da unverändert, nebeneinander benutzt werden.
1. Auflage

Umschlaggestaltung: Sieveking Agentur, München
Layout und Satz: Sieveking Agentur, München
Verlagsredaktion: Andreas Tomaszewski, Hueber Verlag, München
Druck und Bindung: Passavia Druckservice GmbH & Co. KG, Passau
Printed in Germany
ISBN 978-3-19-211860-9

Art. 530_25886_001_03

Vorwort

Tipps und Hinweise zur Arbeit mit diesem Buch im Kurs

FIT FÜR DAS DSD I PRO bietet umfangreiches Material zur Vorbereitung auf die Prüfung. Sie können es kurstragend oder kursbegleitend einsetzen.

Prüfungsteil Schriftliche Kommunikation (SK)

Beachten Sie die Hinweise zu diesem Prüfungsteil auf Seite 6–7. Das Angebot reicht von Basisübungen zur Heranführung an die Aufgabenstellungen in diesem Prüfungsteil bis hin zu anspruchsvollen Aufgaben für fortgeschrittene Schülerinnen und Schüler.
Achten Sie darauf, dass Sie auf jeden Fall die Prüfungsbeispiele 1 und 2 komplett durchgehen (Teil A–C). Wählen Sie je nach Lerngruppe geeignete Übungsmaterialien aus den Teilen E und F aus.
Am besten, Sie lassen zu Übungszwecken Klausuren zu allen fünf Prüfungsbeispielen schreiben, zumindest auf dem Niveau des Teils C (ab Seite 75).
In Teil D (ab Seite 94) finden Sie Wortschatz und Strukturen, die in der Prüfung positiv bewertet werden; im Anhang ab Seite 219 eine Zusammenstellung nützlicher Redemittel. Konzentrieren Sie sich bei Lerngruppen mit geringeren Vorkenntnissen auf einfachere Strukturen und Redemittel und achten Sie darauf, dass Ihre Schülerinnen und Schüler diese sicher beherrschen.
Eine Zusammenfassung der Punkte, die für ein erfolgreiches Bestehen dieses Prüfungsteils wichtig sind, finden Sie im Anhang ab Seite 215.

Prüfungsteile Leseverstehen (LV) und Hörverstehen (HV)

Besprechen Sie die Aufgaben („Vorübungen"), Tipps und Strategien zum Lösen der Aufgaben mit Ihrer Lerngruppe.
Achten Sie beim Prüfungsteil HV darauf, dass die jeweils zweite Prüfungsaufgabe zu einem Hörtext zusammengefasst ist. Sie hören diese also „am Stück", wie in der Prüfung und mit allen Ansagen und Pausen zum Vorbereiten und Lösen der Aufgaben. Spielen Sie diese Simulation der Prüfung unbedingt einmal durch, denn sie ist ein Probelauf in Echtzeit!

Prüfungsteil Mündliche Kommunikation (MK)

Behandeln Sie die Tipps und Hinweise zum Ablauf des Prüfungsgesprächs über vertraute Themen sowie zum Inhalt und zur Form des Vortrags.
Beachten Sie auch die Prüferfragen im Anhang ab Seite 218: Mit diesen können Sie ein Prüfungsgespräch simulieren. Dazu finden Sie auch Kopiervorlagen unter hueber.de/fit-fuer.

Ausbildung und Beruf

Ab Seite 194 finden Sie berufssprachliche Seiten zu verschiedenen Themenkreisen. Dort ist der berufssprachliche Wortschatz enthalten, der von der Zentralstelle für das Auslandsschulwesen (ZfA) für das DSD I PRO vorgegeben ist. Sie sollten daher zumindest die dortigen Wortschatzübungen behandeln. Die Aufgaben zum Hören, Schreiben und Sprechen können Sie flexibel und nach Bedarf einsetzen.

Inhalt

Prüfungsteil Schriftliche Kommunikation (SK)

Überblick und Anforderungen

Worum geht es?

In diesem Prüfungsteil sollen Sie einen Beitrag zu einem bestimmten Thema aus den Bereichen Ausbildung und Beruf verfassen. Darin sollen Sie wichtige Punkte eines vorgegebenen Textes wiedergeben, von Ihren eigenen Erfahrungen zum Thema berichten und Ihre eigene Meinung sagen und begründen. Sie sollen Ihren Beitrag als Text für einen Schülerblog auf der Internetseite Ihrer Berufsschule gestalten.

Die Prüfungsaufgabe ist folgendermaßen gegliedert:

Überschrift und Erläuterung

- Thema der Prüfungsaufgabe
- Kurze Erläuterung, worum es geht

Text

Es handelt sich um eine Äußerung, die ein(e) Schüler(in) zu dem Thema geschrieben hat.
Die Überschrift nennt das Thema.
- Anrede
- eigentlicher Text: Eine Schülerin / Ein Schüler ...
  stellt sich kurz vor;
  beschreibt eine Situation oder ein Thema;
  nennt ihre / seine Meinung und begründet sie;
  teilt mit, welches Anliegen sie / er hat bzw. fordert ihre / seine Leser / Leserinnen zu etwas auf.
- Unterschrift

Aufgaben

Der Prüfungsteil besteht aus drei Aufgaben:
1. Sie müssen die wesentlichen Aussagen des Beitrages mit eigenen Worten wiedergeben.
2. Sie müssen Ihre eigenen Erfahrungen zu dem Thema aufschreiben, d. h. Sie sollen eine Frage dazu beantworten, wie es mit diesem Thema bei Ihnen aussieht bzw. welche Erfahrungen Sie damit gemacht haben.
3. Sie müssen Ihre eigene Meinung zu dem Thema darlegen und begründen.

Zusätzlich müssen Sie eine Einleitung und einen Schluss formulieren. Es soll insgesamt ein zusammenhängender Text entstehen, der die Schreibsituation berücksichtigt und Überleitungen zwischen den Teilen enthält.

Zeit

75 Minuten. Sie brauchen die Wörter nicht zu zählen.

In fünf Schritten zu einem guten Prüfungstext

Im Prüfungsteil SK lernen Sie Schritt für Schritt, wie Sie in der Prüfung einen guten Text schreiben.

Teil A Prüfungsbeispiel 1: Für die Schule lernen (Durchgang 1)
Sie lernen hier das Wichtigste für Ihren Prüfungstext:
- Aufbau (Welche Teile muss der Text enthalten?)
- einfache Formulierungen (Wie können Sie einen einfachen Prüfungstext schreiben?)

Teil B Prüfungsbeispiel 1: Für die Schule lernen (Durchgang 2)
Hier lernen und üben Sie, wie Sie einen vollständigen und guten Prüfungstext schreiben.

Teil C Prüfungsbeispiel 2: Jobaussichten
Hier üben Sie alles, was Sie in Schritt A gelernt haben, noch einmal. Wenn Sie alles gut können, haben Sie sehr gute Chancen, den Prüfungsteil SK zu bestehen.

Teil D Zwischenteil: Sprachliche Fähigkeiten verbessern
Hier lernen Sie sprachliche Mittel kennen, die in der Prüfung besonders gut bewertet werden.

Teil E Prüfungsbeispiel 3: Mit Kritik umgehen
Hier lernen Sie weitere Tipps und Tricks für einen sehr guten Prüfungstext kennen und schreiben einen dritten Text.

Teil F Prüfungsbeispiel 4: Sprache und Sprachen im Beruf
Hier schreiben Sie einen vierten Text. Sie wenden alles an, was Sie gelernt haben und können.
Sie bekommen dazu noch einmal einen Leitfaden und sprachliche Hinweise als Hilfe.

Teil G Prüfungsbeispiel 5: Karriere und Privatleben
Hier schreiben Sie den fünften Text eigenständig wie in der echten Prüfung.

Hinweise zu Teil D
In Teil D lernen Sie einige komplexere Strukturen kennen. Diese werden in der Prüfung zusätzlich positiv bewertet. Lernen Sie einige davon gut und versuchen Sie, diese richtig zu verwenden.
Wenn Sie sich bei bestimmten Strukturen unsicher sind, verwenden Sie diese vorsichtig oder verzichten Sie darauf. Versuchen Sie auf jeden Fall, einen guten Text zu schreiben. Das wird belohnt, auch wenn Sie hier und da Fehler machen. Aber: Schreiben Sie lieber einen etwas einfacheren, verständlichen Text ohne viele Fehler als einen sehr komplizierten mit sehr vielen Fehlern, den man dann vielleicht nicht mehr gut versteht.

Hinweise zu den Teilen E bis G
Wenden Sie auf jeden Fall das an, was Sie in den Teilen A und B gelernt haben. Denn das müssen Sie mindestens können, um diesen Prüfungsteil sicher zu bestehen.

Mein Arbeitsplan

1 Ihr Text muss am Ende die folgenden Teile 1–5 enthalten. In jedem Teil müssen Sie bestimmte Aufgaben erfüllen. Ordnen Sie die fehlenden Angaben a–g zu.

(1) Einleitung

Inhalt	– Sie verwenden eine Anrede und / oder eine Überschrift. – Sie [b] – Sie nennen das Internetforum als Quelle.

(2) Wiedergabe

Überleitung I	– Sie ☐
Inhalt	– Sie ☐ – Sie nennen dabei Schreiber, Situation, Textthema und Anliegen des Schreibers. Sie benutzen eigene Wörter und Formulierungen, nicht die aus dem Text.

(3) Erfahrungen

Überleitung II	– Sie kündigen an, dass Sie jetzt von Ihren eigenen Erfahrungen berichten.
Inhalt	– Sie ☐

(4) Meinung

Überleitung III	– Sie kündigen an, dass Sie jetzt ihre eigene Meinung sagen.
Meinung	– Sie ☐ – Sie begründen Ihre Meinung mit Argumenten. – Sie ☐

(5) Schluss

Inhalt	– Sie ☐

a beenden Ihren Text sinnvoll, z. B. mit einem Fazit.
b sagen, um welches Thema es geht.
c sagen, was die Schülerin oder der Schüler geschrieben hat.
d sagen, was Sie selbst zu diesem Thema / zu dieser Frage denken.
e berichten, welche Erfahrungen Sie zu dem Thema haben.
f geben Beispiele und Erläuterungen zu Ihren Argumenten.
g kündigen an, dass Sie jetzt den Text wiedergeben.

2 Schreiben Sie sich jetzt Ihren vollständigen Arbeitsplan auf ein Blatt oder ins Heft. Sie können dabei auch nur Stichpunkte aufschreiben.

HINWEIS
Sie lernen mit diesem Buch Schritt für Schritt, wie man einen guten Prüfungstext schreibt. Nehmen Sie Ihren Arbeitsplan als „Checkliste", wenn Sie später ganze Prüfungstexte schreiben. Dann vergessen Sie keine wichtigen Teile.

Teil A Erste Schritte zu einem eigenen Text

Prüfungsbeispiel 1: Für die Schule lernen

Für die Schule lernen

In einem Internetforum lesen Sie folgenden Beitrag zum Thema „Für die Schule lernen“:

> Hallo zusammen,
>
> ich bin Sabine, 16, und besuche das Albert-Einstein-Berufskolleg in Freiberg. Ich bin in der dualen Ausbildung zur Buchhändlerin.
>
> Die meisten in meiner Klasse nehmen die Schule sehr wichtig. Abends lernen sie noch und alle reden nur über Noten und Hausaufgaben, obwohl wir nur einmal in der Woche Berufsschule haben!
>
> Ich sehe das völlig anders. Wichtig ist die Arbeit im Betrieb. In der Buchhandlung lerne ich alles für den Beruf. In der Schule kommt viel Stoff, den ich gar nicht brauche. Ich tue nur das Nötigste dafür. Nicht die Noten sind am Ende wichtig, sondern was dein Chef von dir hält.
>
> Also: Kümmert euch um den Job, Schule ist Nebensache!
>
> Ciao
>
> Sabine

Sie möchten das Thema in den Schülerblog auf der Internetseite Ihrer Berufsschule bringen.
Schreiben Sie einen zusammenhängenden Beitrag für den Schülerblog.

Bearbeiten Sie in Ihrem Beitrag die folgenden drei Punkte:

- Geben Sie wichtige Aussagen aus dem Text des Internetforums **mit eigenen Worten** wieder.
- Wie lernen Sie für die Schule? **Berichten Sie ausführlich.**
- Sollte man im dualen System viel Arbeit in den schulischen Teil der Ausbildung stecken oder soll man sich vor allem um den Betrieb kümmern? **Begründen Sie Ihre Meinung ausführlich.**

Sie haben insgesamt **75 Minuten** Zeit.

Sie brauchen die Wörter **nicht** zu zählen.

A 1 Lesen Sie das Prüfungsbeispiel 1 auf Seite 9. Alle folgenden Aufgaben in Teil A beziehen sich auf dieses Prüfungsbeispiel.

A 2 Arbeiten Sie mit Ihrem Arbeitsplan von Seite 8.

Eine Einleitung schreiben

Eine Anrede finden

A 3 Beginnen Sie Ihren Text mit einer Anrede.

a Suchen Sie sich zwei Anreden aus und kreuzen Sie sie an. Lernen Sie sie.

☐ Liebe Leser unseres Blogs!
☐ Hallo zusammen!
☐ Liebe Leserinnen und Leser!
☐ Liebe Mitschüler!

b Wählen Sie eine Anrede aus a aus und schreiben Sie sie für den Beginn Ihres Textes auf.

____

TIPP

Sie können nach der Anrede ein „!" (Ausrufezeichen) oder ein „," (Komma) setzen. Nach „!" geht es mit einem Großbuchstaben weiter, nach „," mit einem Kleinbuchstaben.

c Ergänzen Sie die richtigen Satzzeichen bzw. den fehlenden Groß- oder Kleinbuchstaben.

1 Liebe Leserinnen und Leser,
☐ür uns Schüler ist das Thema ...
2 Liebe Mitschüler!
☐ür uns Schüler ist das Thema ...
3 Hallo zusammen☐
Die Frage der Arbeit für die Schule ...
4 Liebe Leser unseres Blogs☐
die Frage der Arbeit für die Schule ...

Sagen, wie man auf das Thema kommt – Die Quelle nennen

A 4 Textquelle, Zeit und Inhalt

a Wo steht Sabines Text? Kreuzen Sie an und ergänzen Sie den Satz.

☐ in einem Blog
☐ in der Schülerzeitung
☐ in einem Internetforum

Neulich habe ich ______________________ eine Diskussion zum Thema „Für die Schule lernen" gelesen.

b **Wann haben Sie Sabines Text gelesen und was war der Inhalt? Ergänzen Sie die folgenden Ausdrücke.**

letzte Woche • interessante Dinge

1 ______________ las ich in einem Internetforum eine Diskussion zum Thema „Für die Schule lernen". Die Schülerin Sabine hat sehr ______________ dazu geschrieben.

vor Kurzem • einen Beitrag

2 Beim Surfen fand ich ______________ eine Internet-Diskussion. Dort diskutierten Schülerinnen und Schüler die Frage: „Wie viel muss man für die Berufsschule lernen?" ______________ fand ich besonders interessant. Die Schülerin Sabine hat ihn geschrieben.

eine Diskussion • gestern Abend

3 ______________ habe ich in einem Forum im Internet ______________ zum Thema „Lernen für die Berufsschule" gefunden.

Sagen, um welche Frage es geht

A 5 Direkte und indirekte Fragen

TIPP

Wenn man schreibt, was eine andere Person gesagt hat, braucht man oft „indirekte Fragen". Beispiele:
Direkte Fragen: Viele Schüler fragen: „Ist die Berufsschule wichtig?" und „Wie viel muss man für die Schule lernen?"
Indirekte Fragen: Viele Schüler fragen, ob die Berufsschule wichtig ist und wie viel man für die Schule lernen muss.
Lernen Sie „indirekte Fragen" und achten Sie auf die Wortstellung.

a **Ergänzen Sie die indirekte Frage.**

1 Die Frage ist: Wie wichtig ist die Schule? Die Frage ist, ______________.
2 Die Frage ist: Ist der Beruf nicht wichtiger? Die Frage ist, ______________.

b **Ergänzen Sie die Satzanfänge. Probieren Sie mehrere Möglichkeiten aus.**

wie viel man für die Schule lernen soll • Wie wichtig ist die Berufsschule neben dem Job? • Wie viel soll man für die Schule lernen? • wie wichtig es ist, für die Schule zu arbeiten • ob Schule oder Beruf wichtiger sind • Ist die Arbeit für die Schule genauso wichtig wie der Job?

1 Hier geht es um die Frage, ______________
____

2 Die Frage ist: ______________
____

c **Schreiben Sie nun ein eigenes Beispiel auf.**

1 Hier geht es um die Frage, ______________.
2 Die Frage ist: ______________.

Zusammenfassung

A 6 Bringen Sie die folgenden Sätze in eine sinnvolle Reihenfolge.

☐ Darin hat eine Berufsschülerin von ihrer Situation berichtet und ihre Meinung geschrieben.
☐ Diesen Beitrag möchte ich jetzt kurz zusammenfassen.
☐ Zu diesem Thema habe ich ein Internetforum gefunden.
[1] Das Thema „Berufsschule und Betrieb" ist für uns alle wichtig.

A 7 Schreiben Sie jetzt eine eigene kurze Einleitung zu Sabines Text.

1 Beginnen Sie mit einer Anrede.
2 Sagen Sie, was Sie in einem Internetforum gelesen haben.
3 Sagen Sie, um welches Thema es geht.

Eine Wiedergabe verfassen

Den eigenen Beitrag ankündigen

A 8 Überleitung zur Wiedergabe

a Lesen Sie die Angaben im Prüfungsbeispiel 1. Was haben Sie gelesen und was müssen Sie schreiben? Kreuzen Sie an.

	habe ich gelesen	muss ich schreiben
1 Diskussion	☐	☐
2 Beitrag in einem Internetforum	☐	☐
3 Beitrag für den Schülerblog	☐	☐
4 Diskussionsbeitrag	☐	☐

b Bringen Sie die Teile des folgenden Satzes in die richtige Reihenfolge.

☐ möchte ich jetzt ☐ einen Beitrag schreiben ☐ Zu dieser Frage

c Kündigen Sie in einem Satz Ihren Beitrag an. Verwenden Sie dazu die folgenden Ausdrücke.

Zu dieser Frage / Dazu • möchte ich / will ich • jetzt / hier • einen Beitrag schreiben. / etwas schreiben.

Beispiel: *Dazu will ich hier einen Beitrag schreiben.*
Ihr Satz: ____________________

Die Wiedergabe ankündigen

TIPP
Nach der Einleitung müssen Sie die Aussagen der Schülerin / des Schülers wiedergeben.
Diese Wiedergabe müssen Sie ankündigen.

A 9 **Kündigen Sie an, dass Sie Sabines Aussagen wiedergeben.**

a **Welche Zeitangaben passen? Kreuzen Sie an.**

☐ Zuerst ☐ Dann ☐ Als Erstes ☐ Danach gebe ich den Text aus dem Forum wieder.

b **Welche Verben passen? Kreuzen Sie an.**

Zuerst möchte ich Sabines Beitrag ☐ wiedergeben. ☐ zusammenfassen. ☐ abschreiben.

c **Die Verben „möchten", „wollen" und „werden": Schreiben Sie Sätze wie im Beispiel.**

TIPP
Sie können auch sagen, was Sie tun möchten, wollen oder werden:
Zuerst fasse ich den Beitrag für euch zusammen.
→ Zuerst möchte / will / werde ich den Beitrag für euch zusammenfassen.

1 Zuerst gebe ich den Beitrag wieder. (möchte)
Zuerst möchte ich den Beitrag wiedergeben.

2 Erst sage ich, was Sabine in dem Forum geschrieben hat. (will)
____

3 Als Erstes gebe ich Sabines Beitrag kurz wieder. (werde)
____

Den Verfasser vorstellen

A 10 **Schreiben Sie die passenden Wörter in die Tabelle.**

Autor / Autorin • verfassen • Beitrag • Blog • Forumsbeitrag • schreiben • Verfasser / Verfasserin

Jemand, der schreibt	Text	Tätigkeit
Autor / Autorin		

A 11 **Stellen Sie die Verfasserin vor. Ergänzen Sie die Sätze.**

~~heißt~~ • jährigen • ist 16 Jahre • Berufskolleg • Ausbildung • eine duale

Zu diesem Thema habe ich in einem Internetforum einen interessanten Beitrag gefunden.
1 Die Verfasserin des Beitrags *heißt* Sabine und __________ alt. Sie macht __________ Ausbildung und besucht das Berufskolleg.
2 Dieser Beitrag ist von der 16-__________ Sabine aus Freiberg. Sie lernt am __________ und macht eine duale __________.

A 12 Stellen Sie die Verfasserin jetzt mit eigenen Sätzen vor.

a Bilden Sie Sätze mit den angegebenen Informationen.

1 Die Verfasserin dieses Internetbeitrags ...

Sabine • 16 Jahre • am Berufskolleg • duale Ausbildung

2 Diesen interessanten Text hat ...

Schülerin • Sabine • 16-jährige • duale Ausbildung • Buchhändlerin

b Notieren Sie zuerst noch einmal alle wichtigen Informationen zur Verfasserin. Formulieren Sie dann Sätze. Sie können die angegebenen Ausdrücke verwenden.

TIPP

Stellen Sie die Verfasserin / den Verfasser des Internetbeitrags kurz vor.
Beachten Sie:
- Wie heißt die Person?
- Wie alt ist sie? (Alter oder „Jugendlicher / Jugendliche")
- Was macht sie gerade? (Beruf, Schule)
- Wo macht sie das? (welcher Betrieb, welche Schule, welcher Ort?)
- Was ist noch besonders wichtig oder interessant an der Person?

1 Informationen zur Verfasserin:

2 Sätze:

Verfasser / Verfasserin • Schüler / Schülerin
in der (dualen / schulischen) Ausbildung (zur / zum) • besucht • geht auf (Schule)
16 Jahre (alt) • 16-jährige / 16-jähriger
Beitrag im Internet • Text im Forum
Thema • Frage • Diskussion
hat verfasst • geschrieben

Der Beitrag

Die Situation kurz beschreiben

A 13 **Beschreiben Sie die Situation. Ergänzen Sie die folgenden Sätze.**

Zur Erinnerung:
Sabine sagt: „Die meisten in meiner Klasse nehmen die Schule sehr wichtig. Abends lernen sie noch und alle reden nur über Noten und Hausaufgaben, obwohl wir nur einmal in der Woche Berufsschule haben!"

Sabine berichtet über ihre Klasse:

tun viel • einen Tag pro Woche • lernen viel • fleißig • nur noch über • unterhalten

1 Ihre Mitschüler nehmen die Schule sehr ernst: Sie ______________________, sogar noch am Abend.
2 Ihre Klassenkameraden sind sehr ______________________. Sie ______________________ für die Schule und ______________________ sich über fast nichts anderes mehr.
3 Fast alle Leute in ihrer Klasse reden ______________________ Hausaufgaben und Noten. Sie lernen total oft, obwohl sie ja nur ______________________ in der Schule sind.

A 14 **Formulieren Sie jetzt selbst Sätze zur Beschreibung der Situation.**

a **Bilden Sie ein bis zwei Sätze mit den angegebenen Informationen.**

1 Sabine schreibt uns, dass ...

die meisten • Schule wichtig nehmen • viel lernen • nur über Schule sprechen • nur wenig Schule haben

____

____

2 Am Anfang beschreibt Sabine ihre Situation. Sie erklärt, ...

Mehrzahl • viel lernen • auch abends noch lernen • Noten und Hausaufgaben • ein Tag Schule in der Woche

____

____

3 Sabine sagt uns zuerst die Einstellung ihrer Klasse. Sie sagt, ...

große Mehrheit • Schule zu ernst nehmen • auch in der Freizeit • kein anderes Thema • nur wenig Unterricht

____

____

b Notieren Sie zuerst noch einmal alle wichtigen Informationen zur Situation. Formulieren Sie dann Sätze. Sie können die angegebenen Ausdrücke verwenden.

1 Informationen zur Situation:

____

____

2 Sätze:

erzählt von • beschreibt die Situation • berichtet von • stellt vor • erklärt
Erlebnisse • Erfahrungen
meistens • oft
für viele / einige (...) Mitschüler(innen) • Klassenkamerad(inn)en • Kolleg(inn)en • Freund(inn)en

Die Situation ist die, dass ______________________________

______________________________.

Die Meinung des Verfassers wiedergeben

A 15 Sabines Meinung: Ergänzen Sie die Sätze.

Sabine sagt ihre Meinung zu der Einstellung ihrer Mitschüler: ...

1

Dann • denkt • lernt • sehr wichtig • andere Meinung • findet sie

Sabine hat eine ____________ als die meisten ihrer Mitschüler. Sie ____________ vor allem, dass der Betrieb wichtig für den Beruf ist. Was man in der Schule lernt, ____________ zum Teil nicht nötig. Deshalb ____________ sie auch nur, was sie wichtig findet. ____________ hat sie vielleicht schlechtere Noten, aber für sie ist es ____________, was ihr Chef über sie denkt.

2

glaubt sie • findet • ist der Meinung

Das ____________ Sabine ganz falsch. Sie ____________, es ist besser, dass man nur wenig für die Schule tut. Denn vieles aus dem Unterricht braucht man im Job gar nicht. Deshalb ____________, dass eine gute Beurteilung durch ihren Chef wichtiger ist als gute Noten.

A 16 Formulieren Sie jetzt selbst Sätze zur Wiedergabe von Sabines Meinung.

a Bilden Sie Sätze mit den angegebenen Informationen.

1 Sabine ist der Meinung, dass ...

anders als die anderen denken • Betrieb wichtig • Schulstoff manchmal unwichtig • Schule: nur das Nötigste • Chef wichtiger als Noten

____

____

2 Sabine hat ihre eigene Meinung dazu. Sie ...

nicht so wie ihre Mitschüler • Job ist das Wichtigste • nur einiges in der Schule wichtig • lernt nur, was man gebrauchen kann • was der Chef denkt, ist wichtiger.

____

____

b Notieren Sie zuerst alle wichtigen Informationen zu Sabines Meinung. Schreiben Sie dann Sätze. Sie können die angegebenen Ausdrücke verwenden.

1 Informationen zu Sabines Meinung:

____

____

2 Sätze:

glaubt • denkt • meint • findet
ist der Meinung • Ansicht
für... ist es klar / sicher, dass
begründet • argumentiert • nennt als Beispiel • erklärt
hat eine... interessante / klare / spannende Meinung • hat eine andere Meinung als...

Sabine ist der Meinung, dass ______________________________

______________________________.

TIPP
Wenn Sie die Meinung der Verfasserin oder des Verfassers aus dem Internetforum wiedergeben, sagen Sie immer dazu, wer das gesagt hat. Denn das ist nicht Ihre persönliche Meinung.

Die Aufforderung des Verfassers benennen

TIPP
Am Ende des Textes im Internetforum schreibt die Verfasserin, was sie von ihren Leserinnen und Lesern möchte. Das bedeutet, sie fordert sie zu etwas auf. Auch das müssen Sie wiedergeben.

A 17 Sabines Aufforderung

a Ergänzen Sie die passenden Verben.

~~fordert ... auf~~ • rät • ruft ... auf • will

1 Sabine *fordert* ihre Mitschüler *auf*, dass sie sich um den Job kümmern sollen.
2 Sabine ______________, dass sich ihre Mitschüler um den Job kümmern.
3 Sabine ______________ ihren Mitschülern, dass sie sich um den Job kümmern sollen.
4 Sabine ______________ ihre Mitschüler dazu ______________, dass sie sich um den Job kümmern sollen.

b Ergänzen Sie die folgenden Ausdrücke.

wiederholt • Argument • noch einmal

Zum Schluss sagt Sabine noch, was sie von ihren Lesern möchte.

1 Sie fordert die Leser auf, sich vor allem um den Job zu kümmern, und sagt ______________________, dass sie die Schule nebensächlich findet.

2 Sie rät den Lesern, sich vor allem auf den Job zu konzentrieren mit dem ______________________, dass Schule weniger wichtig ist.

3 Sie ruft die Leser dazu auf, weniger für die Schule zu tun als für die Arbeit. Und sie ______________________, dass die Schule nur Nebensache ist.

A 18 Formulieren Sie jetzt selbst Sätze zu Sabines Aufforderung.

a Bilden Sie Sätze mit den angegebenen Informationen.

1 Die Verfasserin beendet ihren Beitrag mit einer Aufforderung: Sie ...

sich um den Job kümmern • Schule als Nebensache sehen

____

____

2 Am Schluss kommt dann noch der Rat an die Leser, dass ...

sich vor allem um Job kümmern • Grund: Schule ist Nebensache

____

____

b Notieren Sie zuerst noch einmal Informationen zu Sabines Aufforderung an die Leserinnen und Leser. Schreiben Sie dann Sätze. Sie können die angegebenen Ausdrücke verwenden.

1 Informationen zu Sabines Aufforderung:

____

____

2 Sätze

fordert die Leser (dazu) auf • möchte / will, dass die anderen • bittet die Leser, dass • gibt eine Empfehlung / einen Rat • hat den Wunsch

Zum Schluss ____

____

Den Text vollständig wiedergeben: Die vier wichtigen Fragen beantworten

TIPP

Zur Erinnerung: Sie müssen bei der Wiedergabe zu mindestens diesen vier Fragen etwas schreiben:
- Wer ist der Verfasser / die Verfasserin?
- In welcher Situation ist sie / er?
- Welche Meinung hat sie / er?
- Wozu fordert er oder sie (den Leser) auf?

Geben Sie zu jeder der vier Fragen die wichtigsten Informationen.

A 19 **Lesen Sie Sabines Text noch einmal und geben Sie ihre Aussagen wieder. Ergänzen Sie die fehlenden Informationen.**

Die Verfasserin des Textes im Internet heißt ____________ (a) und ist ____________ (b) alt.
Sie arbeitet ____________ (c) und besucht ____________ (d).
Ihre Situation sieht so aus: Die Leute in ihrer Klasse ____________. (e)
Das sieht man daran, dass sie sogar noch abends ____________ (f)
und das Thema ihrer Gespräche ____________. (g)
Sabine findet diese Einstellung ____________. (h)
Sie denkt, dass es vor allem wichtig ist, ____________. (i)
Denn was man in der Schule lernt, ____________. (j)
Im Betrieb aber lernt man ____________. (k)
Ihr ist also wichtiger, was ____________. (l)
Zum Schluss hat Sabine noch einen Rat für ihre Leser:
Sie sollen ____________, (m)
weil ____________. (n)

Den Text eigenständig wiedergeben: Einfache Umformungen vornehmen

TIPP

Schreiben Sie nicht aus dem Prüfungstext ab. Bilden Sie eigene Sätze.
Dazu sollten Sie **mindestens**
- Aussagen in die dritte Person umformen (ich → er, sie; mein → ihr, sein) und
- zum Teil eigene Wörter benutzen.

A 20 **Erster Schritt: Schreiben Sie die folgenden Aussagen in der dritten Person. Beachten Sie die Wortstellung: Im *dass*-Satz steht das Verb hinten.**

Beispiel:
Sabine: „Ich habe in der Berufsschule einen Tag in der Woche Unterricht." →
Sabine **sagt / schreibt / berichtet**, **dass** sie in der Berufsschule einen Tag in der Woche Unterricht **hat**.

1 Sabine: „Meine Schule ist das Albert-Einstein-Berufskolleg in Freiberg."
2 Sabine: „Ich bin in der dualen Ausbildung zur Buchhändlerin."
3 Sabine: „Die meisten in meiner Klasse nehmen die Schule sehr wichtig."
4 Sabine: „Ich sehe das völlig anders."
5 Sabine: „In der Schule gibt es meiner Meinung nach viel Stoff, den ich gar nicht brauche."
6 Sabine: „Ich tue nur das Nötigste dafür. Meine Zeit ist begrenzt."

A 21 **Zweiter Schritt: Benutzen Sie nun auch noch eigene Wörter. Sie können die Wörter neben den Sätzen zu Hilfe nehmen.**

Beispiel:
Sabine: „Ich habe in der Berufsschule *einen Tag in der Woche* Unterricht." (einmal pro Woche) →
Sabine sagt / schreibt / berichtet, dass sie *einmal pro Woche* Berufsschule hat.

1 Sabine: „Ich besuche das Albert-Einstein-Berufskolleg in Freiberg." (gehen auf / Berufsschule)
2 Sabine: „Ich bin in der dualen Ausbildung zur Buchhändlerin." (lernen / Ausbildung machen)
3 Sabine: „Die meisten in meiner Klasse nehmen die Schule sehr wichtig." (Mehrheit / Mitschüler / ernst nehmen / finden, dass wichtig)
4 Sabine: „Ich sehe das völlig anders." (ganz andere Meinung haben)
5 Sabine: „In der Schule gibt es viel Stoff, den ich gar nicht brauche." (viele Sachen lernen / nicht nötig sein)
6 Sabine: „Ich tue nur das Nötigste dafür." (nicht mehr als nötig / das Wichtigste)

Zusammenfassung

A 22 **Schreiben Sie jetzt ihre erste eigene Wiedergabe zum Prüfungsbeispiel 1. Beantworten Sie darin die vier wichtigen Fragen von Seite 19 oben.**

Einen Erfahrungsbericht schreiben

Eine Überleitung zum Erfahrungsbericht schreiben

TIPP
Schreiben Sie zwischen der Wiedergabe und Ihren eigenen Erfahrungen (Erfahrungsbericht) eine kurze Überleitung. Sie müssen beide Teile nennen: Wiedergabe und Bericht.

A 23 **Eine allgemeine Überleitung von der Textwiedergabe zum Erfahrungsbericht verfassen**

a **Was bedeutet „nachdem"? Kreuzen Sie an.**

Nachdem ich für die Schule gelernt habe, treffe ich mich mit Freunden.
1 ☐ Erst treffe ich mich mit Freunden, dann lerne ich für die Schule.
2 ☐ Erst lerne ich für die Schule, dann treffe ich mich mit Freunden.

b **Ordnen Sie zu und schreiben Sie alle Möglichkeiten in Ihr Heft.**

1 Nachdem ich Sabines Meinung wiedergegeben habe,
2 Nach meiner Textwiedergabe

a möchte ich jetzt von meinen Erfahrungen berichten.
b werde ich jetzt etwas zu meiner Situation sagen.
c schreibe ich über meine Erfahrungen mit diesem Thema.

c **Ergänzen Sie die Überleitungen selbstständig.**

1 Nachdem ich den Text ______________________________, werde ich jetzt von meinen eigenen Erfahrungen berichten.
2 Nachdem ich den Beitrag aus dem Forum wiedergegeben habe, möchte ich nun ______________________________.

3 Nachdem ich ____________________, will ich jetzt ____________________.
4 Nach der Textwiedergabe schreibe ich jetzt über ____________________.

Ein paar Ideen zum Thema sammeln

A 24 Über die eigene Situation nachdenken und Fragen zu den eigenen Erfahrungen beantworten

a Zu welchen Punkten haben Sie eigene Erfahrungen? Kreuzen Sie an.

- Ich bin auch in der Schule. ☐
- Ich muss für die Schule lernen. ☐
- Ich muss meine Zeit planen. ☐
- Ich habe manchmal zu wenig Zeit. ☐
- Ich habe Leute in der Klasse, von denen ich erzählen kann. ☐
- Manche Klassenkameraden arbeiten viel. ☐
- Manche Leute tun wenig für die Schule. ☐
- Meine Lehrer wollen, dass ich gut lerne. ☐
- Ich arbeite in einem Betrieb. ☐
- Ich mache eine Ausbildung. ☐
- Ich habe einen Berufswunsch. ☐
- Ich werde bald eine Ausbildung machen. ☐
- Ich kenne Leute in der Ausbildung, von denen ich erzählen kann. ☐
- Ich finde manche Fächer für den Beruf nicht wichtig. ☐
- Ich interessiere mich für manche Dinge. ☐
- Ich möchte im Beruf Erfolg haben. ☐

b Schreiben Sie alle Sätze, die Sie angekreuzt haben, in Ihr Heft. Schreiben Sie zu jedem Satz eine weitere Information auf.

Beispiel:
Ich bin auch in der Schule. ☒
Ich bin auch in der Schule. Das ist eine Berufsschule. / Meine Schule heißt … / Ich bin in der 11. Klasse.

c Überlegen Sie jetzt weiter. Beantworten Sie die folgenden Fragen für sich. Schreiben Sie Ihre Antworten in Stichpunkten auf.

TIPP
Beantworten Sie zuerst die folgenden Fragen zu dem Thema der Prüfungsaufgabe. Schreiben Sie dann von Ihren Erfahrungen.
- Was machen Sie (oft)?
- Was haben Sie schon erlebt?
- Was haben andere Ihnen dazu erzählt?
- Wie sieht Ihre persönliche / berufliche Situation aus?

Das mache ich (oft):	Das habe ich schon erlebt:	Das haben mir andere erzählt:	Meine Situation:
– nehme Schulbücher in die Mittagspause mit *– …*	*– andere haben Schule nicht ernst genommen* *– …*	*– abends zu müde zum Lernen* *– …*	*– duale Ausbildung* *– …*

Den Erfahrungsbericht formulieren

A 25 Eigene Erfahrungen thematisieren

a Ergänzen Sie die folgenden Sätze zu den Punkten aus Aufgabe 24c.

Was machen Sie (oft)?

1 Ich fange ____________ erst spät mit dem Lernen an. ____________ habe ich ____________ wenig Zeit.

oft • Dann • am Ende

2 ____________ mache ich eine Arbeit ____________, ____________ ich sie bekomme. Dann bin ich ____________ auch schnell damit fertig.

Normalerweise • meistens • sofort • wenn

Was haben Sie schon erlebt?

1 ____________ mit diesem Thema ____________ vor allem, ____________, für Schule und Betrieb zu arbeiten.

wie schwierig es ist • Meine Erfahrungen • zeigen mir

2 Ich ____________, dass ich mich nach der Arbeit überhaupt nicht mehr richtig konzentrieren kann. Dann ____________, dass ich erstmal eine Pause brauche. ____________, wenn ich mich nur kurz hinlege.

weiß ich schon genau • habe die Erfahrung gemacht • Meistens hilft es schon

3 ____________ ist beim Lernen wichtig, was du wirklich willst. Ich ____________, gar nicht erst etwas anderes anzufangen, wenn ich nach Hause komme. Viel ____________ ____________, mich sofort an den Schreibtisch zu setzen.

habe mir angewöhnt • bessere Erfahrungen habe ich damit gemacht • Meiner Erfahrung nach

Was haben andere Ihnen dazu erzählt?

1 ____________, dass man nach der Arbeit kaum richtig lernen kann. ____________, dann erstmal eine Pause zu machen. ____________, die sich nach der Arbeit kurz ins Bett legen.

Viele sagen • Für die meisten ist es wichtig • Ich kenne auch Leute

2 Ich ____________, dass beim Lernen wichtig ist, dass man es will. Viele ____________ fangen sofort nach der Schule an zu lernen. ____________, dass man sich sofort an den Schreibtisch setzen soll.

Berufsschüler • höre oft • Sie geben den Tipp

Wie sieht Ihre persönliche / berufliche Situation aus?

1 ____________ ich einen harten Job habe und auch noch zur Schule gehe. ____________ muss man gut planen können.

In so einer Lage • Meine Situation ist die, dass

2 ____________ bleibt wenig Zeit: ____________, dass ich Schule und Ausbildung nebeneinander mache. So bleibt ____________ wenig Zeit.

In meiner Situation • im privaten Bereich • Beruflich sieht es so aus

b Ergänzen Sie die folgenden Sätze. Es gibt mehrere Möglichkeiten.

1 Also, ☐ / ☐ / ☐ braucht man einfach ab und zu Pausen.
2 Ich ☐ / ☐, dass man gut arbeiten kann, wenn man nur will.
3 Stress ist sehr subjektiv. Ich bin auch oft nach einem langen Tag zu müde zum Lernen. Aber nach einer kurzen Pause kann man sich auch wieder motivieren, das ☐.

A erfahrungsgemäß
B erlebe immer wieder
C ist meine Erfahrung
D nach meiner Erfahrung
E wie ich es bisher erlebt habe,
F habe die Erfahrung gemacht

c Wählen Sie aus den Redemitteln und formulieren Sie die genannten Erfahrungen.

Meine Erfahrung ist, dass • Ich habe die Erfahrung gemacht, dass • meiner Erfahrung nach

1 immer im Unterricht aufpassen – dann nachher nicht so viel lernen müssen
2 Chef schaut sehr genau – Noten in der Schule
3 Lehrpläne wenig mit der Praxis zu tun – passen nicht für alle Berufe

Beispiel:
1 Meiner Erfahrung nach ist es gut, wenn man immer direkt im Unterricht aufpasst. Dann muss man nachher zu Hause nicht so viel für die Schule lernen.

Zusammenfassung

A 26 **Einen vollständigen Bericht verfassen**

Stellen Sie zum Prüfungsbeispiel 1 Ihre eigenen Erfahrungen dar. Beginnen Sie mit einer Überleitung von der Wiedergabe zum Bericht.

Die eigene Meinung sagen und begründen

Eine Überleitung zur eigenen Meinung und Begründung schreiben

A 27 **Welche Teile passen zusammen? Ordnen Sie zu.**

a 1 Nachdem ich über meine Situation geschrieben habe,
2 Nach meinem Erfahrungsbericht werde

a ich jetzt über meine eigene Meinung schreiben.
b möchte ich jetzt meine Meinung zu diesem Thema sagen.

b 1 Ich habe erzählt, wie meine Erfahrungen mit diesem Thema sind und
2 So sind also meine Erfahrungen mit dem Thema.

a will jetzt zeigen, was ich über dieses Thema denke.
b Nun folgt meine Meinung dazu.

Die eigene Meinung formulieren: Die Argumentation einleiten oder abschließen

A 28 Die eigene Meinung kurz formulieren

Bevor Sie argumentieren, können Sie Ihre Meinung kurz vorstellen.
Zum Abschluss der Argumentation können Sie Ihre Meinung kurz zusammenfassen.

a Was passt zusammen? Ordnen Sie zu.

1 Meiner Meinung nach	a warum ich Berufsschulunterricht gut finde.
2 Das sind die Gründe,	b ist es gut für den Beruf, wenn man für die Schule lernt.
3 Meine Meinung ist,	c bin ich der Meinung, dass Berufsschulunterricht nützlich ist.
4 Aus diesen Gründen	d dass für die Schule zu lernen gut für den Beruf ist.

b Welche Sätze aus a können am Anfang des Teils „Die eigene Meinung sagen" stehen, welche am Ende? Notieren Sie. Tragen Sie dann die Elemente ein.

am Anfang [1] [ ]
am Ende [ ] [ ]

1 Meiner Meinung nach ______	______	*(Ihre Argumente)*
______	______	*(Ihre Argumente)*
(Ihre Argumente)	______	______
(Ihre Argumente)	______	______

c Schreiben Sie Ihre eigene Meinung zum Prüfungsbeispiel 1 in Ihr Heft.

Meiner Meinung nach	*sollte man…*	*(Ihre Argumente)*
(Ihre Argumente)	*Aus diesen Gründen*	*finde ich, dass…*

> **TIPP**
> In Ihrem Beitrag muss Ihre Meinung zum Thema deutlich werden.
> Diese Meinung müssen Sie mit ausgearbeiteten Argumenten begründen.

Argumente finden

A 29 Argumente aus dem Beitrag aus der Aufgabe verwenden

a Lesen Sie nochmal das Prüfungsbeispiel 1. Unterstreichen Sie Sabines Argumente.

Die meisten in meiner Klasse nehmen die Schule sehr wichtig. Abends lernen sie noch und alle reden nur über Noten und Hausaufgaben, <u>obwohl wir nur einmal in der Woche Berufsschule haben</u>! Ich sehe das völlig anders. Wichtig ist die Arbeit im Betrieb. In der Buchhandlung lerne ich alles für den Beruf. In der Schule kommt viel Stoff, den ich gar nicht brauche. Ich tue nur das Nötigste dafür. Nicht die Noten sind am Ende wichtig, sondern was dein Chef von dir hält.

b Schreiben Sie Sabines Argumente jetzt mit eigenen Worten auf. Die Fragen helfen Ihnen.

Frage	Argument
Wie viel Schule?	
Was lernt sie im Betrieb?	
Wie ist der Schulstoff?	
Was ist wichtig?	

c Schreiben Sie Beispiele und Erläuterungen zu Sabines Argumenten wie im Beispiel. Sie können die folgenden Argumente dazu verwenden.

TIPP
Sie können Sabines Argumente in Ihrem eigenen Text verwenden. Dazu müssen Sie dann weitere Erläuterungen schreiben oder Beispiele geben.

viele Schulstunden fallen aus • großer Abstand zwischen den Unterrichtstagen • wenige Tage pro Schuljahr • jeder Betrieb ganz anders • Lehrer kennen nicht alle Berufe • oft Auszubildende verschiedener Berufe in einer Klasse • Chef entscheidet auch, ob er Noten wichtig nimmt • Fächer wie Deutsch oder Sport in den meisten Berufen nicht wichtig • ...

Argument	Beispiel oder Verdeutlichung
Lernen im Betrieb: alles Wichtige	*Im Betrieb lernt man Tricks von den Kolleginnen und Kollegen. Zum Beispiel: Wie finde ich am schnellsten ein Buch? Das ist wichtig für die Kunden. In der Schule sprechen wir nicht über diese Dinge. Das ist zu speziell.*
nur ein Schultag: Wenig Schule, aber viel lernen, das ist nicht gut.	
Schulstoff: Vieles braucht man nicht.	
Chef entscheidet am Ende, nicht Noten	

d **Sie können den Argumenten aus dem Text auch mit einem Kontra-Argument widersprechen. Suchen Sie Kontra-Argumente und arbeiten Sie wie in c.**

Argument gegen Lernen in der Berufsschule	Argument für Lernen in der Berufsschule
Lernen im Betrieb: alles Wichtige	*Es ist richtig: Der Betrieb ist wichtig. Aber an der Berufsschule lernen wir auch andere wichtige Sachen. Und andere Leute erzählen im Unterricht, wie es in ihren Betrieben so ist. Das ist auch wichtig.*
nur ein Schultag: Wenig Schule, aber viel lernen, das ist nicht gut.	
Schulstoff: vieles nicht zu gebrauchen	
Chef entscheidet am Ende, nicht Noten	

A 30 **Argumente mit Leitfragen finden**

Beantworten Sie für sich die folgende Frage. Machen Sie sich ein paar Notizen dazu und formulieren Sie wie im Beispiel.

Beispiel:
Wenn alle Berufsschüler zu wenig für die Berufsschule lernen: Was passiert dann?
Die Leute in den Firmen wissen zu wenig. Sie wissen zum Beispiel nichts über Dinge, die man selten braucht.

Wenn ich nicht gut für die Berufsschule lerne, was passiert dann?
Noten schlechter (vielleicht wichtig bei Bewerbung?)
Prüfungen

TIPP

Sie müssen Argumente finden, wenn Sie eine Frage diskutieren sollen.
Dabei können Sie zunächst zwei Strategien ausprobieren:

1. Suchen Sie Argumente aus dem Text und bearbeiten Sie sie weiter. Sie können auch das Gegenteil dazu schreiben.
2. Fragen Sie sich: Was bedeutet das für mich? Was bedeutet das für alle? Wenn Sie diese Fragen beantworten, können Sie dazu Argumente suchen.

A 31 **Schreiben Sie nun in Ihrem Heft alle Argumente auf, die Sie zum Prüfungsbeispiel 1 bisher gefunden haben. Lassen Sie noch Platz für Beispiele.**

Erklärungen geben und Beispiele nennen

TIPP
Sie müssen Ihre Meinung „angemessen begründen". Das bedeutet: Sie müssen Ihre Meinung nicht nur sagen, sondern Sie müssen sie auch erklären. Sie müssen dem Leser klarmachen, warum Sie diese Meinung haben. Dazu müssen Sie Gründe angeben und Beispiele nennen.

A 32 Die Begründung mit Beispielen und Aussagen klarmachen

a Machen Sie Argumente klar: Erklären Sie, warum das Argument stimmt und geben Sie ein Beispiel.

Beispiel:
Argument: Man soll für die Berufsschule lernen, denn der Ausbilder findet das wichtig.
Erklärung: Der Ausbilder denkt: „Wer in der Schule faul ist, ist immer faul."
Beispiel: Ein Freund von mir macht eine Ausbildung. Er hat erzählt, dass sein Ausbilder oft mit seinen Lehrern spricht und fragt, ob er in der Schule gut ist.

1 Argument: Man soll für die Berufsschule lernen, denn der Ausbilder findet das wichtig.
Erklärung: ______________________________
____
Beispiel: ______________________________
____

2 Argument: Für die Schule zu lernen ist wichtig: Man weiß nie, ob man das Wissen einmal brauchen kann.
Erklärung: ______________________________
____
Beispiel: ______________________________
____

b Machen Sie Ihre Begründungen zu den Argumenten aus Aufgabe A 31 klar. Erklären Sie, warum das Argument stimmt, und nennen Sie (allgemeine und / oder persönliche) Beispiele.

TIPP
Nachdem Sie alle Argumente genannt und verdeutlicht haben, fassen Sie Ihre Meinung nochmals in einem kurzen Satz zum Abschluss zusammen (siehe Seite 28).

Einen Schluss verfassen

A 33 **Schreiben Sie am Ende einen kurzen Schluss.**

a **Ergänzen Sie die folgenden Textabschlüsse.**

Das war • freue • Schreibt gern mal • hoffe • komme • Euer

1 ______________ mein Text zum Thema „Lernen für die Schule".
Ich ______________, dass euch mein Beitrag gefallen hat.

2 Damit ______________ ich zum Ende meines Beitrags. ______________, was ihr darüber denkt. Ich ______________ mich auf eure Erfahrungen und Meinungen.
______________ Philipp

b **Schreiben Sie einen Satz auf, mit dem Sie Ihren Beitrag abschließen können.**

____

____

Zusammenfassung

A 34 **Schreiben Sie jetzt eine Erörterung zum Prüfungsbeispiel 1.**

Die Frage ist:
Sollte man (im dualen System oder auch bevor man eine Ausbildung beginnt) viel für die Schule lernen? Oder ist die Arbeit im Betrieb wichtiger?
oder:
Sollte man vor der Ausbildung neben der Schule schon in einem Betrieb jobben?
Begründen Sie Ihre Meinung.

1. Beginnen Sie mit einer Überleitung vom Erfahrungsbericht zur eigenen Meinung.
2. Formulieren Sie zuerst Ihre Position als Einleitung.
3. Nennen Sie Ihre Argumente und verdeutlichen Sie sie (Erklärungen, Beispiele).
4. Formulieren Sie dann noch einmal Ihre Position als Zusammenfassung.

Teil B Einen vollständigen Text schreiben

Eine Einleitung schreiben

Was ist für eine Einleitung wichtig?

B 1 **Lesen Sie noch einmal das Prüfungsbeispiel 1 auf Seite 9 und dann die folgenden Einleitungen A–C, die Schülerinnen und Schüler dazu geschrieben haben. Alle folgenden Aufgaben in Teil B beziehen sich auf dieses Prüfungsbeispiel.**

a **Wie finden Sie die Einleitungen? Überlegen Sie dabei, was Sie in den Aufgaben A 3 bis A 5 gelernt haben. Kreuzen Sie an.**

	☺	😐	☹
A Sabine macht eine Ausbildung zur Buchhändlerin. Sie hat auch Berufsschule, aber dafür arbeitet sie wenig. Sie sagt …	☐	☐	☐
B Die duale Ausbildung ist eine gute Sache. Aber viele haben Probleme damit, im Betrieb zu arbeiten und abends für die Berufsschule zu lernen. Dazu habe ich einen interessanten Beitrag gelesen. Er ist von …	☐	☐	☐
C Liebe Leute! In einem Internetforum habe ich einen Beitrag zum Thema „Lernen für die Schule" gefunden. Sabine ist faul und tut wenig für die Schule. Sie sagt, der Betrieb geht vor …	☐	☐	☐

b **Sprechen Sie in der Klasse über Ihre Einschätzungen aus a.**

c **Was können Sie in den Einleitungen A–C finden? Kreuzen Sie an.**

Der Schüler / Die Schülerin …	A	B	C
1 redet die Leserinnen und Leser an.	☐	☐	☐
2 nennt das Thema, um das es geht.	☐	☐	☐
3 sagt, dass er / sie einen Beitrag gefunden hat.	☐	☐	☐
4 sagt, wo er / sie diesen Beitrag gefunden hat.	☐	☐	☐
5 sagt, wer dort geschrieben hat.	☐	☐	☐
6 sagt, was der / die Verfasser(in) macht.	☐	☐	☐

Eine Anrede / Eine Überschrift finden

TIPP
Sie können Ihren Text mit einer Anrede beginnen. Sie können Ihrem Text auch eine Überschrift geben.

B 2 **Anrede**

a **Lesen Sie die Anreden. Welche kann man verwenden? Kreuzen Sie an.**

1 ☐ Liebe Leser unseres Blogs!
2 ☐ Hallo zusammen!
3 ☐ Na, ihr Chaoten?
4 ☐ Liebe Mitschüler!
5 ☐ Sehr geehrte Damen und Herren!
6 ☐ Liebe Leserinnen und Leser!
7 ☐ Liebes Forum!
8 ☐ Hallo Leute!
9 ☐ Lieber Blog!

b **Warum haben Sie diese Anreden gewählt? Besprechen Sie Ihre Wahl in der Klasse. Sie können auch mit dem Lösungsschlüssel arbeiten.**

B 3 Überschrift

a Welche der folgenden Überschriften passt zu Sabines Beitrag? Kreuzen Sie an.

1 Für die Schule lernen ☐
2 Ein Beitrag zum Thema „Schule" ☐
3 Arbeiten während der Schule ☐
4 Schule ist wichtig ☐
5 Lernen für die Arbeit – ein wichtiges Thema ☐
6 Wie wichtig ist die Schule bei der Berufsausbildung? ☐

b Schreiben Sie eigene Überschriften zu Sabines Beitrag wie in den Beispielen.

Sprachliches Mittel	Beispiel	Eigenes Beispiel
Mit Nomen	*Arbeit* für die Schule	
Mit anderen Wörtern	Viel für die Schule *tun*	
Als Frage formulieren	*Soll* man neben dem Job noch für die Schule lernen?	

Sagen, wie man auf das Thema kommt (1) – Aufmerksamkeit wecken und neugierig machen

B 4 Ihr Leser soll Ihren Text von Anfang an interessant finden. Schreiben Sie ein bis zwei Sätze mit den folgenden Ausdrücken in Ihr Heft.

TIPP
Machen Sie Ihre Leser auf Ihren Beitrag neugierig. Dazu gibt es vier verschiedene Möglichkeiten.
- Möglichkeit 1: Sagen Sie, dass Sie das Thema persönlich betrifft.
- Möglichkeit 2: Sprechen Sie Ihre Leser direkt an.
- Möglichkeit 3: Sagen Sie, dass Ihre Leser das Problem auch kennen.
- Möglichkeit 4: Sagen Sie, dass das Thema besonders wichtig oder interessant ist.

Wählen Sie eine Möglichkeit in Ihrem Beitrag.

1 Möglichkeit 1: Das Thema betrifft mich persönlich.

Mich wundert es immer, wenn / dass ... • Meine Erfahrung sagt mir: ... • Es gefällt mir (nicht), ... • Ich mag es gar nicht, wenn ...

Meine Erfahrung sagt mir: Eigentlich müsste man gut für die Schule lernen. Aber ...

2 Möglichkeit 2: Ich spreche meine Leser direkt an.

Findet ihr nicht auch, dass ... • Stellt euch (ein)mal vor, ... • Wie findet ihr ...? • Was denkt ihr über ...?

3 Möglichkeit 3: Meine Leser kennen das Problem auch.

Ihr wisst sicher alle ... • Dieses Problem kennt jeder: ... • Das hat jeder schon erlebt: ...

4 Möglichkeit 4: Ich stelle das Thema als besonders wichtig oder interessant vor.

eine interessante / spannende Frage • ein wichtiges / aktuelles Thema • ein schwieriges Problem

B 5 Schreiben Sie Sätze mit den folgenden Teilen in Ihr Heft.

TIPP

Fangen Sie nicht einfach mit dem Thema an. Sagen Sie erst, warum sie etwas darüber schreiben.
Auch hier gibt es wieder vier verschiedene Möglichkeiten.
- Möglichkeit 1: Sagen Sie, dass Sie etwas zu diesem Thema in einem Internetforum gelesen haben.
- Möglichkeit 2: Sagen Sie, dass sie eigene Erfahrungen dazu gemacht haben.
- Möglichkeit 3: Sagen Sie, dass Sie das Thema interessant finden.
- Möglichkeit 4: Sagen Sie, dass das Thema für Sie gerade aktuell ist.

Wählen Sie eine Möglichkeit in Ihrem Beitrag.

1 Möglichkeit 1: neulich – im Internet – interessanter Artikel – zu diesem Thema – gelesen
Als ich neulich im Internet war, habe ich einen interessanten Artikel zu diesem Thema gelesen.

2 Möglichkeit 2: meine Erfahrungen – in meiner Klasse – Schule nicht wichtig finden – dazu Beitrag im Internet gefunden

3 Möglichkeit 3: Thema interessant – duale Ausbildung in Deutschland – anders als im Heimatland

4 Möglichkeit 4: Thema interessant – noch in der Schule sein – eine duale Ausbildung machen wollen – Informationen über Berufsschulen suchen

Sagen, wie man auf das Thema kommt (2) – Die Quelle nennen und positiv bewerten

TIPP

Sie müssen in Ihrem Beitrag schreiben, wo Sie die Aussage gelesen haben und welchen Text Sie schreiben. Diese Informationen stehen in der Prüfungsaufgabe.

B 6 Quelle und Bewertung der Quelle

a Lesen Sie die folgenden Ausdrücke und schreiben Sie drei Sätze darüber, was Sie gelesen haben und wo / wann Sie das gelesen haben.

Was?	Beiträge • Meinungen • Berichte • Erfahrungen • eine Diskussion zum Thema
Wann?	neulich • vor Kurzem • gestern • letzte Woche • in letzter Zeit
Wo?	in einem Internetforum • in einem Forum • im Internet / Netz • auf einer Internetseite

Beispiel:
Gestern habe ich in einem Forum Meinungen zum Problem „Lernen neben dem Job im Betrieb" gefunden.

b Sagen Sie, wie gut der Text oder das Thema sind. Schreiben Sie drei Sätze. Sie können die folgenden Wörter und Ausdrücke verwenden.

der Text / den Text • das Thema • die Frage • das Problem

sehr interessant • besonders spannend • besonders gut • sehr wichtig

Beispiel:
Den Text finde ich besonders interessant.
Das Thema ist …

c Schreiben Sie nun drei Sätze, in denen Sie die Sätze aus a und b miteinander verbinden. Sie können auch die folgenden Wörter und Ausdrücke verwenden.

das Thema • die Frage • das Problem

interessiert mich • finde ich wichtig • kennt ihr sicher • würde ich gern diskutieren

Beispiel:
Vor Kurzem habe ich im Internet Erfahrungen zum Thema „Lernen neben dem Job im Betrieb" gefunden. Das Problem würde ich gern diskutieren.

Sagen, wie man auf das Thema kommt (3) – Das Interesse bekunden und begründen

B 7 In welchen Sätzen finden Sie Gründe für das Interesse? Kreuzen Sie an.

1 ☐ Das Thema „Lernen für die Schule" fand ich immer schon gut und ich wollte schon länger etwas dazu schreiben.
2 ☐ Zurzeit mache ich eine duale Ausbildung zur Floristin und ich liebe die Arbeit mit Pflanzen. Aber an der Schule haben wir Fächer wie Sport und Politik, die ich für meinen Beruf gar nicht brauche. Deshalb ist das Thema für mich ...
3 ☐ Ich möchte Erzieherin werden. Dafür besuche ich für zwei Jahre ein Berufskolleg für Sozialpädagogik. Ich wollte nicht gleichzeitig in die Schule und zur Arbeit gehen. Deshalb fand ich die Meinungen der Schüler interessant.
4 ☐ Ich habe mich schon immer sehr für das Thema „Lernen für die Schule" interessiert.

TIPP
Schreiben Sie, dass Sie das Thema besonders interessiert und warum das so ist. Das macht Ihre Aussage überzeugender.

TIPP
Sie haben vier Möglichkeiten, das Thema interessant zu machen und zu begründen, warum Sie dazu etwas schreiben:
- Möglichkeit 1: Warum ist die Quelle interessant?
- Möglichkeit 2: Warum passt das Thema zu Ihren Interessen?
- Möglichkeit 3: Warum ist das Thema für jeden wichtig?
- Möglichkeit 4: Warum ist das Thema für Sie gerade aktuell?

Sie lernen in den Aufgaben B 8–B 11 alle Möglichkeiten kennen. Wählen Sie in Ihrem Beitrag eine Möglichkeit aus.

B 8 Möglichkeit 1: Die Quelle ist interessant.

a Sagen Sie, dass die Internet-Quelle zum Prüfungsbeispiel 1 interessant ist und warum. Suchen Sie sich eine der beiden Begründungen (A oder B) aus und verwenden Sie eines der Muster (1 oder 2). Schreiben Sie in Ihr Heft.

Muster:
1 Sabines Beitrag zum Thema „Lernen für die Schule" ist besonders interessant, weil ...
2 ... Deshalb ist Sabines Beitrag zum Thema „Lernen für die Schule" für mich besonders interessant.

Begründungen:
A Sabine ist ganz anderer Meinung als ihre Klassenkameraden. Sie hat keine Angst, ihre eigene Meinung zu sagen. Sie ist sicher eine interessante Person.
B Sabines Argumente überzeugen mich. Sie überlegt sich, was sie wirklich braucht im Leben. Das ist eine gute Einstellung.

b Überlegen Sie sich eine eigene Begründung dafür, dass Sie Sabines Beitrag interessant finden. Schreiben Sie sie in Ihr Heft. Sie können die folgenden Ausdrücke verwenden.

Was ich gut finde, ist, ... • Was mir gefallen hat, ist ...
... hat die richtige Einstellung. • ... hat mich für das Thema interessiert. • ... hat gute Ideen. •
... hat verstanden, was wichtig ist.
Die Argumente sind überzeugend. • Ihre / Seine Position kann ich gut verstehen.

Was ich gut finde, ist, was sie über die Arbeit im Betrieb denkt. ...

B 9 Möglichkeit 2: Das Thema passt zu meinen Interessen.

a Ergänzen Sie die folgenden Wörter. Es gibt mehrere Möglichkeiten.

dem Thema • die Frage • der Frage • das Thema

1 Ich habe Interesse an ______________________.
2 ______________________ ist interessant für mich.
3 ______________________ interessiert mich.
4 Ich interessiere mich für ______________________.

b Sagen Sie, dass Sie sich für das Thema interessieren und warum. Suchen Sie sich eine der beiden Situationen (A oder B) aus und verwenden Sie eines der Muster (1 oder 2). Schreiben Sie in Ihr Heft.

Muster:
1 Für das Thema „Lernen für die Schule" interessiere ich mich besonders, weil ...
2 ... Deshalb interessiert mich das Thema „Lernen für die Schule".

Situationen:
A Sie fangen bald eine duale Ausbildung an. Sie finden Ihren Beruf spannend. Deshalb freuen Sie sich auf einige Fächer besonders. Sie wissen aber, dass Sie auch andere Fächer in der Berufsschule haben werden.
B Sie haben in Ihrem neuen Beruf schon Praktika gemacht und Erfahrung gesammelt. Sie wissen genau, was Sie für den Beruf lernen müssen, wenn Sie die Berufsschule besuchen.

c Überlegen Sie sich eine eigene Begründung für Ihr Interesse und schreiben Sie sie auf. Sie können die folgenden Ausdrücke verwenden.

Bei mir • An meiner Schule • In meiner Klasse • In unserem Betrieb • In meinem Freundeskreis ist es so, dass • kann ich beobachten • habe ich die Erfahrung gemacht • sehe ich jeden Tag

In meiner Ausbildung • In unserem Beruf • Im Arbeitsalltag • Für meinen Chef ist es wichtig • braucht man • sollte man vor allem

In meiner Schule sehe ich jeden Tag, dass wir Dinge lernen, die ich später einmal nicht brauche. Deshalb glaube ich, dass ich später im Beruf …

B 10 Möglichkeit 3: Das Thema ist für jeden wichtig.

a Wenn das Thema für jeden wichtig ist: Welche Ausdrücke können Sie gebrauchen? Kreuzen Sie an.

1 ☐ alle
2 ☐ einige
3 ☐ viele
4 ☐ jeder
5 ☐ wenige
6 ☐ die meisten

b Sagen Sie, dass das Thema allgemein wichtig ist und warum. Suchen Sie sich eine der vier Gruppen aus, für die das Thema wichtig sein könnte, und verwenden Sie eines der Muster (1 oder 2). Schreiben Sie in Ihr Heft.

Muster:
1 Das Thema „Lernen für die Schule" ist für … wichtig, weil …
2 … Deshalb ist das Thema „Lernen für die Schule" für … besonders wichtig.

Gruppen:
A alle, die eine duale Ausbildung machen
B jeder, der überlegt, welche Ausbildung er machen will
C die Schulen und die Betriebe
D meine ganze Klasse

c Überlegen Sie sich eine eigene Begründung für die allgemeine Wichtigkeit und schreiben Sie sie auf. Sie können die folgenden Ausdrücke verwenden.

wichtig • interessant
Das geht alle an, die … • Das Problem kennen alle, die … • Dafür interessieren sich …
allgemein • die Mehrheit

Dieses Thema geht alle an, die eine duale Ausbildung machen wollen, denn da …

B 11 Möglichkeit 4: Das Thema ist (für mich) gerade aktuell.

a Wenn das Thema gerade aktuell ist: Welche Zeitausdrücke können Sie verwenden? Kreuzen Sie an.

1 ☐ jetzt
2 ☐ gerade
3 ☐ im Moment
4 ☐ immer
5 ☐ zurzeit
6 ☐ oft
7 ☐ jetzt gerade
8 ☐ meistens

b Sagen Sie, dass das Thema im Moment für Sie besonders wichtig ist und warum. Verbinden Sie die folgende Situation mit einem der Muster (1 oder 2). Schreiben Sie in Ihr Heft.

Muster:
1 Über das Thema „Lernen für die Schule" denke ich im Moment viel nach, weil ...
2 ... Deshalb ist das Thema „Lernen für die Schule" für mich gerade aktuell.

Situation:
Sie haben eine Freundin oder einen Freund in der dualen Ausbildung. Sie reden öfter darüber, wie viel Stress es ist, für die Schule zu lernen und gleichzeitig im Betrieb zu arbeiten.

c Überlegen Sie sich eine eigene Begründung dafür, dass das Thema gerade besonders aktuell für Sie ist, und schreiben Sie sie auf. Sie können die folgenden Ausdrücke verwenden.

aktuell • gerade jetzt • in meiner Situation • in meiner Lage
gerade für mich / bei mir • besonders für mich / bei mir

B 12 **Machen Sie jetzt das Thema „Lernen für die Schule" interessant. Suchen Sie sich zwei der Möglichkeiten aus den Aufgaben B 8 bis B 11 aus. Schreiben Sie in Ihr Heft. Die folgenden Ausdrücke können Ihnen zusätzlich helfen.**

wie man / jeder weiß • wie jeder schon erlebt hat • wie allen bekannt ist
das betrifft jeden • das geht jedem so
natürlich • selbstverständlich
bei mir ist es so • was mich betrifft
im Augenblick • aktuell • momentan
vor allem • besonders
meine aktuelle Situation • meine momentane Lage

Sagen, um welche Frage es geht – Auf Situation und Thema genauer eingehen

B 13 **Lesen Sie noch einmal den Text des Prüfungsbeispiels 1.**

a Beantworten Sie die Fragen zu Sabines Text. Machen Sie sich kurze Notizen.

TIPP
Diese vier Fragen sind für jeden Text wichtig. Merken Sie sich diese Fragen, damit Sie sich dazu in der echten Prüfung Notizen machen können.

1 Was ist das Thema des Textes?
2 Um welche Frage geht es? Was soll diskutiert werden?
3 Für welche Personengruppe ist das Thema wichtig?
4 In welcher Situation sind diese Personen?

b Welche Formulierungen 1–4 passen zu den Sätzen a–d? Ordnen Sie zu.

1 Das Thema, um das es hier geht, heißt:
2 Das Thema ist vor allem wichtig für
3 Dabei wird die Frage gestellt:
4 Das Problem ist: Sie müssen

a „Lernen für die Schule".
b „Wie viel soll oder kann man neben dem Betrieb für die Schule lernen?"
c Schülerinnen und Schüler in einer dualen Ausbildung.
d ihre Arbeitszeit organisieren und überlegen, wie viel sie für die Schule lernen.

c Schreiben Sie im Heft einen kurzen Text, in dem Sie über die Situation, die betroffenen Personen und das Thema informieren. Sie können die folgenden Ausdrücke benutzen.

Das Thema, das wir diskutieren, heißt • Es geht dabei besonders um • Diese haben das Problem, dass sie • Ihre Frage ist also:

Zusammenfassung

B 14 Lesen Sie die Reihenfolge der Einleitung (1–3) und ordnen Sie die Sätze a–c zu.

1 ☐ Anknüpfungspunkt für das Thema und Hinführung zum Thema
2 ☐ Verbindung zur Quelle (Internetforum)
3 ☐ Inhalt der Quelle

a Darin haben Schülerinnen und Schüler von ihren Erfahrungen berichtet und ihre Meinungen gesagt.
b Liebe Leser, das wisst ihr ja selbst: Es ist nicht leicht, im Betrieb zu arbeiten und für die Schule zu lernen.
c Dazu habe ich in einem Forum unter dem Titel „Lernen für die Schule" eine Diskussion gefunden.

Eine Wiedergabe verfassen

Einen Beitrag zum Thema ankündigen und zur Wiedergabe überleiten

B 15 Kündigen Sie den Text an.

a Erwähnen Sie den Schülerbeitrag: Was passt? Ordnen Sie zu.

1 Eine Jugendliche hat geschrieben,
2 Eine Berufsschülerin hat über
3 Zu diesem Thema hat ein Mädchen
4 Dazu hat eine Schülerin von

a seine Meinung gesagt.
b ihre Erfahrungen berichtet.
c ihren Erlebnissen berichtet.
d was sie über diese Sache denkt.

b Bilden Sie nun eigene Sätze. Sie können dabei folgende Ausdrücke benutzen. Notieren Sie sich Formulierungen, die Sie verwenden möchten.

Anknüpfung an das Thema	zu diesem Thema • zu dieser Frage • dazu • dieses Thema • darüber • über das Thema
Wer hat geschrieben?	ein Schüler / eine Schülerin • eine Jugendliche / ein Jugendlicher • ein Berufsschüler / eine Berufsschülerin • eine Teilnehmerin im Forum / ein Teilnehmer im Forum

Was / Worüber hat er / sie geschrieben?	seine / ihre – Erfahrungen • Erlebnisse • Probleme • Fragen • Situation Meinung • Ansicht • ..., was sie / er darüber denkt
Verben	schreiben • sagen • mitteilen • erzählen • berichten • diskutieren

Beispiele:
Zu diesem Thema hat ein Teilnehmer im Forum über seine Erfahrungen berichtet.
Eine Schülerin hat dazu von ihrer Situation erzählt und geschrieben, was sie darüber denkt.
Ein Berufsschüler hat über das Thema diskutiert und seine Meinung mitgeteilt.

B 16 **Kündigen Sie Ihre Wiedergabe des Textes an.**

a **Welches Wort kann man verwenden? Kreuzen Sie an.**

1 Ich möchte jetzt dazu einen Beitrag ☐ sagen. ☐ schreiben.
2 Deshalb habe ich einen Beitrag für den Blog ☐ geschrieben. ☐ gemacht.
3 Dieses Thema würde ich auch gern ☐ diskutieren. ☐ schreiben.
4 Im Forum wird eine so interessante Frage ☐ diskutiert, ☐ gebracht, dass ich reagieren möchte.
5 Ich will diese Meinung jetzt ☐ wiedergeben. ☐ wiederholen.
6 Dazu will ich hier im Blog einen Artikel ☐ geben. ☐ schreiben.

b **Ergänzen Sie die Ausdrücke in der folgenden Ankündigung. Es gibt mehrere Möglichkeiten.**

nun • in meinem Beitrag • wiedergeben • zusammenfassen • davon

__________________ möchte ich __________________ eine besonders interessante Äußerung __________________.

c **Bilden Sie weitere Sätze nach dem Muster in b mit den folgenden Ausdrücken.**

diese • eine dieser Meinungen • will ich • werde ich • jetzt • zuerst

Beispiel:
Davon möchte / werde ich jetzt eine besonders interessante (Äußerung) wiedergeben.

d **Notieren Sie sich Ausdrücke, die Sie gerne verwenden möchten, und lernen Sie sie.**

Den Verfasser einführen / vorstellen: Die wichtigsten Aussagen erfassen

B 17 **Was sollte Ihr Leser über den Verfasser wissen?**

a **Welche Aussagen aus dem ersten Abschnitt im Prüfungsbeispiel 1 finden Sie wichtig? Kreuzen Sie an und besprechen Sie das Ergebnis in der Klasse.**

	wichtig	weniger wichtig
1 Die Verfasserin heißt Sabine.	☐	☐
2 Die Schreiberin ist 16 Jahre alt.	☐	☐
3 Sabine besucht ein Berufskolleg.	☐	☐
4 Sabines Berufskolleg heißt „Albert-Einstein-Berufskolleg".	☐	☐
5 Sabines Schule liegt in Freiberg.	☐	☐
6 Sabine macht eine duale Ausbildung.	☐	☐
7 Sabine macht eine Ausbildung zur Buchhändlerin.	☐	☐

TIPP
Geben Sie nur die wichtigen Informationen wieder: Name, Alter und was die Person tut. Die Namen von Schulen und Städten sind nicht so wichtig.

b Ergänzen Sie die folgenden Sätze.

Zu diesem Thema habe ich in einem Internetforum einen interessanten Beitrag gefunden: ...

Buchhändlerin • Berufskolleg • Schülerin

1 Er wurde von der 16 Jahre alten ______________ Sabine geschrieben.
Sie lernt ______________ in einem dualen Ausbildungsgang und besucht dazu ein ______________.

duale Ausbildung • werden • Schülerin • Name ist

2 Er wurde von einer ______________ an einem Berufskolleg in Freiberg verfasst.
Ihr ______________ Sabine und sie ist 16 Jahre alt. Sie möchte Buchhändlerin ______________ und macht eine ______________ in diesem Beruf.

c Formulieren Sie jetzt selbst Sätze zur Vorstellung der Verfasserin mit den folgenden Informationen.

Sabine • Schülerin • Berufskolleg • 16 Jahre alt • duale Ausbildung • Buchhändlerin • Auszubildende

1 In diesem Forumseintrag hat eine Berufsschülerin eine interessante Meinung: ...
2 Dieser Beitrag stammt von ...

TIPP

Gehen Sie immer vom Schreibanlass zum Detail, nicht umgekehrt:
Schreibanlass: ein Beitrag in dem Forum von Sabine
Details: Schülerin, macht eine duale Ausbildung
Verbinden Sie die Informationen in Ihren Sätzen miteinander.
Beispiel:
Ein Beitrag in dem Forum stammt von der Schülerin Sabine, die eine duale Ausbildung macht.
nicht so gut:
Sabine ist eine Schülerin in der dualen Ausbildung. Sie schreibt in einem Forum einen Beitrag.

d Notieren Sie zuerst noch einmal alle wichtigen Informationen zur Verfasserin. Formulieren Sie dann Sätze in Ihrem Heft.

Die Situation beschreiben: Die wichtigsten Aussagen erfassen und genauer formulieren

B 18 Überlegen Sie zuerst: Was sollte Ihr Leser über die Situation wissen?

a Welche Aussagen aus dem zweiten Abschnitt im Prüfungsbeispiel 1 finden Sie wichtig? Kreuzen Sie an und besprechen Sie das Ergebnis in der Klasse.

	wichtig	weniger wichtig
1 Die meisten Mitschüler Sabines nehmen die Schule sehr ernst.	☐	☐
2 Ihre Mitschüler lernen vielfach auch abends noch.	☐	☐
3 Die Schüler unterhalten sich über ihre Noten.	☐	☐
4 Die Schüler sprechen über die Hausaufgaben.	☐	☐
5 Gesprächsthemen sind nur Noten und Hausaufgaben.	☐	☐
6 Der Unterricht findet einmal in der Woche statt.	☐	☐
7 Der Unterricht ist wichtig für die Schüler, auch wenn es nur ein Tag ist.	☐	☐

TIPP

Achten Sie auf Informationen, die nicht neutral formuliert sind.
Sabine schreibt zum Beispiel nicht: „Wir haben einmal in der Woche Berufsschule",
sondern: „..., obwohl wir nur einmal in der Woche Berufsschule haben!"
Damit meint sie, dass sie nicht oft in der in der Schule sind, aber viel dafür tun müssen.

b Unterstreichen Sie die Wörter, die die Aussagen nicht neutral machen.

1 Wir haben nur einen Tag in der Woche Schule.
2 Die meisten nehmen die Schule voll wichtig.
3 Sie lernen auch noch am Abend.
4 Alle sprechen nur über die Noten.

c Ergänzen Sie die Sätze mit den angegebenen Ausdrücken.

Sabine schreibt über ihre schulische Situation: ...

meist über schulische Dinge • nur einmal in der Woche • sehr ernst • auch noch • obwohl

1 Ihre Mitschüler nehmen die Schule ______________________:
Sie lernen viel und nutzen dafür ______________________ die Zeit am Abend. Wenn sie sich in der Schule sehen, sprechen sie ______________________ wie Noten und Hausaufgaben, ______________________ sie ______________________ Schule haben.

geht es nur • Und das alles • eine große Bedeutung • die meisten • obwohl

2 Sabine hält ______________ in ihrer Klasse für sehr fleißig. Schule hat für sie ______________. Auch in ihren Gesprächen ______________ um dieses Thema und um Noten oder Hausaufgaben. ______________, ______________ der Unterricht nur an einem Tag in der Woche stattfindet.

die Mehrzahl • meist von schulischen Themen • etwas sehr Wichtiges • sogar die freien Abende • ein bisschen zu viel

3 Sie berichtet, dass ______________ ihrer Klassenkameraden Schule für ______________ hält. So handeln ihre Gespräche ______________.
Und es werden ______________ noch zum Lernen genutzt. Das ist Sabine ______________ dafür, dass sie die Schule ja nur einmal wöchentlich besuchen.

B 19 **Formulieren Sie jetzt selbst genauere Sätze zur Beschreibung der Situation mit den jeweils angegebenen Informationen.**

die meisten • Schule zu ernst nehmen • sehr lange lernen • Gespräche nur noch über Schule • haben aber nur wenig Schule

1 Sabine schreibt, dass ...

Mehrzahl • übertrieben viel lernen • sogar abends noch arbeiten • kein anderes Thema als ... • und das bei nur einem Schultag in der Woche

2 Zunächst beschreibt Sabine ihre Situation. Sie erklärt, ...

B 20 Formulieren Sie jetzt frei.

a Geben Sie zuerst die folgenden Informationen in eigenen Worten wieder.

Schule wichtig nehmen – viel Zeit zum Lernen genommen – Gespräche über Schule – wenig Schule

b Schreiben Sie jetzt, was Sabine über diese Informationen denkt. Sie können die folgenden Ausdrücke verwenden.

beschreibt die Situation • erzählt von • berichtet von • erklärt
in der Regel • meistens / oft •
für viele / einige • im Allgemeinen
schulisch • beruflich • privat
Mitschüler(innen) • Klassenkamerad(inn)en • Kolleg(inn)en • Freund(inn)en

Die Meinung des Verfassers wiedergeben: Die wichtigsten Aussagen erfassen

B 21 Überlegen Sie zuerst: Was sollte Ihr Leser über die Meinung des Verfassers wissen?

TIPP
Die Meinung besteht meistens aus mehreren einzelnen Aussagen. Sie müssen nicht jede Einzelheit davon wiedergeben. Notieren Sie die wichtigsten Aussagen und kombinieren Sie sie in Ihrer Wiedergabe.

a Welche Wiedergabe finden Sie jeweils am besten? Kreuzen Sie an.

1 Anders als für ihre Mitschüler ist für Sabine wichtig, was im Betrieb passiert. ☐
Sabine muss in der Buchhandlung mehr lernen als in der Schule. ☐
Sabine ist anderer Ansicht, weil sie glaubt, das Wichtigste im Betrieb zu lernen. ☐

2 Sabine glaubt, dass man den zahlreichen Unterrichtsstoff gar nicht braucht. ☐
Sabine lernt in der Schule nur, was sie auch im Betrieb gebrauchen kann. ☐
Sabine findet, dass große Teile des schulischen Stoffes nicht nötig sind und lernt nur das, was sie auch im Betrieb verwenden kann. ☐

3 Sabine hält nichts davon, dass man in der Schule Noten bekommt. ☐
Sabine möchte ihrem Chef gefallen. ☐
Für Sabine ist die Meinung des Chefs zu ihrer Arbeit wichtiger als die Schulnoten. ☐

b Welche Kombination finden Sie am besten? Kreuzen Sie an.

1 Im Gegensatz zu ihren Mitschülern nimmt Sabine ernst, was im Betrieb passiert. Was man in der Schule lernt, findet sie dagegen ebenso unwichtig wie die Noten. ☐

2 Da Sabine in der Buchhandlung viel mehr lernen und arbeiten muss als in der Schule, konzentriert sie sich darauf, eine gute Beurteilung von ihrem Chef zu bekommen. ☐

3 Sabine beschränkt sich, anders als ihre Klassenkameraden, in der Schule auf das Wichtigste, weil sie vieles von dem, was man dort lernt, im Betrieb nicht braucht. Sie hält das Geschehen im Betrieb für wichtiger und konzentriert sich so mehr darauf, von ihrem Chef gut beurteilt zu werden als von ihren Lehrern. ☐

c **Lesen Sie Sabines Aussagen (Prüfungsbeispiel 1, Abschnitt 3) und kombinieren Sie Aussagen wie in den Beispielen. Schreiben Sie in Ihr Heft.**

1 Sabine hat eine andere Meinung als die meisten ihrer Mitschüler.
2 Es ist für sie wichtig, was im Betrieb passiert.
3 Sabine lernt das Entscheidende in der Buchhandlung.
4 In der Schule lernen die Schüler eine Menge Stoff.
5 Vieles vom schulischen Stoff wird im Betrieb nicht gebraucht.
6 Sabine tut für die Schule nur das Nötigste.
7 Die Noten sind für Sabine am Ende nicht so wichtig.
8 Für Sabine ist wichtig, was ihr Chef von ihr hält.
9 Sabine findet die Meinung ihres Chefs über sie wichtiger als ihre Noten.

Beispiele:

Aussagen 1 und 7
Sabines Ansicht ist anders als die ihrer Mitschüler, denn sie schreibt, dass die Noten keine große Rolle spielen.

Aussagen 2, 3, 7 und 8
Sabine ist der Meinung, dass vor allem der Betrieb und die Meinung ihres Chefs wichtig sind, sie in ihrer Buchhandlung das Entscheidende lernt und Noten weniger wichtig sind.

Aussagen 1, 4, 5, 6 und 9
Anders als die Mehrzahl ihrer Mitschüler findet Sabine, es reicht, nur wenig für die Schule zu tun. Denn sie findet die Meinung ihres Chefs wichtiger als Noten für so viel Schulstoff, den sie im Betrieb nicht braucht.

Die Meinung des Verfassers wiedergeben: Die Aussagen formulieren

B 22 **Ergänzen Sie die folgenden Sätze.**

Sabine diskutiert die Einstellung ihrer Mitschüler: ...

eine andere Meinung • Auf diese Weise • findet den Betrieb • eine bessere Einschätzung • wichtiger • unwichtig ist

1 Sabine hat hier ______________ als die meisten ihrer Mitschüler. Sie ______________ für ihr berufliches Lernen ______________. Da sie glaubt, dass vieles, was man in der Schule lernt, im Beruf ______________, macht sie nur das Nötigste. ______________ bekommt sie zwar vielleicht weniger gute Noten, dafür bekommt sie aber ______________ ihres Chefs.

keine Bedeutung • hält es für klüger • Meinung hat • bemüht sie sich

2 Diese ______________ Sabine nicht. Sie ______________, nur das Wichtigste für die Schule zu tun, weil das meiste, was man dort lernt, für den Betrieb ______________ hat. Deshalb ______________ auch stärker um eine gute Beurteilung durch ihren Chef als um gute Noten.

sieht das völlig anders • nicht anwenden • als unbedingt nötig • findet es wichtiger • gelernt werden können • kann sie

3 Sabine ______________________. Das meiste, was sie im Unterricht lernen soll, ______________________ im Betrieb ______________________. Da aber genau dort die entscheidenden Dinge ______________________, teilt sie sich ihre Arbeit so ein, dass sie für die Schule nicht mehr arbeitet ______________________. Sie ______________________, am Ende von ihrem Chef gut beurteilt zu werden als von den Lehrern.

B 23 Formulieren Sie jetzt selbst Sätze.

a Bilden Sie Sätze, die jeweils die angegebenen Informationen enthalten.

völlig anders • im Betrieb Entscheidendes zu lernen • vieles in der Schule im Job nicht gebraucht • lernt nur, was sie im Betrieb brauchen kann • Einschätzung des Chefs hat mehr Bedeutung

1 Sabine hat ihre eigene Ansicht zu dieser Frage. Sie ...

Gegenteil von dem, was ... • Frage, wo man das Wichtigste lernt • Schule wenig mit Betrieb zu tun • konzentrieren auf • Noten weniger wichtig als ...

2 Im Folgenden hält Sabine dann ihre eigene Einschätzung dagegen. ...

b Notieren Sie zuerst noch einmal alle wichtigen Informationen zur Meinung der Verfasserin. Formulieren Sie dann Sätze.

1 Informationen zur Verfasserin:

____

____

2 Sätze:

____

____

Das Ziel (den Appell) des Verfassers erkennen und seine Aufforderung formulieren

B 24 Argumente des Verfassers mit eigenen Worten ausdrücken.

a Welche Argumente hat Sabine dafür, dass man sich in der dualen Ausbildung mehr um die Arbeit im Betrieb bemühen soll als um die Berufsschule? Kreuzen Sie an. Nicht alle Argumente passen. Manche Argumente sind sich auch ähnlich.

1 Was man in der Schule lernt, ist nicht wichtig. ☐
2 Für so wenig Unterricht lohnt es sich nicht, viel zu lernen. ☐
3 Die Abläufe im Betrieb sind am wichtigsten. ☐
4 Der Chef findet Noten nicht so wichtig. ☐
5 Wenn man tagsüber lernt, merkt man sich mehr als abends. ☐
6 Die Noten haben für eine Anstellung später keine so große Bedeutung. ☐
7 Man braucht auch Pausen, z. B. am Abend. ☐
8 Ein Tag in der Berufsschule ist zu wenig, um alles zu lernen. ☐
9 In der Schule sind nicht alle Dinge gleich wichtig. ☐

10 Das, worauf es ankommt, lernt man im Betrieb. ☐
11 Ob du viel weißt, ist egal, wenn der Chef dich mag. ☐
12 Man braucht nicht alle Schulfächer für die Arbeit. ☐

b Ergänzen Sie nun die Sätze zu Sabines These: „Man sollte nicht zu viel Arbeit in die Schule stecken."

A lernen muss • B argumentiert • C gar nicht

1 Sie ☐, dass man vieles von dem, was man für die Berufsschule ☐, für die Arbeit ☐ braucht.

A Argument • B ein großer Teil • C eigentlich

2 Ihr ☐ ist, dass ☐ des Lernstoffs in der Berufsschule für den Beruf ☐ unwichtig ist.

A einen Tag • B lernen • C begründet

3 Sie ☐ das zum Beispiel mit dem Argument, dass man zu viel ☐ muss für nur ☐ Berufsschule pro Woche.

A entscheiden • B Hinweis • C am Ende

4 Sie gibt zusätzlich den ☐, dass die Noten ☐ nicht über die berufliche Laufbahn ☐.

A und nicht • B entscheidet • C Begründung

5 Zur ☐ sagt sie, dass am Ende der Ausbildung ☐, wie der Chef ihr Können beurteilt, ☐, welche Noten sie im Zeugnis hat.

c Suchen Sie sich nun selbst drei der passenden Argumente aus a aus und bilden Sie mit den Formulierungen aus b Sätze, in denen Sie Sabines Argumentation erklären.

B 25 Was sollte Ihr Leser über das Ziel (den Appell) des Verfassers wissen?

TIPP
Meistens hat der Verfasser auch ein Ziel bei dem, was er schreibt. So enthält der Text auch eine Aufforderung (einen Appell) des Verfassers. Geben Sie diesen ebenfalls wieder.

a Lesen Sie die folgenden Punkte (Prüfungsbeispiel 1, Abschnitt 4).

1 Sabine fordert die Leser auf, sich um ihren Job zu kümmern.
2 Sabine will, dass die Leser die Schule als nebensächlich ansehen.
3 Sabine macht den Vorschlag, den Job wichtiger zu nehmen als die Schule.

b Welche Wiedergabe dazu finden Sie jeweils am besten? Kreuzen Sie an.

1 Sabine bittet die Leser, ihren Job zu machen. ☐
Sabine appelliert an die Leser, sich um einen Job zu bemühen. ☐
Sabine fordert die Leser auf, sich auf den Job zu konzentrieren. ☐

2 Sabine will, dass die Leser nicht mehr für die Schule lernen. ☐
Sabine begründet ihre Aufforderung damit, dass Schule unwichtig ist. ☐
Sabine möchte den Leser überzeugen, dass Schule nicht das Wichtigste ist. ☐

c Welche Kombination finden Sie am besten? Kreuzen Sie an.

1 Sabine möchte die Leser dazu bringen, mehr für den Job zu tun, weil die Schule nicht die gleiche Bedeutung hat. ☐

2 Sabine fordert die Leser auf, sich auf den Job zu konzentrieren, und will sie davon überzeugen, dass die Schule nicht genauso wichtig ist. ☐

B 26 Verben der Aufforderung

a Ergänzen Sie die folgenden Sätze mit Verben der Aufforderung.

appellieren • fordern • auffordern • raten

1 Sabine __________________ den Lesern, sich in der Ausbildung vor allem um den Job zu kümmern.

2 Sie __________________ dazu __________________, sich vor allem auf den Job zu konzentrieren.

3 Mit dem Argument, dass die Schule im Vergleich zur Arbeit in der Ausbildung wichtiger ist, __________________ sie an die Leser, sich vor allem um die Arbeit im Betrieb zu kümmern.

4 Am Ende __________________ Sabine, dass man den Job ernster nehmen soll als die Schule.

b Formulieren Sie Begründungen zu den Sätzen aus a.

betrieblicher Teil der Ausbildung wichtiger als der schulische •
Schule hat weniger Bedeutung als Ausbildung im Betrieb

B 27 Formulieren Sie jetzt selbst Sätze zum Appell der Verfasserin.

a Bilden Sie Sätze mit den folgenden Informationen.

sich um die Arbeit im Betrieb bemühen • Schule als Nebensache ansehen / betrachten

1 Die Verfasserin hat am Ende einen Rat an die Leser: Sie ...

dem Job den Vorrang vor der Schule geben • Job ist wichtiger als Schule

2 Zum Abschluss fordert die ...

b Notieren Sie zuerst noch einmal alle wichtigen Informationen zum Ziel der Verfasserin. Formulieren Sie dann eigene Sätze mit den folgenden Ausdrücken und denen aus B 26.

möchte / will, dass • bittet • gibt die Empfehlung • empfiehlt • hat die Bitte

1 Informationen zur Verfasserin:

____

____

2 Sätze:

____

____

B 28 Aufbauübung: Gründe und Motive des Verfassers formulieren

TIPP
Sie können auch etwas zu den Gründen und Motiven des Verfassers schreiben. Das wird in der Prüfung positiv bewertet.

a Welche Gründe bzw. welche Motive hat Sabine für ihre Aufforderung, den Job wichtiger zu nehmen als die Schule? Welche halten Sie für überzeugend? Kreuzen Sie an und sprechen Sie darüber in der Klasse.

1 Sabine geht von ihren Erfahrungen im Buchhandel aus. ☐
2 Sabine überlegt genau, für welche Dinge sie sich Zeit nimmt. ☐
3 Sabine möchte eine gute Ausbildung machen. ☐
4 Sabines Chef fordert sehr viel. ☐
5 Sabine kennt die Problematik aus eigener Erfahrung. ☐
6 Sabine findet die Einstellung ihrer Mitschüler falsch. ☐
7 Sabine ärgert sich über das Verhalten ihrer Mitschüler. ☐
8 Sabine ist faul und will wenig arbeiten. ☐
9 Sabine will mit ihren Erfahrungen und ihrer Einstellung anderen helfen. ☐
10 Sabine kann ihre Mitschüler nicht leiden. ☐

b Welche Motivation passt am besten zu welchem Argument? Ordnen Sie zu.

1 Sabine sammelt selbst gerade Erfahrungen in einer Buchhandlung.
2 Sabine macht sich Gedanken über das Verhalten ihrer Mitschüler.
3 Sabine hat offenbar den Schulstoff daraufhin überprüft, ob sie ihn im Betrieb gebrauchen kann.
4 Sabine will auch anderen in der Ausbildung helfen.

a Sie appelliert daher an sie, die Schule nicht wichtiger zu nehmen, als sie ist.
b Dabei kommt sie zu dem Ergebnis, dass vieles unwichtig ist. Man sollte sich in der Ausbildung auf das konzentrieren, was man wirklich braucht.
c Sie stellt dabei fest, dass sie sich zu viele Sorgen um die Schule machen. Sie findet, dass sich das für einen Tag Schule pro Woche nicht lohnt.
d Sie weiß deshalb, dass man die Abläufe im Betrieb gut kennen muss.

c Ergänzen Sie die Formulierungen, in denen Motivation und Argument verbunden werden. Sie müssen die Ausdrücke dafür auch in die richtige Form bringen.

nicht verstehen können • ihnen klarmachen wollen

1 Sabine ____________________, dass ihre Mitschüler sich nur noch über die Schule unterhalten. Deshalb ____________________, dass ein einziger Tag Schule in der Woche nicht so wichtig ist, dass man die ganze Zeit daran denkt.

zu dem Schluss kommen • entscheidend sein

2 Sabine kann in ihrer Ausbildung vergleichen, was sie in der Schule lernt und was sie davon im Betrieb braucht. Sie ____________________, dass ein Teil des Schulstoffs nichts bringt, sondern dass es ____________________, was man im Betrieb lernt.

argumentieren • abschließen • sich Gedanken darüber machen

3 Weil Sabine ihre Ausbildung erfolgreich ______________________ will, ______________________, was dafür wichtig ist. Sie ______________________, dass die Beurteilung durch den Chef mehr Bedeutung hat als Zeugnisnoten.

Hinweis • begründen • sich entschlossen haben

4 Sabine ______________________, für die Schule nur das Nötigste zu tun, und ______________________ ihre Meinung mit dem ______________________, dass man vieles, was man dort lernt, im Betrieb nicht gebrauchen kann.

Den Text korrekt und vollständig wiedergeben

B 29 Geben Sie den Internetbeitrag korrekt und vollständig wieder.

a Sind die folgenden Wiedergaben richtig oder falsch? Kreuzen Sie an und korrigieren Sie die falschen Aussagen.

		richtig	falsch
1	In Sabines Klasse unterhalten sich alle immer nur über Noten und Hausaufgaben.	☐	☒
2	Sabine besucht eine Klasse, in der alle eine duale Ausbildung im Buchhandel machen.	☐	☐
3	Sabines Klasse hat nur einmal in der Woche Schule und sie ist der Meinung, dass man beim Thema Schule nicht übertreiben soll.	☐	☐
4	Sabine sagt, dass man den Stoff aus der Schule im Beruf überhaupt nicht gebrauchen kann.	☐	☐
5	Am Schluss fordert Sabine ihre Mitschüler dazu auf, nicht mehr für die Schule zu lernen.	☐	☐

Beispiel:
1 falsch: nicht „alle", sondern „die meisten" Mitschüler

b Wo ist Sabines Text vollständig wiedergegeben? Kreuzen Sie an und sprechen Sie in der Klasse.

A Sabine findet es nicht gut, dass alle immer nur über Hausaufgaben reden. Sie glaubt, dass man die gar nicht braucht, weil entscheidend ist, was der Chef sagt. ☐

B Sabine ist in einer dualen Ausbildung. In ihrer Klasse arbeiten alle sogar noch am Abend für die Schule. Sabine sieht das völlig anders: Sie findet den Betrieb wichtiger als die Schule und den Chef wichtiger als Noten. Deshalb sagt sie: Kümmert euch um den Job! ☐

C Sabine, 16, macht eine duale Ausbildung zur Buchhändlerin und besucht ein Berufskolleg. Sie findet es nicht gut, dass die meisten Leute in ihrer Klasse nur über Schule sprechen und sogar abends noch lernen. Denn es ist so, dass sie nur einen Tag pro Woche Berufsschule haben. Sie argumentiert, dass man vieles von dem Lernstoff gar nicht braucht: Entscheidend sind für sie der Betrieb und die Meinung ihres Chefs über ihre Arbeit. Daher fordert sie alle auf, sich darauf zu konzentrieren und die Schule nicht wichtiger zu nehmen, als sie ist. ☐

		A	B	C
1	Die Verfasserin wird vorgestellt.	☐	☐	☐
2	Die Situation wird klar.	☐	☐	☐
3	Die Meinung der Verfasserin wird deutlich.	☐	☐	☐
4	Das Ziel der Verfasserin wird genannt.	☐	☐	☐

	A	B	C
5 Alle vier Abschnitte sind enthalten.	☐	☐	☐
6 Die Abschnitte sind im Wesentlichen vollständig wiedergegeben.	☐	☐	☐
7 Die Aussagen sind richtig wiedergegeben.	☐	☐	☐

TIPP
Schreiben Sie in Ihrer Wiedergabe etwas zu allen vier Abschnitten des Prüfungstextes.

Die Aussagen eigenständig wiedergeben: Eigene Worte finden

B 30 Aussagen mit eigenen Worten wiedergeben

a Lesen Sie Sabines Vorstellung. Notieren Sie die Wörter und Ausdrücke, die in Wiedergabe 1 und 2 anders formuliert sind.

Sabine: Ich bin Sabine, 16, und besuche das Albert-Einstein-Berufskolleg in Freiberg. Ich bin in der dualen Ausbildung zur Buchhändlerin.

Wiedergabe 1:
Sabine ist 16 Jahre alt und besucht das Albert-Einstein-Berufskolleg in Freiberg. Sie ist in der dualen Ausbildung zur Buchhändlerin.

Wiedergabe 2:
Die 16-jährige Sabine geht auf das Albert-Einstein-Berufskolleg in Freiberg. Sie will Buchhändlerin werden und macht dazu eine duale Ausbildung.

Original	Wiedergabe 1	Wiedergabe 2
1 16	*16 Jahre alt*	*16-jährig*
2 besuche		
3 bin in der dualen Ausbildung		
4 zur Buchhändlerin		

b Vergleichen Sie nun genauso die Wiedergaben der Situation wie in a und ergänzen Sie die Tabelle auf Seite 48.

Sabine: Die meisten in meiner Klasse nehmen die Schule voll wichtig. Abends lernen sie noch und alle reden nur über Noten und Hausaufgaben, obwohl wir nur einmal in der Woche Berufsschule haben!

Wiedergabe 1
Die meisten in ihrer Klasse nehmen die Schule voll wichtig. Sie lernen auch abends noch und reden alle nur über Noten und Hausaufgaben. Dabei hat Sabine nur einmal in der Woche Berufsschule!

Wiedergabe 2
Die Mehrheit ihrer Klassenkameraden nimmt die Berufsschule sehr ernst. Sogar am Abend wird noch dafür gearbeitet und alle unterhalten sich nur über Bewertungen und Hausaufgaben. Aber sie müssen nur einmal wöchentlich zum Unterricht!

Wiedergabe 3
Für die Mehrzahl ihrer Mitschüler hat der Unterricht eine große Bedeutung. Nach der Arbeit tun sie noch etwas für die Schule. Sie kennen kein anderes Gesprächsthema als schulische Dinge, obwohl es nur einen Schultag pro Woche gibt.

Original	1	2	3
1 die meisten	–	*die Mehrheit*	*die Mehrzahl*
2 in meiner Klasse			
3 nehmen voll wichtig			
4 abends			
5 lernen			
6 reden über			
7 Noten und Hausaufgaben			
8 obwohl			
9 haben			
10 nur			
11 einmal in der Woche			
12 Berufsschule			

c **Vergleichen Sie die Wiedergaben von Sabines Meinung und notieren Sie die Wörter wie in a.**

Sabine: Ich sehe das völlig anders. Wichtig ist, was im Betrieb passiert. In der Buchhandlung lerne ich das Entscheidende. In der Schule kommt viel Stoff, den ich gar nicht brauche. Ich tue nur das Nötigste dafür. Nicht die Noten sind nachher wichtig, sondern was dein Chef von dir hält.

1 Sabine sieht das völlig anders. Wichtig ist für sie, was im Betrieb passiert. In der Buchhandlung lernt sie das Entscheidende. In der Schule kommt viel Stoff, den sie gar nicht braucht. Sie tut nur das Nötigste dafür. Nicht die Noten, findet sie, sind nachher wichtig, sondern was dein Chef von dir hält.

2 Sabine findet das nicht. Bedeutung hat für sie, was im Ausbildungsbetrieb geschieht. Im Buchladen erfährt sie alles, was sie braucht. In der Berufsschule muss sie Dinge lernen, die sie überhaupt nicht benötigt. Sie arbeitet nur so viel dafür wie nötig. Nicht die Noten sind am Ende entscheidend, sondern die Meinung des Inhabers.

3 Sabine hat eine andere Meinung. Am meisten beachtet sie das Geschehen in der Arbeit. In ihrem Betrieb erfährt sie, worauf es ankommt. Die Lehrer nehmen viele Sachen durch, mit denen sie absolut nichts anfangen kann. Sie lernt deshalb nur das Minimum. Schließlich kommt es weniger auf die Zensuren im Zeugnis an als auf die betriebliche Beurteilung, argumentiert sie.

Original	1	2	3
1 sehe das anders	–	*findet das nicht*	*hat eine andere Meinung*
2 völlig			
3 wichtig ist			
4 was passiert			
5 im Betrieb			
6 in der Buchhandlung			

7 lerne			
8 das Entscheidende			
9 in der Schule			
10 kommt			
11 viel			
12 Stoff			
13 gar nicht			
14 brauche			
15 tue nur das Nötigste			
16 Noten			
17 nachher			
18 sind wichtig			
19 was von dir hält			
20 dein Chef			

d Vergleichen Sie die Wiedergaben von Sabines Ziel bzw. Appell und notieren Sie wie in a.

Sabine: Also: Kümmert euch um den Job, Schule ist Nebensache!

1 Sabine sagt: Also kümmert euch um den Job, Schule ist Nebensache!

2 Sabine fasst zusammen, man soll sich auf die Arbeit konzentrieren, der schulische Teil der Ausbildung ist nebensächlich.

3 Sabine fordert, das sich die Schüler für den betrieblichen Teil einsetzen sollen, der andere ist weniger wichtig.

Original	1	2	3
1 also	–	*fasst zusammen*	*fordert*
2 kümmert um			
3 euch			
4 Job			
5 Schule			
6 ist Nebensache			

TIPP

Denken Sie daran: Geben Sie den Beitrag nicht wörtlich wieder, sondern verwenden Sie möglichst eigene Wörter.

B 31 Strategien für Ersetzung und Umschreibung anwenden

Sie finden hier weitere Schüleräußerungen und mögliche Wiedergaben. Diese Beispiele geben Ihnen jeweils Ideen für eine Ersetzung. Formulieren Sie eigene Umschreibungen zu den markierten Sätzen in Ihrem Heft.

1 *Beispiel:*
Anna: „In meiner Klasse lernen manche kaum für die Berufsschule."
Einige arbeiten wenig für die Schule.
Es gibt Schüler in Annas Klasse, die fürs Lernen wenig Zeit investieren.
Ein paar von Annas Klassenkameraden tun so gut wie gar nichts für die Schule.

Anna: „Ich finde, man sollte ein bisschen mehr für die Schule tun."

Anna ist der Meinung, man sollte besser für die Schule lernen.
...

2 *Beispiel:*
Paul: „Ich werde das nach der Ausbildung machen."
Paul wartet lieber bis nach der Ausbildung damit.
Paul will erst die Ausbildung fertigmachen.
Paul will das nicht während der Ausbildung machen.

Paul: „Urlaub mache ich erst wieder, wenn ich meine Ausbildung fertig habe."

3 *Beispiel:*
Lisa: „Eine solche Ausbildung kostet viel Geld."
Lisa sagt, diese Ausbildung ist teuer.
Lisa kann diese Ausbildung nicht bezahlen.
Lisa findet die Kosten für diese Ausbildung sehr hoch.

Lisa: „Ich würde die Ausbildung gerne an einer Privatschule machen, aber das kann ich mir nicht leisten."

4 *Beispiel:*
Stefan: „Ein Auslandsjahr würde mir Freude machen."
Stefan glaubt, ein Jahr im Ausland zu arbeiten, könnte ihn freuen.
Stefan denkt, ein Auslandsjahr könnte ihm Spaß machen.
Stefan würde es Spaß machen, ein Jahr lang in einem Betrieb in einem anderen Land zu lernen.

Stefan: „Mein Traum wäre es, als Schreiner eine Zeit auf Wanderschaft im Ausland zu lernen."

5 *Beispiel:*
Nicola: „Einige meiner Freundinnen machen eine duale Ausbildung."
Nicola kennt Auszubildende, die im dualen System sind.
Freundinnen von Nicola machen im Moment eine Ausbildung im dualen System.
Nicola hat Freundinnen, die eine duale Ausbildung machen.

Nicola: „Ein paar Mitschülerinnen überlegen, doch lieber eine duale Ausbildung zu machen."

B 32 **Zehn Möglichkeiten für eigene Formulierungen beim Wortschatz.**

Wenden Sie die folgenden Möglichkeiten 1–10 an. Lesen Sie jeweils die Beispiele und formulieren Sie dann die Sätze (zu verschiedenen Themen) um.

1 **Möglichkeit 1: Schreiben Sie, was jemand tut, statt wie jemand ist oder umgekehrt.**

Beispiel:
ich frage mich oft (Das tue ich.) ↔ ich bin neugierig (So bin ich.)
Jenny: „Ich frage mich, wie die neue Klasse in der Berufsschule wohl so sein wird."
Jenny ist neugierig auf ihre neue Berufsschulklasse.

1 Jenny: „Ich bin meinen Klassenkameraden gegenüber sehr offen."
2 Jenny: „Ich bin ziemlich fleißig."

2 **Möglichkeit 2: Wechseln Sie die Wortart.**

Beispiel:
Schönheit (Nomen) ↔ schön (Adjektiv)
Jenny: „Ich mag die Schönheit der Werkstoffe in meinem Beruf."
Jenny findet die Werkstoffe, mit denen sie arbeitet, schön.

1 Jenny: „Wenn ich mal allein im Betrieb bin, fühle ich mich wichtig."
2 Jenny: „Die Schwierigkeiten fangen an, wenn Kunden ungeduldig werden."

3 **Möglichkeit 3: Bilden bzw. trennen Sie zusammengesetzte Nomen.**

Beispiel:
Berufsschulferien (zusammengesetztes Nomen) ↔ Ferien von der Berufsschule
Jenny: „Berufsschulferien müssen nun wirklich sein."
Jenny denkt, Ferien von der Berufsschule müssen sein.

1 Jenny: „Ausflüge sind gut für den Klassenzusammenhalt."
2 Jenny: „Man bekommt Erfahrung in dem Beruf."

4 **Möglichkeit 4: Wörter mit gleicher Bedeutung (Synonyme)**

Beispiel:
super ↔ sehr gut
Jenny: „Unsere Berufsschullehrer finde ich einfach nur super!"
Jenny findet ihre Berufsschullehrer sehr gut.

1 Jenny: „Die Mehrheit der Betriebe kann sich längere Betriebsferien nicht leisten – wie unfair!"
2 Jenny: „Pausenlos in seinem Büro am PC zu sitzen ist doch nicht gut."

5 **Möglichkeit 5: Oberbegriffe**

Beispiel:
Bruder und Schwester ↔ Geschwister (Oberbegriff)
Jenny: „Mein Bruder und meine Schwester fangen bald ihre Ausbildung an."
Jenny erzählt, ihre Geschwister fingen bald ihre Ausbildung an.

1 Jenny: „Nach der Arbeit gehe ich gerne noch mit Klassenkameraden oder Kollegen in die Stadt."
2 Jenny: „In unserem Laden verkaufen wir keine teuren Hosen, T-Shirts oder so etwas."

6 Möglichkeit 6: Nomen ↔ Verb

Beispiel:
Unterricht (Nomen) ↔ unterrichten (Verb)
Jenny: „Ich möchte später vielleicht auch mal eigenen Unterricht halten."
Jenny äußert den Wunsch, in Zukunft vielleicht auch selbst zu unterrichten.

1 Jenny: „Ich stelle mir die Frage, ob mich ein Praktikum wirklich weiterbringt."
2 Jenny: „Man muss sich vorher gründlich über die Angebote informieren."

7 Möglichkeit 7: Definitionen

Beispiel:
Nachbar ↔ der Junge, der neben uns wohnt (Definition)
Jenny: „Der Junge, der neben uns wohnt, ist im Berufsvorbereitungsjahr."
Jenny berichtet, dass ihr Nachbar ein Berufsvorbereitungsjahr macht.

1 Jenny: „Meine Freundin hat mir einige gute Betriebe in dieser Branche empfohlen."
2 Jenny: „Die Schwester meiner Mutter hat Schneiderin gelernt."

8 Möglichkeit 8: das Gegenteil verneinen

Beispiel:
klug ↔ dumm (Gegenteil) → klug = nicht dumm
Jenny: „Ich finde es ganz klug, eine duale Ausbildung anzufangen."
Jenny findet es nicht so dumm, eine duale Ausbildung anzufangen.

1 Jenny: „Eine Kaffeekasse für alle Azubis wäre keine schlechte Idee!"
2 Jenny: „Die Betriebskosten sind nicht gering und oft nicht leicht abzuschätzen."

9 Möglichkeit 9: Aussagen, die logisch folgen

Beispiel:
Jenny: „Ich bin so begeistert vom Tanzen – nur so als Hobby ist mir das zu wenig!"
Jenny möchte gern mehr als nur hobbymäßig tanzen. /
Jenny möchte beruflich etwas mit Tanz machen.

1 Jenny: „Ich bin neidisch auf alle, die nette Kolleginnen im Betrieb haben."
2 Jenny: „Wenn ich meinen Ausbilder nicht hätte, wüsste ich nicht, wie ich was lernen sollte."

10 Möglichkeit 10: „Fachwörter" nicht ersetzen

Beispiel:
Jenny: „Wir haben einen jährlichen Schüleraustausch mit unserer Partnerschule."
Jenny berichtet, an ihrer Schule gibt es jedes Jahr einen Schüleraustausch mit der Partnerschule.

1 Jenny: „Mit einem Jobticket könnte ich Berufsschule und Betrieb preiswert erreichen."
2 Jenny: „Ich finde das Lernen in berufsorientierten Arbeitsgruppen nützlich."

Die Aussagen eigenständig wiedergeben: Eigene Sätze bilden

B 33 Einfache Umformungen

a ich → sie / er
Formulieren Sie wie im Beispiel.

Beispiel:
Sabine: „Ich habe in der Berufsschule einen Tag in der Woche Unterricht."
Sabine geht einmal in der Woche in die Berufsschule.

1 Ben: „Ich finde meine Ausbildung total interessant!"
2 Selma: „Ich weiß nicht genau, ob ich den richtigen Beruf gewählt habe."
3 Peer: „Ich glaube nicht, dass ich in der Berufsschule viel für den Betrieb lernen kann."

b „sagen", „erzählen" und andere Verben
Formulieren Sie wie im Beispiel.

Beispiel:
Sabine: „Ich sehe das völlig anders als meine Mitschüler. Das Entscheidende lerne ich in der Buchhandlung." (sagen / glauben)
Sabine sagt, sie sieht das völlig anders als ihre Mitschüler. Sie glaubt, dass sie das Entscheidende in der Buchhandlung lernt.

1 Benedikt: „Ich finde eine rein schulische Ausbildung weniger stressig!" (erklären)
2 Claudia: „In meiner Ausbildung zur Designerin muss ich sehr vielseitig sein." (uns mitteilen)
3 Verena: „Ich glaube nicht, dass man sich in meinem Beruf Sorgen um eine Stelle machen muss." (schreiben)
4 Michael: „Bei uns herrscht unter den Kollegen ein sehr gutes Klima." (erzählen)

B 34 Informationen verbinden mit Präpositionen

Ergänzen Sie die folgenden Präpositionen.

während • wegen (3x) • durch • trotz • ohne

Beispiel:
Judith: „Ich habe Matheunterricht bei einem tollen Lehrer. Ich lerne auch viel für das Büro."
Judith hat *im* Matheunterricht bei einem tollen Lehrer auch viel für das Büro gelernt.
Judith hat *durch* den Matheunterricht bei einem tollen Lehrer auch viel für das Büro gelernt.

1 Hans: „Ich war in der Ausbildung bei einem strengen Chef. Ich habe viel dazugelernt."
Hans hat __________ seiner Ausbildung bei einem strengen Chef viel dazugelernt.
Hans hat __________ seine Ausbildung bei einem strengen Chef viel dazugelernt.

2 Max: „Ich weiß nicht, ob eine duale Ausbildung mir gefällt. Das ist eine ganz schöne Anstrengung."
Max glaubt __________ der Anstrengung nicht, dass eine duale Ausbildung ihm gefällt.

3 Cordula: „Man muss hart für die Prüfung arbeiten. Ich glaube nicht, dass das alle bei uns schaffen."
Cordula glaubt __________ der harten Arbeit nicht, dass alle die Prüfung schaffen.

4 Constanze: „Ein Bewerbungsgespräch geführt habe ich noch nicht, aber ich wäre ganz cool."
Auch ________________ Erfahrung glaubt Constanze, dass sie bei einem Bewerbungsgespräch ganz cool wäre.
Constanze: „Aber auch wenn mir die Erfahrung fehlt, schaffe ich das schon gut."
Auch ________________ fehlender Erfahrung glaubt sie, im Gespräch gut zu sein.

5 Johannes: „Ich würde gern mal eine Zeit den Betrieb wechseln. Man kann dabei viel Neues kennenlernen."
________________ der neuen Erfahrungen würde Johannes gerne mal eine Zeit den Betrieb wechseln.

B 35 Informationen verbinden mit Konjunktionen

a Ergänzen Sie passende Nebensätze wie im Beispiel.

Beispiel:
Carina: „Ich war einmal drei Monate in einer anderen Filiale eingesetzt. Ich habe da so viel mehr gelernt!"
Carina hat mehr gelernt, als / weil *sie drei Monate in einer anderen Filiale eingesetzt war.*

1 Julia: „Ich hatte eine Zeitlang mit Mirko zusammen Unterricht. Ich bin echt optimistischer geworden."
Julia ist, als sie ________________, optimistischer geworden.
Julia ist optimistischer, nachdem ________________.

2 Conny: „Ich weiß nicht, ob eine duale Ausbildung mir gefällt. Das ist ganz schön anstrengend."
Conny ist sich nicht sicher, ob eine duale Ausbildung ihr gefällt, weil ________________.

3 Tim: „Als Bäcker muss man total früh aufstehen. Ich glaube nicht, dass ich dazu Lust hätte."
Tim wäre nicht gerne Bäcker, da ________________,
früh ________________.
Tim steht nicht gerne früh auf, sodass ________________.

4 Constanze: „Ein Bewerbungsgespräch geführt habe ich noch nicht. Ich wäre ganz cool!"
Obwohl Constanze ________________, ________________.
Weil Constanze ________________, ________________.

5 Ruben: „Ich würde gern mal eine Zeit den Betrieb wechseln. Man kann dabei viel Neues erfahren."
Weil man ________________, würde Ruben gerne den Betrieb wechseln.
Ruben glaubt, man kann viel Neues dabei erfahren, sodass er ________________.

b Formulieren Sie Sätze mit den folgenden Konjunktionen in Ihrem Heft. Es gibt mehrere Möglichkeiten.

weil • als • da • nachdem • obwohl • sodass • während • dass • ob

1 Lorenz: „Ich darf nächsten Monat wohl mit meinem Chef zwei Wochen auf Dienstreise! Das ist allerdings noch nicht ganz sicher."
2 Nelli: „Das Azubitreffen wird bestimmt super. Man lernt so viele neue Leute kennen!"
3 Milan: „Ich war einen Monat auf der Baustelle. Ich bin vorsichtiger geworden."
4 Isabella: „Ich träume von einer eigenen Boutique. Nur meine Eltern halten das für unrealistisch."
5 Patrick: „Die Leute in unserer Berufsschulklasse sind sehr offen. So habe ich schnell Kontakt bekommen."

B 36 **Zusammenfassende Übung**
Geben Sie die folgenden Meinungen mit den sprachlichen Mitteln aus den Aufgaben B 33–35 wieder (dritte Person, Verben der Redewiedergabe, Präpositionen, Konjunktionen).

1 Mine: „Ich habe vor, mich nach meiner Ausbildung selbstständig zu machen. Am liebsten würde ich einen kleinen Laden aufmachen, wie es sonst keinen gibt. So ist die Chance viel größer – aber ich habe auch keine Erfahrungen, wie man so was am besten macht."

2 Jonte: „Ich weiß natürlich noch nicht, ob ich als Polizist gut genug bin und die Ausbildung schaffe. Aber das ist eine gute Herausforderung für mich. Meine Freunde sagen alle, ich bin geeignet dafür."

Zusammenfassung

B 37 **Üben Sie jetzt, eine vollständige Wiedergabe zum Prüfungsbeispiel 1 zu schreiben.**

Einen Erfahrungsbericht schreiben

Eine Überleitung zum Erfahrungsbericht herstellen: Formale und inhaltliche Überleitung

B 38 **Eine formale Überleitung von der Textwiedergabe zum Bericht verfassen**

a **Wiederholung: Schreiben Sie zwei Überleitungen mit den folgenden Ausdrücken.**

Nachdem ich die Schülermeinung wiedergegeben habe • Nach der Wiedergabe des Beitrags aus dem Forum
möchte ich jetzt von meinen Erfahrungen berichten • werde ich jetzt meine persönliche Situation schildern. • erzähle ich jetzt, wie es in dieser Frage bei mir aussieht

TIPP
Verbinden Sie in Ihrer Überleitung Ihre Erfahrungen mit dem Internetbeitrag am besten inhaltlich.

b **Aufbauübung: Schreiben Sie drei allgemeine Überleitungen aus den folgenden Wörtern und Ausdrücken.**

nachdem • da • weil
nun • jetzt • als Nächstes • zunächst • zuerst
aus dem Forum • in dem Internetforum • im Netz
zusammengefasst • wiedergegeben • dargestellt
mache ich weiter mit • möchte ich (nun)
berichten • erzählen
eigene / persönliche / meine – Situation • Erfahrungen • Erlebnisse

Beispiel:
Nachdem ich den Beitrag wiedergegeben habe, den ich in dem Forum gefunden habe, erzähle ich jetzt von meiner eigenen Situation.

B 39 Eine inhaltliche Überleitung von der Textwiedergabe zum Bericht verfassen

a Vergleichen Sie Sabines Aussagen mit Ihren Erfahrungen. Sie können die folgenden Ausdrücke dazu verwenden.

genauso • auch so • auch schon • genau wie • so wie •
anders • nicht so • noch nicht • anders als
gut • schlecht • richtig • falsch • nicht so gut

1 Sabine hat also für sich beschlossen, die Schule nur nebenbei zu machen, weil sie die Arbeit im Betrieb für wichtiger hält.
Das sehe ich persönlich ____________________. Solche Erfahrungen habe ich ____________________ gemacht. Was ich persönlich erlebt habe, will ich jetzt erzählen.

2 Sabine lässt sich von den Meinungen in ihrer Klasse nicht beeinflussen.
____________________ Sabine finde ich diese Haltung ____________________. Meine Erfahrungen mit dem Thema sind ____________________. Davon möchte ich im Folgenden berichten.

3 Sabine hat gute und schlechte Erfahrungen gemacht, ____________________ ich. Davon werde ich jetzt erzählen.

b Formulieren Sie einen eigenen Anschluss zu den folgenden Sätzen. Kündigen Sie darin an, dass Sie nun von Ihren eigenen Erfahrungen berichten wollen.

1 Wie ich berichtet habe, rät Sabine uns am Ende ihres Textes, weniger für die Schule zu tun. ...
2 Wenn es nach Sabine geht, lernt man also in der Schule nur das, was man wirklich direkt für den Beruf gebrauchen kann ...

Sich das Thema klarmachen – Stoff zum Thema sammeln und gliedern

B 40 Sich das Thema klarmachen

Lesen Sie die folgenden Erfahrungen. Wie gut passen sie zum Thema des Prüfungsbeispiels 1? Notieren Sie.

A: gut; B: vielleicht als Ergänzung; C: nicht

		A	B	C
1	Ich mache eine Ausbildung in einer Berufsfachschule. Dort muss ich viel lernen und habe einmal pro Woche einen Praktikumstag in einem Betrieb.	☐	☐	☐
2	Ich habe Berufsschulunterricht und ich muss dort zu viel lernen.	☐	☐	☐
3	Ich kenne einen Chef in einer Firma, der eine bessere Schulbildung fordert.	☐	☐	☐
4	Wir haben zweimal pro Jahr Blockunterricht in der Berufsschule: Dann sind wir sechs Wochen in der Schule und sonst sind wir immer im Betrieb.	☐	☐	☐
5	Mein Chef fragt mich regelmäßig, wie gut ich in der Schule bin.	☐	☐	☐
6	Ich habe einen Freund, der mir immer erzählt, wie wenig er für die Schule gelernt hat.	☐	☐	☐

B 41 Ideen sammeln

a Wie sieht Ihre Situation aus? Beantworten Sie die folgenden Fragen und schreiben Sie mehrere Stichpunkte auf. (Wenn Sie Aufgabe A 24c bearbeitet haben: Sehen Sie erst einmal nicht nach, was Sie dort geschrieben haben.)

Was ich öfter mal mache:	Was ich schon erlebt habe:	Was mir andere erzählt haben:	In welcher Situation ich bin:
– lerne noch morgens früh schnell etwas für ein Fach *– (...)*	*– Lehrer sind unzufrieden, weil wir nicht gut gelernt haben* *– (...)*	*– manche finden, Schule und/oder Beruf sind stressig* *– (...)*	*– suche gerade eine Ausbildung* *– (...)*

b Wenn Sie Aufgabe A 24c bearbeitet haben: Vergleichen Sie nun Ihre Stichpunkte von dort. Ergänzen Sie bei Bedarf Informationen, die Sie dort nicht aufgeschrieben haben.

c Ordnen Sie anschließend die Stichpunkte, die Sie gesammelt haben. Überlegen Sie dann, in welcher Reihenfolge Sie davon erzählen wollen, und legen Sie so eine Gliederung fest.

1. Meine Situation:
– duale Ausbildung
– Berufsziel Drucker
– meine Schule: ...
– meine Klasse: ...
...
2. Regelmäßige Erfahrungen
...
3. Besondere Erlebnisse
...
4. ...

TIPP

Wenn Sie zu einem Thema keine oder nur wenige Erfahrungen haben, dürfen Sie nicht einfach schreiben: „Dazu habe ich leider keine Erfahrungen."
Sie können über Erfahrungen von Freunden oder anderen Personen berichten. Oder Sie schreiben, welche Erfahrungen man zu dem Thema haben *könnte*.

Den Erfahrungsbericht ausführlich gestalten

B 42 Eigene Erfahrungen zu den Punkten aus B 41a darstellen mit Mindmaps

a Ergänzen Sie die Mindmaps zum Punkt „In welcher Situation ich bin" (Prüfungsbeispiel 1).

TIPP

Erstellen Sie Mindmaps zu Ihren Erfahrungen:
1. Sammeln Sie Stichwörter zu Ihren Erfahrungen.
2. Ordnen Sie die Stichwörter wie in den Beispielen.
   Beispiel: Sie gehen noch auf eine Schule.
   Welche Punkte fallen Ihnen zu Ihrer Klasse ein? Welche Erfahrungen haben Sie zum Beispiel mit Ihren Mitschülern gemacht? Notieren Sie sie.

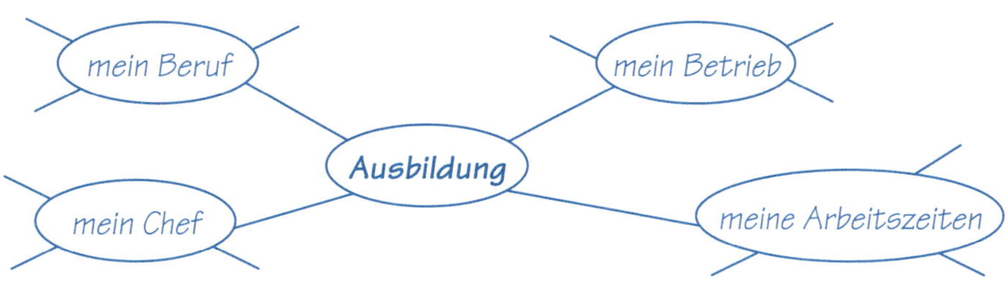

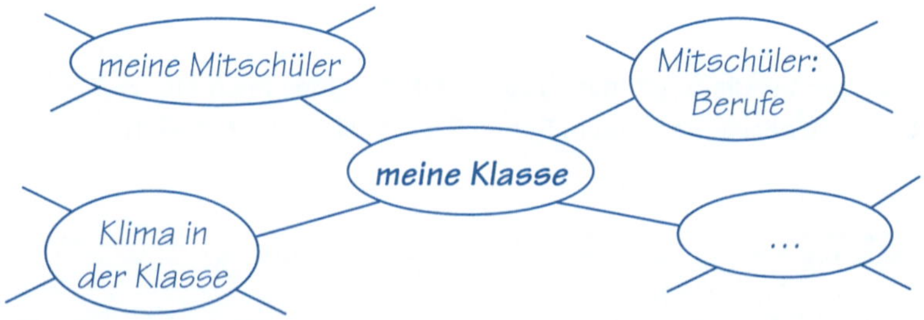

TIPP

Üben Sie hier ausführlich, wie Sie Stichpunkte sammeln und gliedern können.
Dann ist es später leicht für Sie, zu einem Thema genug Punkte zu finden.
Achten Sie aber darauf, dass Ihre Stichpunkte etwas mit dem Thema zu tun haben.

b Füllen Sie nun weitere Mindmaps zum Punkt „In welcher Situation ich bin" aus.

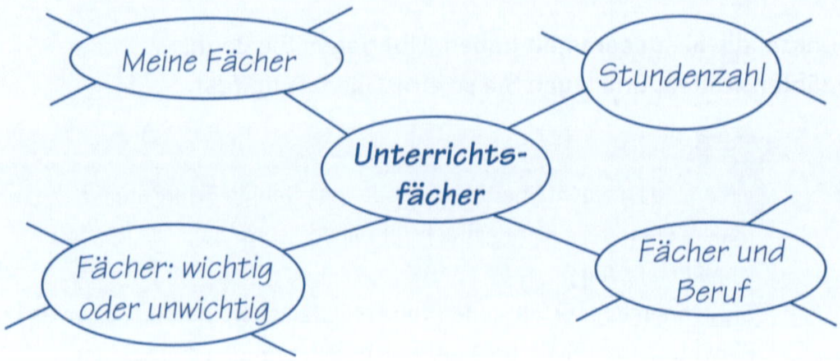

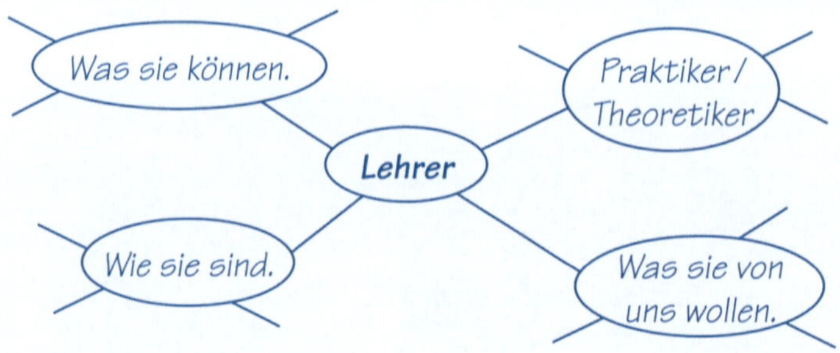

c Erstellen Sie weitere Mindmaps zum Punkt „In welcher Situation ich bin" mit den folgenden Punkten oder mit weiteren Punkten.

– Ziele in meiner Ausbildung	Welchen Beruf möchte ich? Welchen Abschluss muss ich machen? Was sind meine persönlichen Ziele? ...
– Chef(in), Vorgesetze(r)	Was erwartet er / sie von mir? Hilft er / sie, wenn ich Probleme habe? Interessiert er sich für die Berufsschule? ...
– Kollegen	Helfen sie mir? Sind sie freundlich und kollegial? ...

– Schule und Betrieb	Spricht mein(e) Chef(in) mit den Lehrern? Wie wichtig sind die Noten? ...
– meine Ausbildung	Welche Schulen habe ich besucht? Welche Abschlüsse habe ich? Habe ich ein Praktikum gemacht? ...
– mein Beruf	Wie wichtig ist die Theorie, wie wichtig ist die Praxis? Welches Basiswissen brauche ich? ...
– mein Privatleben	Was muss ich privat alles machen? Wie viel Zeit habe ich für die Schule? Kann ich zu Hause in Ruhe lernen? ...
– ...	...

B 43 **Hier finden Sie Stichpunkte zu möglichen Erfahrungen zum Punkt „Was ich öfter mal mache".**

a **Ergänzen Sie die folgenden Mindmaps.**

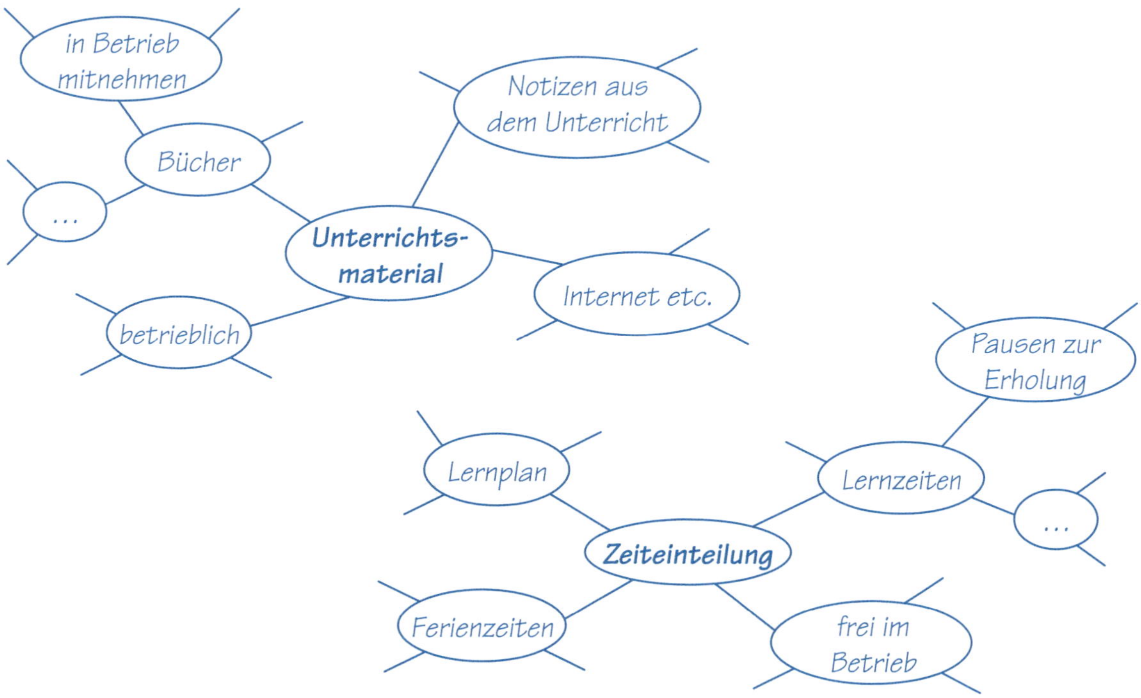

b **Erstellen Sie weitere Mindmaps zu den folgenden Punkten.**

– Chef	Ich frage meinen Chef / meine Chefin manchmal. ...
– Lernstoff	Ich vergleiche manchmal, was ich in der Schule lerne und in der Arbeit brauche. ...
– Erholung von der Arbeit	Ich mache viel Sport. Ich schlafe genug. ...

B 44 Hier finden Sie Stichpunkte zu möglichen Erfahrungen zum Punkt „Was ich schon erlebt habe". Ergänzen Sie und fertigen Sie weitere Mindmaps dazu an.

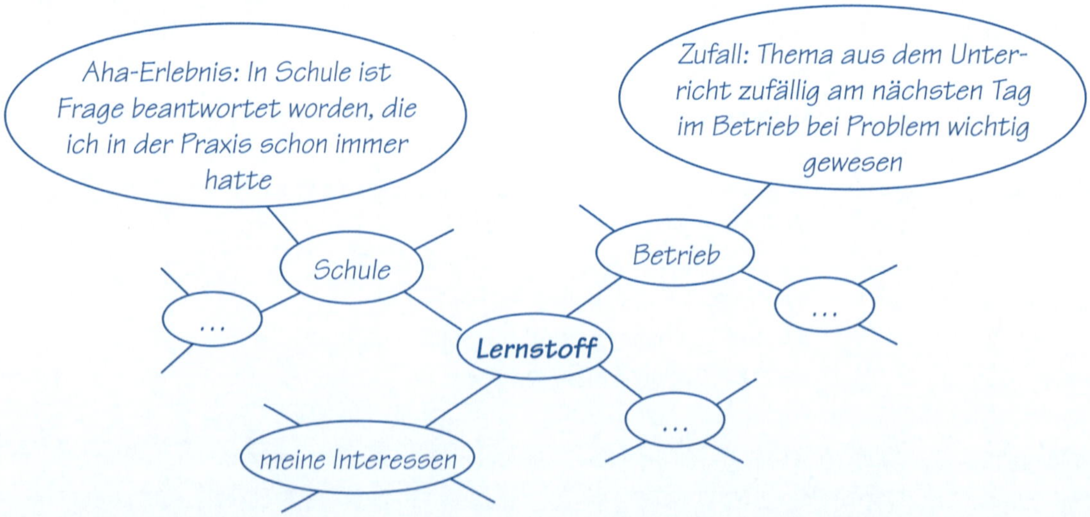

weitere mögliche Stichpunkte:

Chef • Noten • Kunden • Bewerbungsgespräch • Messe • Zeitung / Fernsehen • ...

B 45 Sie haben keine eigenen Erfahrungen? Berichten Sie, was andere Ihnen erzählt haben oder was Sie erlebt haben könnten. Sammeln Sie Stichpunkte wie in den Aufgaben B 42–44.

TIPP

Sammeln Sie Informationen zu den folgenden Punkten:

wer?	Welche Personen sind oder waren beteiligt?
wann?	Von welchen Zeiten können Sie berichten?
wo?	An welchen Orten passiert oder passierte etwas?
was?	Um welche Handlungen und Ereignisse geht oder ging es?
warum?	Welche Gründe oder Motive gibt oder gab es?
wie?	Welche Umstände oder Hintergründe sind oder waren wichtig?

Den Erfahrungsbericht formulieren

B 46 Eigene Erfahrungen thematisieren
Lesen Sie die folgenden Ausdrücke und schreiben Sie etwas zu den Erfahrungen 1 und 2 wie im Beispiel. Schreiben Sie mehrere Varianten in Ihr Heft.

Bei mir ist es so, dass • Bisher habe ich immer die Erfahrung gemacht, dass • Damit habe ich schon gute Erfahrungen gemacht. • Das ist zumindest meine Erfahrung. • erfahrungsgemäß • Ich bin es gewohnt • Ich erlebe immer wieder • nach meiner Erfahrung • normalerweise

1 Lehrer erklären, wofür man etwas braucht – man muss nur fragen.
2 Ich habe gedacht, dass ich vieles nicht brauche, was ich in der Schule gelernt habe. Später habe ich gemerkt, dass das im Beruf irgendwann einmal wichtig war.

Ich bin es gewohnt zu fragen, wenn ich etwas nicht verstehe. Die Lehrer erklären normalerweise gern, wofür man etwas braucht.

B 47 Verknüpfungen im Text

TIPP
Verbinden Sie die einzelnen Gedanken in einem Text mit Ausdrücken wie „zuerst kann ich sagen" oder „das bedeutet also". Solche Ausdrücke nennt man „Verknüpfungen" und mit ihnen kann man Ihren Text besser lesen.

**a Verbinden Sie die beiden Texte mit den angegebenen Verknüpfungen.
Notieren Sie den passenden Buchstaben.**

1

A Zuerst kann ich sagen • B Dabei geht es • C Genauer gesagt ist es bei mir so • D Das merke ich schon an • E Das bedeutet also

☐, dass nach meiner Erfahrung der Unterricht in der Berufsschule bei der Ausbildung hilft. ☐ meinen Fächern: Sie haben immer auch etwas mit dem Beruf zu tun. In der Schule lernen wir die Theorie, im Betrieb dann die praktische Anwendung. ☐ vor allem um Probleme im beruflichen Alltag. ☐, dass ich im Betrieb immer Dinge aus Physik oder Mathematik aus der Schule brauche. Unsere Lehrer kennen sich auch mit den praktischen Problemen im Beruf gut aus. ☐, ich kann immer Fragen stellen.

2

A Trotzdem muss jeder versuchen • B Ich habe die Erfahrung gemacht • C Schließlich ist es wichtig
D Wenn man sie fragt

☐, dass ein paar Leute in meiner Klasse sich Sorgen wegen der Ausbildung machen. Sie sind nicht so konzentriert und haben Probleme beim Lernen. ☐, erzählen sie, dass sie für sich wenig Chancen sehen, mit ihrer Zeit zurecht zu kommen. Mit dieser Situation können sie nicht so leicht umgehen. ☐, positiv zu denken. ☐, seine Zeit gut einzuteilen. Dann schafft man Schule und Job.

**b Formulieren Sie die Stichpunkte in 1–5 zu Ihren eigenen Erfahrungen aus.
Verknüpfen Sie sie mit den folgenden Ausdrücken und mit denen aus a.**

Es hat mich gewundert, dass • ich persönlich • Ich höre viel davon, dass • Ich finde dabei gut, dass • Konkret heißt das • Schließlich möchte ich noch sagen • Dabei darf man nicht vergessen, dass • vor allem • Das liegt daran, dass

1 Noten wichtig – für mich persönlich – ehrgeizig – Chef
2 Spaß wichtig – besser motiviert – gute Schule, guter Job – zufrieden
3 realistisch – flexibel – Zeitplan machen – sein Bestes geben
4 Lehrer streng – Stoff wichtig – hilft mir – brauche manchmal auch Druck
5 zusammen lernen – Motivation – kann anderen helfen

Beispiel:
Zuerst einmal muss ich sagen, dass ich die Noten in der Berufsschule auch total wichtig finde, vor allem für mich persönlich. Das liegt daran, dass ich sehr ehrgeizig bin. Außerdem habe ich die Erfahrung gemacht, dass …

TIPP
Wenn Sie von Ihren eigenen Erfahrungen berichten:
- Berichten Sie zu verschiedenen Aspekten etwas.
- Berichten Sie ausführlich. Erwähnen Sie Details und / oder geben Sie Beispiele.

Zusammenfassung

B 48 Einen vollständigen Bericht verfassen

a Berichten Sie zum Prüfungsbeispiel 1 über Ihre eigenen Erfahrungen. Beachten Sie dabei die folgenden Punkte.

1. Beginnen Sie mit einer Überleitung von der Wiedergabe zum Bericht. Schreiben Sie eine thematische Überleitung: Verknüpfen Sie Ihre Erfahrungen inhaltlich mit Sabines Beitrag.
2. Formulieren Sie einen ausführlichen Bericht. Schreiben Sie über mehrere Aspekte und stellen Sie diese mit Details und Beispielen genauer dar (unterschiedliche Personen, Zeiten, Orte, Ereignisse, Gründe oder Motive, Umstände, Hintergründe).
3. Schreiben Sie so, dass ein geordneter Text entsteht: Ihre Aspekte sollten in einer sinnvollen Reihenfolge stehen.

b Vergleichen Sie diesen Bericht mit Ihrem ersten (Aufgabe A 26). Was haben Sie jetzt besser gemacht? Sprechen Sie zu zweit darüber und sammeln Sie Ihre Ergebnisse dann in der Klasse.

Die eigene Meinung sagen und begründen

Eine Überleitung zur eigenen Meinung und Begründung gestalten

B 49 Eine thematische Überleitung vom Bericht zur Stellungnahme formulieren

a Bringen Sie die folgenden Sätze in eine sinnvolle Reihenfolge.

1 ..., warum ich persönlich dafür bin, dass man die Berufsschule ernst nimmt.
2 Und genau das ist auch der Grund, ...
3 Ich habe also die Erfahrung gemacht, dass man die Fächer in der Berufsschule im Beruf gut gebrauchen kann.

b Schreiben Sie thematische Überleitungen wie im Beispiel. Sie können die folgenden Ausdrücke verwenden.

> **TIPP**
> Formulieren Sie am besten eine thematische Überleitung zur eigenen Meinung. Beachten Sie dabei die folgenden Schritte:
> 1. Beginnen Sie mit einem Punkt aus Ihrem Erfahrungsbericht.
> 2. Formulieren Sie eine Verbindung von Bericht und Stellungnahme.
> 3. Leiten Sie Ihre Stellungnahme mit einem kurzen Statement ein.

Deshalb ist auch klar, ... • Daher ist meine persönliche Meinung, ... • Deshalb glaube ich, dass ... • Trotzdem denke ich, dass ... • Das ändert meine Meinung natürlich (nicht), weil ... • Trotzdem / Deshalb habe ich mir meine eigenen Gedanken dazu gemacht.

Beispiel:

Mir hat die Schule für meinen Betrieb bisher, wie gesagt, viel gebracht.	A Bezug zum Bericht
Daher ist meine persönliche Meinung, dass man sich für das Lernen auch Zeit nehmen sollte.	B Verbindung
Das will ich nun genauer begründen.	C Bezug zur Stellungnahme

1 A Ich versuche also, sowohl Schule als auch Betrieb ernst zu nehmen.
  B ______
  C ______
2 A Ich merke also, dass man in der Schule mehr lernt als das, was man im Moment braucht.
  B ______
  C ______
3 A Ich habe also einen Chef, der darauf achtet, wie ich in der Schule bin.
  B ______
  C ______

Sich das Thema klarmachen und seine Meinung sagen

B 50 **Überlegen Sie noch einmal: Um welche Frage geht es im Prüfungsbeispiel 1 genau? Kreuzen Sie an.**

1 Sollte man neben der Ausbildung im Betrieb noch eine Berufsschule besuchen? ☐
2 Wie schafft man es, zur Arbeit zu gehen und für die Schule zu lernen? ☐
3 Was kann man tun, wenn es in der dualen Ausbildung stressig wird? ☐
4 Lohnt es sich, in einer dualen Ausbildung neben der Arbeit im Betrieb richtig für die Schule zu lernen? ☐

B 51 **Lesen Sie die vier Auszüge aus einem Berufsschulblog. Wer hat seine Meinung deutlich gemacht? Kreuzen Sie an und besprechen Sie das Ergebnis in der Klasse.**

		deutlich	nicht deutlich
1	Ich habe zum Thema „Lernen für die Schule" keine Meinung. Ich kann mich nicht entscheiden: Es gibt viele Gründe dafür und genauso viele dagegen.	☐	☐
2	Viele finden, dass die Schule nicht so wichtig für die Ausbildung ist. Dafür gibt es persönliche Gründe, zum Beispiel weil man keine Lust hat, aber auch berufliche Gründe.	☐	☐
3	Jeder muss für sich entscheiden, ob er abends noch für die Berufsschule lernen möchte. Ich kann zwar verstehen, wenn jemand nicht will, aber meiner Meinung nach gibt es mehr Gründe dafür.	☐	☐
4	Ich finde, dass das Thema „Für die Schule lernen" sehr interessant ist, und viele Leute haben das Forum gelesen. Deshalb finde ich auch gut, dass das Thema in unserem Berufsschulblog diskutiert wird.	☐	☐

TIPP

Sagen Sie immer,
ob Sie
- dafür oder dagegen sind oder
- dass Sie sich nicht klar dafür oder dagegen entscheiden können und deshalb keine Meinung haben.

Es reicht **nicht**,
- Argumente aufzuzählen, ohne dass deutlich wird, was *Sie* denken.
- nur zu sagen, dass Sie das Thema interessant / uninteressant finden.

Achten Sie darauf, dass Sie Ihre Position begründen, auch wenn Sie sich nicht entscheiden können, ob Sie dafür oder dagegen sind.

Die eigene Meinung formulieren: Die Argumentation einleiten oder abschließen

B 52 Die eigene Meinung klar formulieren

a Mit den folgenden Ausdrücken können Sie Ihre Meinung einleiten. Ordnen Sie zu.

1 Meiner Meinung nach	a für die Schule zu lernen ist gut für den Beruf.
2 Meine Meinung ist,	b ist für die Schule zu lernen gut für den Beruf.
3 Ich bin der Meinung,	c dass für die Schule zu lernen gut für den Beruf ist.
4 Meine Meinung ist:	d Für die Schule zu lernen ist gut für den Beruf.

b Mit den folgenden Ausdrücken können Sie Ihre Meinung zusammenfassen. Ordnen Sie zu.

1 Aus diesen Gründen	a warum ich Berufsschulunterricht gut finde.
2 Zusammenfassend kann ich also sagen,	b für mich persönlich spricht mehr für Berufsschulunterricht.
3 So gibt es für beide Seiten Argumente, aber	c dass Berufsschulunterricht mehr Vorteile hat.
4 Das sind die Gründe,	d bin ich der Meinung, dass Berufsschulunterricht nützlich ist.

c Überlegen Sie sich, welche Meinung Sie zu der folgenden Frage haben. Notieren Sie sie. Formulieren Sie Ihre Meinung dann mit den Ausdrücken aus a und b.

Frage: Sollte man (im dualen System oder in der Vorbereitung auf eine Ausbildung) viel Arbeit in den schulischen Teil der Ausbildung stecken? Oder soll man sich vor allem um den Betrieb kümmern oder schon nebenher jobben?

Ihre Meinung: ____________________

Ihre Formulierung zur Einleitung in die Argumentation:

____

Ihre Formulierung zum Abschluss der Argumentation:

____

Argumente finden

B 53 Notieren Sie sich spontan mit Stichpunkten alle Argumente, die Ihnen zum Prüfungsbeispiel 1 einfallen. Schreiben Sie Pro- und Kontra-Argumente getrennt auf.

B 54 Vier Möglichkeiten, Argumente zu finden

a Lesen Sie die folgenden Beispiele. Sie zeigen, wie man Argumente aus dem Beitrag aus der Aufgabe verwenden kann.

1 ein Argument aus dem Text nehmen und dazu (genauer) etwas sagen

Argument aus dem Text:
In der Schule kommt viel Stoff, den ich gar nicht brauche.

Beispiel:
In der Schule gibt es viel Stoff, den man gar nicht braucht. Das liegt daran, dass es Pflichtfächer gibt, die nichts mit dem Beruf zu tun haben, wie zum Beispiel Deutsch oder Sport. Außerdem gibt es Fächer, die sehr allgemein sind, so wie Physik: In diesem Fach lernt man zum Beispiel keine speziellen Dinge für Werkzeugmacher.

2 aus den konkreten Erfahrungen des Verfassers ein Argument machen

Erfahrungen aus dem Text:
Abends lernen sie noch und alle reden nur über Noten und Hausaufgaben, obwohl wir nur einmal in der Woche Berufsschule haben!

Beispiel:
Offenbar gibt es viele Schüler, die noch abends lernen. Wenn das viele tun, bedeutet das aber auch, dass man selbst viel lernen muss, denn sonst ist man im Vergleich mit den anderen schlechter.

3 aus einem Kontra-Argument ein Pro- Argument machen (oder umgekehrt)

Argument aus dem Text:
Nicht die Noten sind am Ende wichtig, sondern was dein Chef von dir hält.

Beispiel:
Natürlich ist wichtig, was der Chef von einem hält. Aber der lässt sich eben auch von den Noten beeinflussen, weil er davon ausgeht, dass der schulische Teil der Ausbildung den betrieblichen unterstützt und ergänzt.

4 die Person aus dem Beitrag erwähnen und dann argumentieren

Aussage aus dem Text:
Abends lernen sie noch und alle reden nur über Noten und Hausaufgaben, obwohl wir nur einmal in der Woche Berufsschule haben!

Beispiel für ein weiteres Argument, das auf der Aussage der Verfasserin basiert:
Es ist richtig, dass Sabine sagt, dass nur einmal pro Woche Berufsschule ist und dass sie deshalb nicht versteht, warum ihre Mitschüler so viel für die Berufsschule tun. Das kann ich auch verstehen, denn man ist an vier Tagen im Betrieb. Deshalb muss der Betrieb wichtiger sein.

b So sollten Sie <u>nicht</u> schreiben. Lesen Sie die folgenden beiden Beispiele.

1 *Appell aus dem Text*:
Also: Kümmert euch um den Job, Schule ist Nebensache!
Wiedergabe ohne Änderungen:
Kümmert euch um den Job, Schule ist Nebensache!

2 *Argument aus dem Text:*
Wichtig ist die Arbeit im Betrieb. In der Buchhandlung lerne ich alles für den Beruf.
Wiedergabe mit leichten Änderungen, aber ohne Ausarbeitung:
Wichtig ist doch wirklich immer, was im Betrieb passiert. In unserem Betrieb bekomme ich mit, worauf es ankommt.

TIPP
Es reicht **nicht**, wenn Sie
- ein Argument nur umformulieren und nicht näher ausarbeiten.
- ein Argument nur abschreiben.

B 55 Üben Sie die vier Möglichkeiten aus Aufgabe B 54.

a Ergänzen Sie die fehlenden Ausdrücke.

Möglichkeit 1: ein Argument nehmen und dazu (genauer) etwas sagen

Sabine: „Nicht die Noten sind nachher wichtig, sondern was dein Chef von dir hält."

A Sie sind sicher • B Zwar bekommt • C Aber die meisten

☐ man in der Schule eine Beurteilung mit Noten. ☐ Chefs verlassen sich nicht auf die Schule. ☐, dass sie selbst am besten wissen, was in ihrem Beruf wichtig ist. In der Berufsschule sind ihrer Meinung nach zu viele Theoretiker, die nicht beurteilen können, ob jemand in seinem Job gut ist.

Möglichkeit 2: aus den konkreten Erfahrungen des Verfassers ein Argument machen

Sabine: „Die meisten in meiner Klasse nehmen die Schule voll wichtig."

A Ich habe die Erfahrung gemacht • B Diesen Fehler • C Deshalb

☐, dass viele Berufsschüler in der dualen Ausbildung die Schule wichtiger finden, als sie ist. Sie denken nur an das Lernen und an Hausaufgaben, statt sich am Abend auszuruhen. ☐ kommen viele müde in den Betrieb und machen ihre Arbeit nicht gut. ☐ darf man nicht machen.

Möglichkeit 3: aus einem Kontra-Argument ein Pro-Argument machen (oder umgekehrt)

Sabine: „Wichtig ist, was im Betrieb passiert. In der Buchhandlung lerne ich das Entscheidende."

A daher • B ganz anders • C im Gegensatz dazu

In einem Betrieb macht man Arbeiten, die für die speziellen Produkte nötig sind. Bei einem anderen Arbeitgeber kann das ☐ sein. In der Schule lernt man ☐ Dinge, die man in verschiedenen Firmen gebrauchen kann. Wichtig ist ☐, was in der Schule passiert.

Möglichkeit 4: die Person aus dem Beitrag erwähnen und dann argumentieren

Sabine: „Kümmert euch um den Job, Schule ist Nebensache!"

A verstanden • B findet • C heißt • D fehlen

Wenn Sabine ☐, dass die Schule Nebensache ist, hat sie nicht ☐, was alles für einen Beruf wichtig ist. Die duale Ausbildung ☐ ja gerade so, weil man einen Beruf an der Berufsschule und in der Firma lernt. Beides gehört zusammen. Wenn man nichts für die Schule tut, ☐ wichtige Dinge, die man für den Beruf braucht.

b Lesen Sie die Äußerungen und schreiben Sie ein Argument in Ihr Heft wie im Beispiel.

Beispiel:
Möglichkeit 1: ein Argument weiterführen

Sabine: „Ich tue nur das Nötigste dafür."
In der Berufsschule ist es gut, nur das Nötigste zu tun. Denn das Nötigste ist das, was man wirklich braucht. Man geht ja nicht zum Spaß zur Schule oder weil man neugierig auf alles in der Welt ist, sondern weil man einen bestimmten Beruf lernen möchte. Dinge, die nicht zu diesem Ziel führen, sind also unnötig. Man hat später genug Zeit, sich mit unnötigen Dingen zu beschäftigen, aber nicht während der Ausbildung.

1 *Möglichkeit 2: aus Erfahrungen ein Argument machen*
Sabine: „Die meisten in meiner Klasse nehmen die Schule voll wichtig."

2 *Möglichkeit 3: ein Argument „umdrehen"*
Sabine: „In der Schule kommt viel Stoff, den ich gar nicht brauche."

3 *Möglichkeit 4: die Person aus dem Beitrag erwähnen und dann argumentieren*
Sabine: „Die meisten in meiner Klasse nehmen die Schule voll wichtig."

c **Wählen Sie selbst eine passende Möglichkeit aus und formulieren Sie Argumente zu der folgenden Schüleräußerung.**

Sabine: „Nicht die Noten sind nachher wichtig, sondern was dein Chef von dir hält."

B 56 Argumente nach bestimmten Kriterien suchen

a **Lesen Sie die Kriterien 1–7 für eigene Argumente und die Sätze. Sind die Beispielargumente für das Lernen für die Berufsschule (Pro) oder dagegen (Kontra)? Kreuzen Sie an.**

Kriterium und Beispiel	Pro	Kontra
1 *Interessen, Persönlichkeit* Wenn man an einem Beruf Interesse hat, möchte man doch alles wissen, was damit irgendwie zusammenhängt.	☐	☐
2 *Lernen, Erfahrungen* Die praktischen Erfahrungen sind doch wichtiger als das theoretische Lernen in der Schule.	☐	☐
3 *Spaß und Freude* Schule macht doch erst richtig Spaß, wenn man die Fachrichtung selbst gewählt hat.	☐	☐
4 *Menschen, Kontakte, Freunde* In der Freizeit sollten die Schüler auch mal etwas gemeinsam unternehmen, statt immer nur zu lernen. Eine gute Klassengemeinschaft ist schließlich auch wichtig.	☐	☐
5 *Sicherheit, Gefahren, Risiken* Wenn man die Schule vernachlässigt, besteht die Gefahr, dass man nachher nicht gut genug ausgebildet ist.	☐	☐
6 *Kosten, Gewinn (Geld)* Der Betrieb bezahlt die Auszubildenden und hat einen Anspruch darauf, dass sie alle Teile der Ausbildung ernst nehmen.	☐	☐
7 *Gesellschaft und Politik* Der Staat steckt kein Geld in das duale System, damit die Schüler faulenzen.	☐	☐

b Lesen Sie die folgenden Argumente zum Prüfungsbeispiel 1. Notieren Sie jeweils eigene Beispiele. (Sie können Pro- und Kontra-Argumente notieren).

1 *Was mich interessiert. / Was zu meiner Person passt.*
Ich interessiere mich für meinen Beruf. Deshalb möchte ich alles wissen, was zu dem Beruf gehört.

2 *praktische Erfahrungen und Lernen in der Schule*
Die praktischen Erfahrungen im Beruf sind wichtiger als die Theorie in der Schule.

3 *Was Spaß macht.*
Wenn man einen bestimmten Beruf lernt, macht die Schule mehr Spaß. Denn man muss nicht mehr so viele Fächer lernen wie in der allgemeinen Schule.

4 *Kontakt zu Menschen*
In der Freizeit sollte man nicht nur lernen, sondern auch mit Freunden etwas unternehmen.

5 *Chancen und Risiken*
Wenn man zu wenig für die Schule tut, ist man am Ende nicht gut ausgebildet.

6 *Geld und Kosten*
Der Betrieb muss für die Berufsschule Geld bezahlen und kann deshalb erwarten, dass die Auszubildenden etwas für die Schule tun.

7 *Gesellschaft*
Jeder möchte, dass ausgebildete Menschen, wie zum Beispiel Handwerker, eine gute Arbeit machen. Dafür ist eine gute Ausbildung wichtig.

> **TIPP**
> Achten Sie darauf, dass Ihre Fragestellung immer klar ist. Denn nur so kann man erkennen, ob Sie für die Frage oder dagegen argumentieren.

Argumente angemessen begründen (echte Begründungen)

B 57 Meinungen zum Prüfungsbeispiel 1.

a Lesen Sie die Aussage einer Schülerin. Hat sie ihre Meinung genannt und begründet? Kreuzen Sie an bzw. notieren Sie.

	Sagt sie ihre Meinung?		Begründet sie ihre Meinung?	
	ja	nein	ja	nein
Für die Schule lerne ich am liebsten zusammen mit Mitschülern, weil es dann mehr Spaß macht.	☐	☐	☐	☐

Wenn ja: Notieren Sie ihre Meinung. ______________________

Wenn ja: Notieren Sie ihre Begründung. ______________________

b Woran sieht man, ob es in a eine Begründung gibt oder nicht? Sprechen Sie darüber in der Klasse.

c Lesen Sie eine andere Schüleraussage. Wird die Meinung begründet? Kreuzen Sie an bzw. notieren Sie.

	Sagt er seine Meinung?		Begründet er seine Meinung?	
	ja	nein	ja	nein
Für die Schule lerne ich am liebsten alleine, weil es dann mehr Spaß macht.	☐	☐	☐	☐

Wenn ja: Notiere seine Meinung.

____

____

Wenn ja: Notiere seine Begründung.

____

____

**d Woran sieht man, ob es in c eine Begründung gibt oder nicht?
Tauschen Sie sich wieder in der Klasse aus.**

e Kreuzen Sie nun an, was auf die beiden Äußerungen in a und c zutrifft.

1 Die Begründung in a ist klar. Jeder weiß, dass Lernen mit Mitschülern mehr Spaß macht als alleine. ☐

2 Die Begründung in c ist nicht klar. Jeder weiß, dass Lernen alleine weniger Spaß macht als mit Mitschülern. ☐

3 Beides sind gute Begründungen, denn beide fangen mit „weil" an. ☐

4 Beides sind keine richtigen Begründungen, denn sie sind nicht konkret. Der Leser muss sich die Begründung selbst dazudenken. ☐

TIPP

Wenn Sie Ihre Meinung begründen, müssen Sie Ihre Argumente deutlich sagen. Sagen Sie also nicht allgemein: „..., weil es langweilig / interessant / gut / schlecht ... ist".
Schreiben Sie zum Beispiel:
Ich lerne lieber mit Freunden, weil wir uns gegenseitig helfen können.
Ich lerne lieber allein, weil ich mich da besser konzentrieren kann.

B 58 Echte Begründungen

a Lesen Sie die folgenden Aussagen zur Frage „Soll man für die Berufsschule lieber alleine oder zusammen lernen". Unterstreichen Sie die „echten" Begründungen.

1 Für die Berufsschule lerne ich am liebsten zusammen mit meinen Klassenkameraden. Dann können wir uns austauschen und uns gegenseitig Dinge erklären. So mache ich schneller Fortschritte und außerdem haben wir alle viel zu lachen. Das macht dann mehr Spaß, als wenn ich alleine lerne.

2 Für die Berufsschule lerne ich am liebsten alleine, ohne meine Mitschüler. Dann kann ich mich besser konzentrieren, weil nicht alle auf einmal reden. Ich lerne nur das, was ich selbst brauche, und muss anderen nichts erklären. Das geht schneller, ich bin motivierter und habe auch mehr Spaß am Lernen.

b Formulieren Sie die folgenden „Scheinbegründungen" zu echten Begründungen um. Sie können die folgenden Argumente verwenden.

1 „Ich denke, dass man auf keinen Fall nur dann im Unterricht aufpassen sollte, wenn es direkt für den eigenen Beruf wichtig ist. Denn dann wird die Schule langweilig."

Man denkt sonst an andere Dinge, und wenn man plötzlich etwas gefragt wird, kann man nicht antworten. Das kann peinlich sein. • Man muss aufpassen, dass niemand merkt, dass man sich nicht interessiert • Wenn man eine positive Einstellung hat, lernt man leichter. • Die Zeit vergeht langsamer, wenn man im Unterricht nicht mitmacht. • Man weiß nie, was man später im Beruf wirklich brauchen kann.

2 „Ich denke, dass man nur dann für die Schule lernen sollte, wenn es direkt für den eigenen Beruf wichtig ist. Denn dann wird der Alltag weniger langweilig."

Wenn man Dinge tun muss, die langweilig sind, vergeht die Zeit noch langsamer. • Man kann etwas ausruhen und hat mehr Konzentration auf die wichtigen Dinge. • Man ist motivierter und fleißiger, weil man weiß, dass man mit den wichtigen Dingen im Beruf besser wird. • Man lernt, Theorie und Praxis zu verbinden in den Fächern, die für den Beruf wichtig sind. Das ist gut für den beruflichen Erfolg.

c Formulieren Sie echte Begründungen zu der folgenden Meinungsäußerung.

Ich bin der Meinung, dass man abends am besten für die Berufsschule lernt. Das liegt daran, dass ...

Argumente ausarbeiten: Verdeutlichung durch Erklärung und Beispiele

B 59 **Arbeiten Sie die folgenden Argumente aus, indem Sie eine nähere Erläuterung hinzufügen bzw. Beispiele bringen.**

a Formulieren Sie Erklärungen und Beispiele zu den Argumenten dagegen, nur das Nötigste für die Schule zu tun. Sie können bei Satz 1 die angegebenen Beispiele verwenden.

1 Es ist im Beruf immer hilfreich, wenn man sich gut im Fachgebiet und darum herum auskennt.

mögliche Erklärungen und Beispiele:

Kunden finden es gut, wenn Mitarbeiter einer Firma gute Kenntnisse haben. Das ist auch gut für die Firma.
Es gibt manchmal schwierige Situationen, in denen man es nicht machen kann wie immer. Dann müssen Kollegen helfen, die mehr wissen oder gute Ideen haben.
Wenn man später den Meister machen will oder eine eigene Firma gründen will, muss man sehr viel wissen.

2 Wenn man nur das lernt, was man unbedingt muss, tut man später auch im Beruf nur das Nötigste.

b Suchen Sie Erklärungen und Beispiele zu den Argumenten dafür, nur das Nötigste für die Schule zu tun, und formulieren Sie Argumente.

1 Wenn Lehrer(innen) merken, dass wir weniger arbeiten, machen sie den Unterricht interessanter.
2 Wenn man lernt, wichtige und unwichtige Dinge zu unterscheiden, ist man besser qualifiziert.

Die Stellungnahme gliedern und Verknüpfungen herstellen

B 60 Argumente zusammenstellen: eine Ordnung festlegen

a Lesen Sie die folgenden Pro-Argumente zum Prüfungsbeispiel 1. Sie sind bereits nach vier Kriterien geordnet. In welcher Reihenfolge würden Sie die Argumente nennen? Notieren Sie die Zahlen.

Interessen, Persönlichkeit	Sicherheit, Gefahren, Risiken	Menschen, Kontakte, Freunde	Gesellschaft und Politik
1 Wer den Beruf mag, den interessieren auch die Fächer dazu.	2 Der Chef kann erfahren, dass man nichts für die Schule tut.	3 Wenn alle anderen viel tun, gehört man schnell nicht mehr dazu, wenn man nichts tut.	4 Der Staat bezahlt viel Geld für die Ausbildung. Deshalb muss man sie auch ernst nehmen.
5 Jeder kann entscheiden, wo und wann er lernen möchte.	6 Es ist später im Beruf genauso: Man macht, was man will, und das ist oft zu wenig.		7 Die Wirtschaft braucht junge Menschen mit einer ordentlichen Arbeitseinstellung.
	8 Es ist gefährlich zu glauben, manchen Stoff braucht man nicht. Man kann nie wissen!		

Ihre Reihenfolge der Argumente:

☐ *1* → ☐ → ☐ → ☐ → ☐ → ☐ → ☐ → ☐

b Welche Aussagen über die Zusammenstellung der Argumente finden Sie richtig? Kreuzen Sie an.

1 Man kann die Argumente ohne eine bestimmte Reihenfolge aufschreiben. Der Leser versteht den Text auch so. ☐

2 Wenn die Argumente in einer sinnvollen Reihenfolge sind, kann der Leser die Meinung besser verstehen. ☐

3 Man sollte die Argumente so ordnen, dass der Text für den Leser spannend wird. Deshalb sollten zwei Argumente zu einem Kriterium nie aufeinanderfolgen. ☐

4 Es ist sinnvoll, die Argumente nach Kriterien zu ordnen. Wenn man Pro- und Kontra-Argumente hat, kann man auch zuerst danach ordnen, dann nach Kriterien. ☐

TIPP

Ordnen Sie Ihre Argumente nach Kriterien: alle Pro- und dann alle Kontra-Argumente (oder umgekehrt). Oder Sie sortieren innerhalb eines Kriteriums pro und kontra: zuerst zu einem Kriterium, dann zum nächsten.

c Ordnen Sie jetzt Ihre Argumente, die Sie ab der Aufgabe B 53 gesammelt haben.

B 61 Argumente verknüpfen

TIPP
Schreiben Sie Ihre Argumente nicht einfach hintereinander auf, sondern formulieren Sie kleine Überleitungen (Verknüpfungen).

a Lesen Sie die Texte und ergänzen Sie die Ausdrücke, die die einzelnen Argumente miteinander verknüpfen.

1 *Persönliches, Interessen*:

außerdem ist es so • zuerst • ich finde nämlich • deshalb

______________ möchte ich sagen, dass es wichtig ist, ob man gern lernt oder nicht. Man hat sich seinen Beruf selbst ausgesucht. ______________ bin ich der Meinung, dass man auch gern für die Fächer lernt, die zum Beruf gehören. ______________, dass jeder selbst entscheiden kann, wann und wo er lernt. ______________, dass es kein Problem ist, Zeit für das Lernen zu finden.

2 *Risiken*:

außerdem • auch nicht • denn • mein zweites Argument • weil

______________: Es ist ein Risiko, wenn man nicht lernt. ______________ der Chef hört von der Schule, ob man gut oder schlecht ist. ______________ kann das dazu führen, dass man später im Beruf auch nur die Dinge macht, die man mag. Das geht natürlich nicht, ______________ man auf diese Weise seinen Job verlieren kann. Man kann als Schüler ______________ wissen, welchen Lernstoff man später im Beruf braucht.

3 *Menschen, Kontakte, Freunde*:

dann • besonders • drittens muss man

______________ überlegen, was das für die anderen Mitschülerinnen und Mitschüler bedeutet. ______________ wenn die anderen viel tun, ist es nicht gut, wenn man nichts tut. ______________ hat man vielleicht weniger Freunde in der Klasse.

4 *Gesellschaft*:

denn • zuletzt möchte ich sagen • deshalb • schließlich

______________ hat die ganze Frage auch einen gesellschaftlichen Aspekt.
______________ der Staat gibt viel Geld aus für Schulen und für die Ausbildung.
______________ muss man die Schule auch ernst nehmen.
______________, dass die Wirtschaft junge Menschen mit einer guten Einstellung zur Arbeit braucht.

b Formulieren und verknüpfen Sie die Argumente, die Sie in Aufgabe B 60c geordnet haben. Sie können dabei auch die folgenden Ausdrücke verwenden.

ein wichtiger Punkt ist • zunächst einmal sollte man daran denken, ... • beim ersten Punkt geht es darum, ... • eine Rolle spielt auch • wichtig ist außerdem • beachten sollte man auch, dass ...

außerdem • auch • genauso • dies gilt auch für • das gilt genauso für • genauso ist es mit

schließlich muss man sehen, ... • ein letzter Gesichtspunkt ist • nicht zu vergessen ist auch (das Thema)

aus diesen Gründen bin ich ... • diese Argumente zeigen, dass ... • so komme ich zu dem Schluss, dass ... • wie man sieht, spricht viel dafür / dagegen, dass ...

Einen Schluss verfassen

TIPP
Schreiben Sie unbedingt einen Briefschluss oder einen Abschluss Ihrer Stellungnahme.

B 62 Den Abschluss der Stellungnahme als Schluss verwenden

a Lesen Sie die Möglichkeiten, mit denen man an den eigenen Beitrag anknüpfen kann, und ordnen Sie die Sätze zu.

	Satz
Möglichkeit 1: Man bezieht sich auf das, was Sabine in ihrem Beitrag geschrieben hat.	☐
Möglichkeit 2: Man bezieht sich auf die eigenen Erfahrungen aus dem Erfahrungsbericht.	☐
Möglichkeit 3: Man bezieht sich auf seine Argumente aus dem Teil „eigene Meinung".	☐

1 Aus den Gründen, die ich genannt habe, finde ich es wichtig, für die Schule zu lernen.
2 Deswegen habe ich eine andere Meinung als Sabine, die die Schule weniger wichtig findet.
3 Wegen meiner Erfahrungen finde ich es sinnvoll, für die Schule ordentlich zu arbeiten.

b Was macht der Schreiber noch, außer die eigene Meinung zu nennen? Ordnen Sie zu.

1 Aus den Gründen, die ich genannt habe, halte ich den Berufsschulunterricht für wichtig und nehme mir vor, dafür vernünftig zu lernen.
2 Aus den genannten Gründen finde ich die Berufsschule wichtig und hoffe, dass mir der Unterricht für meine Arbeit im Betrieb hilft.
3 Daher finde ich den Unterricht in der Berufsschule wichtig und hoffe, ihr stimmt meinen Argumenten zu.
4 Meiner Meinung nach ist es also sinnvoll, den Stoff aus dem Unterricht gründlich zu lernen, und es wäre gut, wenn alle die Berufsschule ernst nehmen würden.

a ☐ Er / Sie wünscht sich etwas.
b ☐ Er / Sie nimmt sich etwas vor.
c ☐ Er / Sie sagt, dass das Thema wichtig ist.
d ☐ Er / Sie spricht die Leser direkt an.

B 63 Einen Briefschluss formulieren

a Was hat die Schülerin Malin in ihrem Briefschluss geschrieben? Ordnen Sie zu.

> Das war meine Meinung zum Thema „Für die Schule lernen" [6]. Ich finde diese Frage sehr interessant ☐ und hoffe, dass euch mein Beitrag gefallen hat ☐. Ich bin schon gespannt, was wir hier als Nächstes diskutieren! ☐
> Ciao ☐, eure
> Malin ☐

Malin ...
1 freut sich auf Blogs oder Themen.
2 grüßt ihre Leser am Ende.
3 hofft, dass die Leser ihren Beitrag gut fanden.
4 sagt, ob das Thema interessant ist oder nicht.
5 schreibt ihren Namen unter den Beitrag.
6 wiederholt das Thema.

b Schauen Sie sich zwei weitere Elemente an, die ein Briefschluss enthalten kann, und ordnen Sie die Sätze zu.

	Satz
Man fasst die eigene Meinung noch einmal zusammen.	☐
Man lobt die Beiträge im Schulblog.	☐

1 Ich lese die interessanten Beiträge in dem Schulblog oft und gern und freue mich schon auf die nächsten Themen.
2 Ich bin aus den genannten Gründen sehr dafür, sich im Betrieb und in der Schule anzustrengen.

c Formulieren Sie nun Ihren eigenen Briefschluss. Sie können Formulierungen aus Aufgabe B 62 oder einige der folgenden Ausdrücke verwenden.

Mögliche Redemittel:

Nun kennt ihr meine Meinung zum Thema / zu der Frage über ...
Dieses Thema hat mich sehr interessiert.
Ich hoffe, mein Beitrag hat euch gefallen.
Ich hoffe, ihr habt meinen Beitrag gern gelesen.
Den Berufsschulblog lese ich regelmäßig.
Ich bin schon gespannt auf das nächste Thema.
Viele Grüße / Bis bald

Zusammenfassung

B 64 **Formulieren Sie Ihre eigene Meinung zum Prüfungsbeispiel 1.**

- Machen Sie Ihre Meinung deutlich.
- Bringen Sie genügend Argumente für Ihre Meinung.
- Geben Sie *echte* Begründungen.
- Machen Sie Ihre Argumente und Begründungen deutlich: mit Aussagen und / oder Beispielen.
- Ordnen Sie Ihre Argumente sinnvoll.
- Verknüpfen Sie Argumente, Begründungen, Beispiele und Verdeutlichungen miteinander.

Verfassen Sie auch einen Schluss für Ihren Beitrag.

Formulieren Sie den Schluss als
- Abschluss der Stellungnahme oder
- als Briefschluss.

Beachten Sie dabei die folgende Aufgabenstellung.

Sollte man im dualen System oder in der Vorbereitung auf eine Ausbildung viel Arbeit in den schulischen Teil der Ausbildung stecken, oder soll man sich vor allem um den Betrieb kümmern?
Begründen Sie Ihre Meinung ausführlich.

Teil C Einen zweiten vollständigen Text schreiben

Prüfungsbeispiel 2: Jobaussichten

Jobaussichten

In einem Internetforum lesen Sie folgenden Beitrag zum Thema „Jobaussichten“:

> Hallo Leute,
>
> das Forum hier finde ich super und ich wollte auch mal was sagen. Mein Name ist Mirko, ich bin 17 Jahre alt und im Berufsvorbereitungsjahr.
>
> In unserer Klasse machen sich einige Sorgen um ihre Zukunft. Sie sagen, du bekommst sowieso keinen Job oder musst nehmen, was du kriegst – dein Interesse ist dabei egal.
>
> Klar, man muss vom Ort her flexibel sein und gute Arbeit leisten. Aber wenn ich nicht das mache, was mir wirklich Spaß macht, werde ich auch nicht richtig gut sein.
>
> Deshalb sage ich: Schaut auf den Arbeitsmarkt, klar. Aber wählt eure Ausbildung vor allem danach, was euch wirklich interessiert!
>
> Ciao
>
> Euer Mirko

Sie möchten das Thema in den Schülerblog auf der Internetseite Ihrer Berufsschule bringen.
Schreiben Sie einen zusammenhängenden Beitrag für den Schülerblog.

Bearbeiten Sie in Ihrem Beitrag die folgenden drei Punkte:

- Geben Sie wichtige Aussagen aus dem Text des Internetforums **mit eigenen Worten** wieder.
- Wie planen Sie Ausbildung und Beruf? **Berichten Sie ausführlich.**
- Sollte man sich bei der Berufswahl vor allem an den Jobaussichten orientieren? Welche Rolle spielen andere Faktoren wie Interesse? **Begründen Sie Ihre Meinung ausführlich.**

Sie haben insgesamt **75 Minuten** Zeit.

Sie brauchen die Wörter **nicht** zu zählen.

C 1 Lesen Sie das Prüfungsbeispiel 2 auf Seite 75.
Alle folgenden Aufgaben in Teil C beziehen sich auf dieses Prüfungsbeispiel.

Eine Einleitung schreiben

C 2 Bereiten Sie eine Einleitung zu Ihrem Blogbeitrag vor. Legen Sie zunächst die Elemente Ihrer Einleitung fest. Notieren Sie Stichpunkte im Heft.

1. Überschrift und / oder Anrede:
   - Wählen Sie eine passende Überschrift zum Thema.
   - Wählen Sie eine passende Anrede.
2. Machen Sie das Thema für Ihre Leser interessant.
3. Nennen Sie die Quelle und bewerten Sie sie positiv.
4. Sagen Sie, warum Sie zu dem Thema schreiben, zum Beispiel:
   - was an der Quelle interessant ist.
   - wie das Thema zu Ihren Interessen passt.
   - ob das Thema für jeden wichtig ist und warum.
   - ob das Thema (für Sie) gerade aktuell ist und warum.
5. Sagen Sie, um welche Situation / welche Frage / welches Thema es genau geht.

C 3 Ihre Einleitung

a Verfassen Sie eine Einleitung zu Ihrem Blogbeitrag.

b Tauschen Sie Ihre Texte in der Klasse aus. Notieren Sie, was gut gelungen ist, fehlt oder verbessert werden kann.

c Überarbeiten Sie dann Ihre Einleitung.

Eine Wiedergabe verfassen

Den Verfasser einführen / vorstellen: Die wichtigsten Aussagen erfassen

C 4 Schreiben Sie zuerst eine Überleitung zur Wiedergabe.

C 5 Was sollte Ihr Leser über den Verfasser wissen?

a Welche Aussagen aus dem ersten Abschnitt aus dem Prüfungsbeispiel 2 finden Sie wichtig? Kreuzen Sie an.

	wichtig	weniger wichtig
1 Der Verfasser heißt Mirko.	☐	☐
2 Der Schreiber ist 17 Jahre alt.	☐	☐
3 Mirko macht ein Berufsvorbereitungsjahr.	☐	☐
4 Mirko findet das Forum super.	☐	☐
5 Mirko möchte auch mal etwas sagen.	☐	☐

b Welche Wiedergabe finden Sie jeweils am besten? Kreuzen Sie an.

1 a Mirko ist 17 Jahre alt. ☐
b Ein Internetbeitrag stammt von dem 17-jährigen Mirko. ☐
c Mirko ist 17 und hat einen Eintrag in einem Forum geschrieben. ☐

2 a Mirko findet das Forum super. ☐
b Jetzt möchte Mirko auch mal etwas in dem Forum sagen. ☐
c In dem Forum hat ein Mirko seine Meinung zu diesem Thema angekündigt. Er ist ... ☐

c Welche Kombination finden Sie besser? Kreuzen Sie an.

1 Mirko findet das Forum toll. Er ist 17 und will jetzt auch mal seine Meinung sagen. Er ist in einem Berufsvorbereitungsjahr. ☐
2 Ein Beitrag zu diesem Thema wird von dem 17-jährigen Mirko angekündigt, der gerade ein Berufsvorbereitungsjahr absolviert. ☐

d Tauschen Sie Ihre Ergebnisse aus und begründen Sie sie.

C 6 Ergänzen Sie die folgenden Sätze, in denen der Verfasser vorgestellt wird.

Zu diesem Thema habe ich in einem Internetforum einen Eintrag gelesen, der mir gefallen hat. ...

zur Schule • Berufsvorbereitungsjahr macht • jährigen • seine Meinung • ein Berufsvorbereitungsjahr • ist 17 Jahre • heißt • junge Mann

1 Der Verfasser dieses Beitrags ______ Mirko und ______ alt. Er macht gerade ______ ______ und kündigt ______ zu diesem Thema an.

2 Er stammt von dem 17-______ Mirko. Der ______ ______ geht zurzeit ______, weil er ein ______.

C 7 Formulieren Sie jetzt selbst Sätze zur Vorstellung des Verfassers.

a Bilden Sie einen Satz mit den folgenden Informationen.

Schüler • Mirko • 17 Jahre alt • Berufsvorbereitungsjahr

Dieser interessante Forumsbeitrag ...

b Notieren Sie zuerst noch einmal alle wichtigen Informationen zum Verfasser. Formulieren Sie dann Sätze.

1 Informationen zum Verfasser:

______

______

2 Sätze:

Diesen guten Beitrag ______

______

Die Situation beschreiben: Die wichtigsten Aussagen erfassen

C 8 Was sollte Ihr Leser über die Situation wissen?

a Welche Aussagen aus dem zweiten Abschnitt aus dem Prüfungsbeispiel 2 finden Sie wichtig? Kreuzen Sie an.

	wichtig	weniger wichtig
1 In Mirkos Klasse machen sich einige Leute Sorgen um die Zukunft.	☐	☐
2 Einige seiner Mitschüler sagen, sie bekämen später keinen Job, egal was passiert.	☐	☐
3 Es könnte auch sein, man muss nehmen, was man kriegt, sagen sie.	☐	☐
4 Sie befürchten, ihr Interesse ist bei der Jobsuche egal.	☐	☐

b Welche Wiedergabe finden Sie jeweils am besten? Kreuzen Sie an.

1 a Mirkos Klassenkameraden haben Sorgen. ☐
b Einige Leute in Mirkos Klasse kümmern sich um ihre Zukunft. ☐
c Einige von Mikros Mitschülern machen sich Sorgen um ihre berufliche Zukunft. ☐

2 a Mirkos Mitschüler bekommen später keinen Job, so denken sie. ☐
b Viele von Mirkos Klassenkameraden müssen später jeden Job nehmen, wenn sie überhaupt einen bekommen. ☐
c Viele von Mirkos Klassenkameraden befürchten, sie müssen später jeden Job nehmen, wenn sie überhaupt einen bekommen. ☐

c Welche Kombination finden Sie besser? Kreuzen Sie an.

1 Mirkos Mitschüler sind besorgt. Sie haben es später einmal schwer, eine Stelle zu bekommen. Deshalb glauben sie, ihre Interessen spielen dabei gar keine Rolle mehr. ☐

2 In Mirkos Klasse machen sich einige Sorgen um ihre Zukunft. Sie haben Angst, später entweder keine Arbeit zu finden oder nehmen zu müssen, was ihnen angeboten wird, egal ob es ihr Interesse trifft oder nicht. ☐

C 9 Ergänzen Sie die folgenden Sätze, in denen die Situation beschrieben wird.

Mirko berichtet über die Einstellung, die einige in seiner Klasse haben: ...

besorgt • kriegen können • bekommen • alles zu nehmen • in der Zukunft passiert • sie müssen jede Arbeit annehmen • sind dabei egal • nicht arbeitslos sein wollen • es egal ist • Sorgen machen • Gedanken um

1 Diese Mitschüler sind ______ und machen sich ernsthafte ______ ihre Zukunft: Sie sind sich sicher, dass sie später entweder gar keinen Job ______ oder aber zumindest gezwungen sein werden, ______, was sie ______ ______. Sie fürchten, ihre Interessen ______ ______.

2 Mirko erlebt in seiner Klasse, dass sich viele jetzt schon ______ ______, was ______. Sie sind pessimistisch und erwarten nichts Gutes, weil sie vermuten, ______, wenn sie ______. Dabei glauben sie fast nicht mehr an sich und sind überzeugt, dass ______, was sie wirklich interessiert.

C 10 Formulieren Sie jetzt selbst Sätze zur Beschreibung der Situation.

a Bilden Sie einen Satz, der die folgenden Informationen enthält.

Mirko berichtet von seinem Eindruck, dass...

manche • Mitschüler • befürchten • keinen Job • oder unabhängig davon, was sie interessiert

b Notieren Sie zuerst noch einmal alle wichtigen Informationen zur Situation. Formulieren Sie dann Sätze.

1 Informationen zur Situation:

____

____

2 Sätze: Mirko erlebt die Lage so: ...

____

____

Die Meinung des Verfassers wiedergeben: Die wichtigsten Aussagen erfassen

C 11 Was sollte Ihr Leser über die Meinung des Verfassers wissen?

a Welche Aussagen aus dem dritten Abschnitt aus dem Prüfungsbeispiel 2 finden Sie wichtig? Kreuzen Sie an.

	wichtig	weniger wichtig
1 Man muss vom Ort her flexibel sein.	☐	☐
2 Man muss gute Arbeit leisten.	☐	☐
3 Man sollte tun, was einem Spaß macht.	☐	☐
4 Man sollte versuchen, gut zu sein.	☐	☐
5 Man ist nur richtig gut, wenn einem die Arbeit auch Spaß macht.	☐	☐
6 Mirko ist nur richtig gut, wenn ihm die Arbeit auch Spaß macht.	☐	☐

b Welche Wiedergabe finden Sie jeweils am besten? Kreuzen Sie an.

1 a Es ist nicht so wichtig, wo man wohnt und arbeitet. ☐
b Es sollte einem ganz egal sein, wo man arbeitet. ☐
c Für die Arbeit muss man auch bereit sein, mal den Wohnort zu wechseln. ☐

2 a Man muss flexibel sein, wenn es darum geht, eine gute Arbeit zu machen. ☐
b Man muss einen guten Job machen. ☐
c Natürlich ist es so, dass man in seinem Beruf gut sein muss, um etwas zu finden. ☐

3 a Die Arbeit macht nur Spaß, wenn man auch wirklich gut darin ist. ☐
b Mirko will nur gute Arbeit leisten, wenn ihm das auch Spaß macht. ☐
c Man kann nicht richtig gut in etwas sein, was einem nicht auch Spaß macht. ☐

c Welche Kombination finden Sie besser? Kreuzen Sie an.

1 Mirko findet, man kann sich nicht auf einen Wohnort festlegen, wenn man Arbeit finden will. Man muss aber schon gut sein. Und die Arbeit sollte einem Spaß machen. ☐

2 Mirko schreibt, dass man bei der Jobsuche so flexibel sein muss, dass man auch mal seinen Wohnort wechselt. Er weiß auch, dass man nur eine Chance hat, wenn man gute Arbeit macht. Dazu muss die Arbeit aber auch Spaß machen. ☐

C 12 Ergänzen Sie die folgenden Sätze, in denen die Meinung des Verfassers wiedergegeben wird.

Mirko nimmt diese Sorgen ernst. Er persönlich geht aber anders damit um: ...

aber das • es kommt darauf • sollte man aber • weiß

1 Er __________ natürlich, dass man nicht von alleine einen Job findet. Bei der Arbeitsstelle und dem Wohnort __________ flexibel sein. Und __________ an, dass man gute Arbeit macht. __________ kann er persönlich nur, wenn er an dem, was er macht, auch Spaß hat.

denn nur so • deshalb • er weiß auch • es auch wichtig • ist der Meinung

2 Er __________, dass man flexibel sein muss, wenn es darum geht, wo man arbeiten oder wohnen will. Und __________, dass man gut sein muss, um einen Job zu finden. __________ findet er, dass __________ ist, Spaß am Beruf zu haben, __________ kann man gute Leistungen bringen.

C 13 Formulieren Sie jetzt selbst Sätze zur Wiedergabe der Verfassermeinung.

a Bilden Sie einen Satz, der die angegebenen Informationen enthält.

Mirko hat dazu die Einstellung, dass ...

zwar richtig • flexibel • gut in seinem Beruf • gehört es auch • Spaß zu haben

b Notieren Sie zuerst noch einmal alle wichtigen Informationen zur Verfassermeinung. Formulieren Sie dann Sätze.

1 Informationen zur Situation:

____

____

2 Sätze:

Nach Mirkos Meinung __________

____

Das Ziel des Verfassers wiedergeben: Die wichtigsten Aussagen erfassen

C 14 Was sollte Ihr Leser über das Ziel des Verfassers wissen?

a Welche Aussagen aus dem vierten Abschnitt aus dem Prüfungsbeispiel 2 finden Sie wichtig? Kreuzen Sie an.

	wichtig	weniger wichtig
1 Mirko fordert die Leser auf, auf den Arbeitsmarkt zu schauen.	☐	☐
2 Mirko will, dass die Leser selbst eine Ausbildung wählen.	☐	☐
3 Mirko macht den Vorschlag, dass man sich zuerst klar macht, welche Interessen man wirklich hat.	☐	☐
4 Mirko schlägt vor, dass man die Ausbildung nach den persönlichen Interessen aussucht.	☐	☐

b Welche Wiedergabe finden Sie jeweils am besten? Kreuzen Sie an.

1 a Mirko möchte, dass alle sich nach dem Arbeitsmarkt richten. ☐
b Mirko gibt zu, dass man sich nach dem Arbeitsmarkt richten muss. ☐
c Mirko berücksichtigt, dass man sich auch nach dem Arbeitsmarkt richten muss. ☐
2 a Mirko will, dass die Leser sich für ihren Job interessieren. ☐
b Mirko fordert alle auf, bei der Jobsuche ihre Interessen zu verfolgen. ☐
c Mirko appelliert an alle, die eine Ausbildung suchen, trotz einiger Zwänge vor allem nach den eigenen Interessen zu entscheiden. ☐

c Welche Kombination finden Sie am besten? Kreuzen Sie an.

1 Mirko weist auf den Arbeitsmarkt hin. Er sagt, dass der schon eine wichtige Rolle spielt. Aber er findet, was einen interessiert, ist bei der Jobsuche schon wichtiger. ☐
2 Mirko fordert die Leser auf, zwar die Situation auf dem Arbeitsmarkt zu beobachten, aber bei der Wahl der Ausbildung auf die persönlichen Interessen zu achten. ☐

C 15 Ergänzen Sie die folgenden Sätze, in denen das Ziel des Verfassers genannt wird.

Abschließend gibt Mirko den Lesern einen Tipp:

aber trotzdem • beachten sollte • denken • rät • sucht • Tipp

1 Mirko ____________ dazu, den Arbeitsmarkt zu beobachten, ____________ auf die eigenen Interessen zu achten, wenn man nach einem Ausbildungsplatz ____________.

2 Sein ____________: Man soll bei der Suche nach einem Ausbildungsplatz an die eigenen Interessen ____________. Auch wenn man dabei die Situation auf dem Arbeitsmarkt ____________.

C 16 Formulieren Sie jetzt selbst Sätze zum Ziel des Verfassers.

a Bilden Sie einen Satz, der die angegebenen Informationen enthält.

Der Verfasser beendet seinen Beitrag mit einer Aufforderung: ...

Arbeitsmarkt bedenken • eigene Interessen entscheidend

b Notieren Sie zuerst noch einmal alle wichtigen Informationen zum Ziel des Verfassers. Formulieren Sie dann Sätze.

1 Informationen zur Situation:

____

____

2 Sätze:

Zum Abschluss ____

____

Die Aussagen eigenständig wiedergeben (Einübung und Vertiefung)

HINWEIS
Üben und vertiefen Sie in den Aufgaben C 17–20 noch einmal, wie man Aussagen aus dem Text eigenständig wiedergeben kann.

C 17 **Möglichkeiten für eigene Formulierungen beim Wortschatz.**

Sehen Sie sich nochmals die Strategien 1–10 aus Aufgabe B 32 an. Üben Sie sie hier noch einmal. Lesen Sie dazu jeweils die Beispiele und formulieren Sie dann die Sätze um.

1 Möglichkeit 1: Wie jemand ist. ↔ Was jemand tut.
Beispiel:
Marc: „Ich bin nach der Arbeit zu müde, um noch für die Schule zu lernen."
Marc lernt abends nicht mehr, weil er sich dann erst einmal von der Arbeit ausruhen muss.

a Marc: „Mit den Händen zu arbeiten fällt mir leicht."
b Marc: „Ich komme mit dem wenigen Geld, das ich verdiene, gut aus."

2 Möglichkeit 2: andere Wortart
Beispiel:
Marc: „Eine duale Ausbildung ist meiner Meinung nach sinnvoll."
Marc sieht einen Sinn in einer dualen Ausbildung.

a Marc: „Ich finde es wichtig, im Gastgewerbe immer freundlich zu sein."
b Marc: „An meinem Ausbildungsberuf habe ich großes Interesse."

3 Möglichkeit 3: zusammengesetzte Nomen
Beispiel:
Marc: „Die Schicht beginnt bei uns um sechs Uhr morgens."
Marc sagt, dass der Schichtbeginn morgens um sechs Uhr ist.

a Marc: „Die Handynutzung ist für alle, die mit Kunden zu tun haben, verboten."
b Marc: „Bei uns arbeiten viele Spezialisten für Computer."

4 Möglichkeit 4: Synonyme
Beispiel:
Marc: „Manche, die bei uns im Betrieb arbeiten, haben gar keine handwerkliche Begabung."
Marc glaubt, dass einige seiner Kollegen kein handwerkliches Talent besitzen.

a Marc: „Ich liebe Musik, dabei erhole ich mich perfekt von der Arbeit."
b Marc: „Am Abend lese ich am liebsten Fachmagazine, das liebe ich."

5 Möglichkeit 5: Oberbegriffe
Beispiel:
Marc: „Abends mache ich ungern noch meine Hausaufgaben oder lerne etwas."
Marc mag es nicht, abends noch für die Schule zu arbeiten.

a Marc: „Täglich Kisten mit Orangen, Kirschen oder Äpfeln zu schleppen strengt ganz schön an."
b Marc: „Alle Leute in unserem Ausbildungsjahrgang lieben Geburtstagspartys und Sommerfeste!"

6 Möglichkeit 6: Nomen ↔ Verb
Beispiel:
Marc: „Man darf auch nicht zu viel von der Ausbildung erwarten."
Marc warnt davor, zu große Erwartungen an eine Ausbildung zu haben.

a Marc: „Bei uns kann der Kunde aus verschiedenen Angeboten eine Auswahl treffen."
b Marc: „Unser Lehrer antwortet auf alle Fragen zu den Materialien."

7 Möglichkeit 7: Definitionen
Beispiel:
Marc: „Unsere Kunden sind alle ziemlich zahlungskräftig."
Marc weiß, wer in ihrem Laden einkauft, hat genug Geld.

a Marc: „Unser Betrieb hat 150 Mitarbeiter."
b Marc: „Bei der Animation im Hotel müssen die Leute, die zuschauen, Spaß haben."

8 Möglichkeit 8: das Gegenteil verneinen
Beispiel:
Marc: „Es ist nicht ungefährlich, an dieser Maschine zu arbeiten."
Marc meint, dass es gefährlich sein kann, an dieser Maschine zu arbeiten.

a Marc: „Unser Laden bringt sicher viel Geld ein."
b Marc: „Es ist manchmal ziemlich schwer, die Kunden von einem Kauf zu überzeugen."

9 Möglichkeit 9: Aussagen, die logisch folgen
Beispiel:
Marc: „Immer nur Theorie – ich hätte echt nichts dagegen, wenn wir in Chemie mal Experimente machen würden."
An Marcs Schule werden im Chemieunterricht keine Experimente gemacht, was er schade findet.

a Marc: „Ich verstehe ja nicht, was an einem kaufmännischen Beruf so spannend sein soll."
b Marc: „Meine Eltern sagen immer, ich soll mehr für die Berufsschule lernen."

10 Möglichkeit 10: „Fachwörter" übernehmen
Beispiel:
Marc: „Soziale Netzwerke wie Facebook erleichtern die Kommunikation unter den Kollegen."
Marc ist der Ansicht, durch soziale Netzwerke wie Facebook fällt es den Kollegen leichter, sich untereinander auszutauschen.

a Marc: „Bei minderjährigen Auszubildenden müssen Firmen den Jugendschutz beachten."
b Marc: „Ich habe in unserer Ausbildungswerkstatt schon Musikinstrumente selbst hergestellt."

C 18 Einfache Umformungen weiter einüben

HINWEIS
In den folgenden Aufgaben gibt es keine Beispiele. Wenn Sie unsicher sind, können Sie bei den Aufgaben B 33–B 35 nachsehen.

a ich → er / sie: Formulieren Sie die Aussagen in der dritten Person und formulieren Sie eigenständig.

1 Susanne: „Ich habe noch nie alleine einen Kunden beraten, aber ich würde das gern mal machen."
2 Markus: „Ich wünsche mir, dass meine Kollegen mir helfen, wenn ich Fragen habe."

b Formulieren Sie die Aussagen wie in a. Benutzen Sie dazu ein „Rede-Verb“ wie „sagen“ oder „erzählen“. Formulieren Sie mit und ohne „dass“.

1 Rebekka: „Ich habe in den ersten Monaten in der Ausbildung schon viel gelernt und außerdem schon Freunde gefunden, mit denen ich mich regelmäßig treffe.“ (feststellen / erzählen)
2 Thomas: „In unserer Firma durfte ich von Anfang an Verantwortung übernehmen. Darüber bin ich sehr froh.“ (berichten / ergänzen)

c Verbinden Sie die folgenden Informationen mit den Präpositionen „trotz“ und „wegen“.

1 Elise: „Wahrscheinlich habe ich mit meinen Noten ganz gute Chancen. Aber ich mache mir trotzdem Sorgen, ob ich später mal eine Stelle kriege.“
Elise macht sich ____________ ihrer guten Noten Sorgen, ob sie später einmal eine Stelle kriegt.
2 Christine: „Ich habe eine rein schulische Ausbildung angefangen. Eine duale hätte zwar viele Vorteile. Aber Schule und Betrieb: Das wäre mir zu viel.“
Christine hat ____________ der Vorteile einer dualen Ausbildung ____________ der Arbeit im Betrieb und des Lernens für die Schule darauf verzichtet.

d Ergänzen Sie passende Nebensätze.

1 Denise: „Wahrscheinlich habe ich mit meinen Noten ganz gute Chancen. Aber ich mache mir trotzdem Sorgen, ob ich später mal eine Stelle kriege.“
Obwohl Denise ____, macht sie sich Sorgen, ...
2 Rüdiger: „Die Leute in der Werkstatt sind sehr offen. Da bekomme ich bestimmt schnell Kontakt.“
Rüdiger glaubt, schnell Kontakt zu bekommen, weil ____.

e Bilden Sie selbst passende Nebensätze und schreiben Sie sie in Ihr Heft. Es gibt mehrere Möglichkeiten.

1 Ida: „Ich werde lieber immer pünktlich kommen, sonst kriege ich Ärger mit meinem Chef.“
2 Elias: „Ich habe bald meinen Meister. Aber es ist sicher nicht so leicht, dann einen Job zu finden.“

C 19 Ergänzen Sie die folgenden Präpositionen.

an • auf • auf • um • von • wegen (2x) • trotz

1 Martina: „Ich darf bald endlich meine erste eigene Kundenberatung durchführen.“
Martina freut sich ____________ ihre erste eigene Kundenberatung.
2 Nina: „Ich habe viele Erinnerungen an mein Praktikum in Norwegen.“
Nina erinnert sich gern ____________ ihr Praktikum in Norwegen.
3 Felicitas: „Mein Traum wäre ein Job bei einer Konzertagentur, denn ich liebe Musik.“
Felicitas träumt ____________ einem Job bei einer Konzertagentur, denn sie mag Musik sehr.
4 Kirsten: „Ich möchte viele Leute im Betrieb kennenlernen.“
Kirsten hofft ____________ viele Kontakte in der Firma.
5 Paul: „Ich lerne lieber viel, damit ich die Prüfung bestehe und einen Abschluss habe.
Paul macht sich Sorgen ____________ der Prüfung / ____________ seinen Abschluss, daher lernt er viel.
6 Klaus: „Endlich Betriebsferien! Aber ich denke jetzt schon daran, nachher wieder arbeiten zu müssen!“
Klaus schreibt ____________ seiner Freude auf die Betriebsferien schon davon, dass er danach wieder arbeiten muss.
7 Anna: „Ich habe viel Kontakt mit den Leuten in der Werkstatt, weil sie sehr offen sind.“
Anna freut sich, dass sie ____________ der Offenheit der Leute viele Kollegen in der Werkstatt kennt.

Verben und Ausdrücke für die Redewiedergabe richtig verwenden

C 20 Verben und Ausdrücke der Redewiedergabe

a Welches Verb passt? Kreuzen Sie an.

1 Uli ☐ erzählt ☐ vermutet, welche komischen Erlebnisse er schon im Laden hatte.
2 Rico ☐ sagt ☐ ist sich sicher, dass er schon ein Jahr seiner Ausbildung hinter sich hat.
3 Kathrin ☐ erinnert daran ☐ ist sich sicher, dass sie bald eine Stelle findet.
4 Felicitas ☐ vermutet ☐ erzählt, dass sie ihren Chef ganz sympathisch findet.
5 Marcel ☐ sagt ☐ vermutet, dass er im Unterricht viel Neues gelernt hat.
6 Federico ☐ fragt ☐ stellt fest, dass er in seinem Job schon viel sicherer geworden ist.
7 Madina ☐ freut sich ☐ ist dagegen, dass sie ihren Traumberuf lernt.
8 Nina ☐ möchte ☐ teilt dem Leser mit, dass sie schon Fortschritte gemacht hat.
9 Paul ☐ berichtet ☐ kündigt an, eine duale Ausbildung zu machen, um Theorie und Praxis zu lernen.
10 Christine ☐ argumentiert ☐ freut sich, dass man nur etwas lernt, wenn man auch arbeitet.

b Geben Sie Majas Aussagen wieder. Benutzen Sie dabei die folgenden Ausdrücke.

Nach Majas Meinung ... • Majas Meinung nach ... • Majas Meinung ist, ... •
Wie Maja sagt / glaubt, ... • Maja sagt / rät, (dass)...

Maja:
„Man muss auch lernen, im Betrieb mit anderen Menschen zusammenzuarbeiten."
„Wenn man in einer kleinen Firma arbeitet, geht alles viel familiärer zu."
„Man sollte lieber gut für die Schule lernen, denn im Betrieb wird auch auf die Noten geachtet."

Beispiel:
Nach Majas Meinung muss man lernen, im Betrieb mit anderen Menschen zusammenzuarbeiten.

c Ergänzen Sie die Tabelle mit den folgenden Ausdrücken der Redewiedergabe. Schreiben Sie in Ihr Heft.

~~sagen~~ • betonen • ~~dafür / dagegen sein~~ • möchten • denken • feststellen • sehen (positiv, negativ) • behaupten • ergänzen • (sich) fragen • (sich) sicher sein • wollen • der Meinung sein • meinen • wissen • mitteilen • vermuten • erklären • argumentieren • glauben • schreiben • finden • berichten • erzählen • mögen

neutral	Meinung
sagen ...	*dafür / dagegen sein* ...

d Korrigieren Sie die falschen Verben in den folgenden Sätzen mit den angegebenen Verben. Begründen Sie, warum die Sätze unten als Redewiedergabe falsch sind.

berichten • erzählen • sagen • schreiben

1 Sophie *glaubt*, sie ist auf jeden Fall für eine duale Ausbildung.
2 Sophie *meint*, ihre Kolleginnen haben mehr Berufserfahrung als sie.
3 Sophie *findet*, sie hat schon einmal ein eigenes Schmuckstück hergestellt.
4 Sophie *behauptet*, dass sie neben der Berufsschule noch genügend Freizeit haben will.

e Ergänzen Sie „meinen" oder „bedeuten".

1 Emma ______________, eine duale Ausbildung ist nützlich.
2 „Duale Ausbildung" ______________, dass man im Betrieb arbeitet und an der Berufsschule lernt.
3 Eine Ausbildung zu machen ______________ nach Emmas Überzeugung, sich auch anzupassen.
4 Emma ______________, in ihrer Klasse lernen viele genauso gut wie sie.

C 21 Zusammenfassende Übung

Geben Sie die folgenden Meinungen wieder (sprachliche Mittel siehe B 32–35).

1 Lani: „Ich würde gerne erleben, wie die Arbeit in einem großen Betrieb so ist. Aber mir würde ein halbes Jahr genügen. Mit der Erfahrung hat man es hier in der kleinen Firma sicher leichter."
2 Anton: „Ich würde als Hotelkaufmann gerne auch mal in einem anderen Land arbeiten, in dem ich eine neue Sprache lernen muss. Wenn ich die Gelegenheit habe, meine ich natürlich. So wie bei meiner Freundin, die ein Jahr in Italien in einer Pension direkt am Meer gejobbt hat."

Zusammenfassung

C 22 Schreiben Sie eine Wiedergabe.

1. Stellen Sie in Ihrer Wiedergabe zunächst den Verfasser bzw. die Verfasserin vor.
2. Verdeutlichen Sie dem Leser die Situation, von der der Beitrag ausgeht.
3. Geben Sie die Position des Schreibers oder der Schreiberin und die Argumentation wieder.
4. Teilen Sie Ihren Lesern mit, welches Ziel er / sie hat.
5. Formulieren Sie Ihre Wiedergabe mit eigenen Worten und mit eigenen Strukturen.

Einen Erfahrungsbericht schreiben

Eine Überleitung zum Erfahrungsbericht herstellen: Formale und inhaltliche Überleitung

C 23 Schreiben Sie eine formale Überleitung von der Textwiedergabe zum Erfahrungsbericht wie in Aufgabe B 38.

C 24 Eine themenbezogene Überleitung von der Textwiedergabe zum Bericht verfassen

Schließen Sie an die Sätze eigene Überleitungen an, mit denen Sie an die Wiedergabe anknüpfen. Sie können die folgenden Ausdrücke verwenden.

1 Wie ich berichtet habe, hat Mirko Mitschüler, die sich Sorgen um die Zukunft machen.
2 Mirko fordert uns also auf, nach unseren eigenen Interessen zu entscheiden.
3 Wie man sieht, glaubt Mirko, dass man nur gut in etwas ist, für das man sich wirklich interessiert.

gleiche Erfahrungen bzw. Meinung

Mirko und ich haben ...
die gleichen Erfahrungen • ganz ähnliche Erfahrungen
Wir haben die gleiche / dieselbe ...
Meinung • Ansicht.

andere Erfahrungen bzw. Meinung

Anders als Mirko habe ich ...
andere Erfahrungen • eine andere Meinung
Mirko und ich haben ...
unterschiedliche Erfahrungen. •
ganz verschiedene Meinungen.
Wir haben eine unterschiedliche ...
Meinung • Ansicht • Auffassung.

Sich das Thema klarmachen – Stoff zum Thema sammeln und gliedern

C 25 **Überlegen Sie zuerst, welche Erfahrungen Sie zu dem Thema aufschreiben können.**

a **Stellen Sie sich die folgenden Fragen A–E. Tragen Sie dazu die Buchstaben in das Schema ein.**

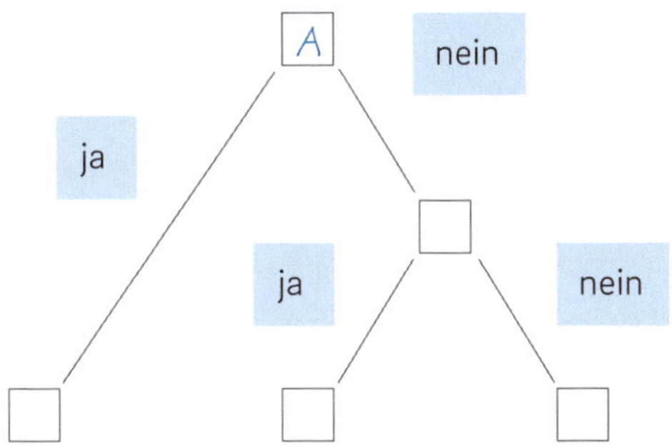

A Habe ich genug eigene Erfahrungen zu dem Thema?

B Kenne ich jemanden, der Erfahrungen mit dem Thema hat?

C Welche Erfahrungen habe ich …
- in der Schule?
- im Betrieb?
- bei Freunden?

D Welche Erfahrungen habe ich von anderen gehört?

E Welche Erfahrungen könnte ich gemacht haben oder noch machen?

b **Beantworten Sie für sich diese Fragen zum Thema „Jobsuche".**
Machen Sie sich Notizen dazu im Heft.

HINWEIS
Üben Sie jetzt noch einmal, wie Sie systematisch nach Aspekten für Ihren Erfahrungsbericht suchen können (Aufgabe B 41–45).

Den Erfahrungsbericht ausführlich gestalten

C 26 **Wiederholung: Aspekte finden, Stoff sammeln und gliedern**

a **Notieren Sie eigene Erfahrungen.**

Was ich öfter mal mache:	Was ich schon erlebt habe:	Was mir andere erzählt haben:	In welcher Situation ich bin:
– *Stellenangebote im Netz suchen* – …	– *Freund hat nach langer Suche doch noch Job gefunden* – …	– *sie planen ihre Zukunft flexibel* – …	– *ein Jahr vor dem Abschluss* – …

b Ergänzen Sie die Mindmaps (Frage: „In welcher Situation bin ich?").

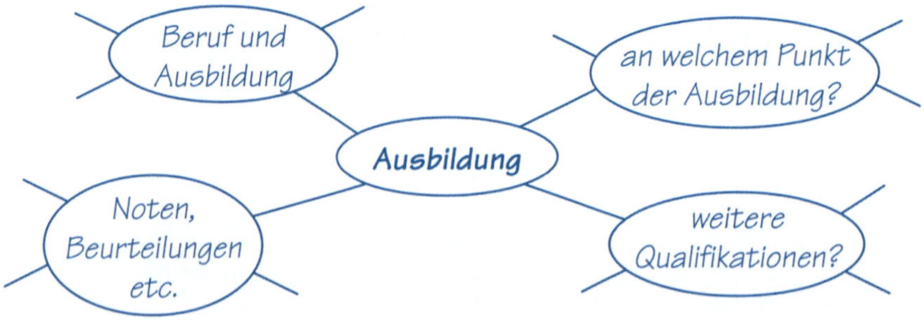

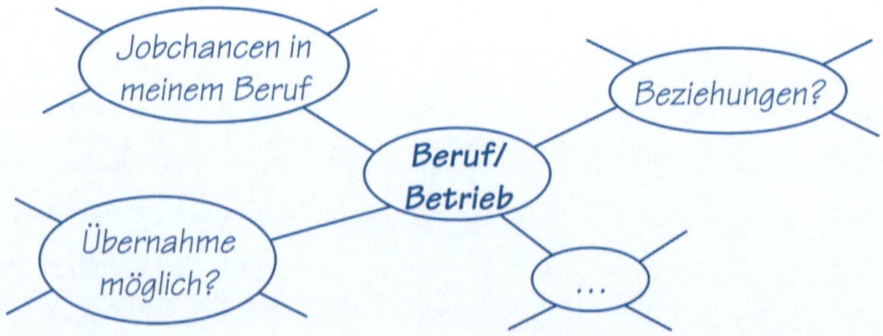

c Erstellen Sie noch andere Mindmaps zur Frage „In welcher Situation bin ich?" mit den folgenden Punkten oder mit weiteren Punkten.

– mein Wohnort / Arbeitsort	Ist es leicht für mich, den Wohnort zu wechseln? Gibt es für mich Jobmöglichkeiten im Heimatort? ...
– meine Leistungen (Wie gut bin ich?)	Wo bin ich gut? Welche Pluspunkte gibt es bei der Jobsuche? ...
– meine Interessen	Welche Dinge interessieren mich? Welche Art der Tätigkeit gefällt mir? ...
– meine persönliche Einstellung	Denke ich positiv oder negativ? Bin ich flexibel? ...

C 27 **Hier finden Sie Stichpunkte zu möglichen Erfahrungen zum Punkt „Was ich öfter mal mache". Ergänzen Sie und fertigen Sie weitere Mindmaps dazu an.**

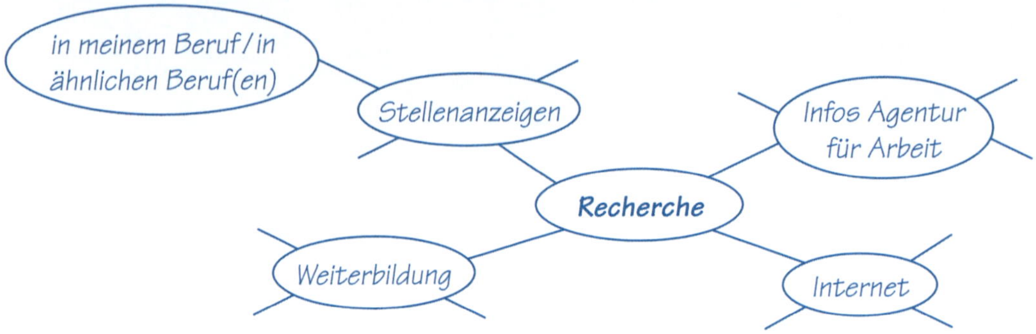

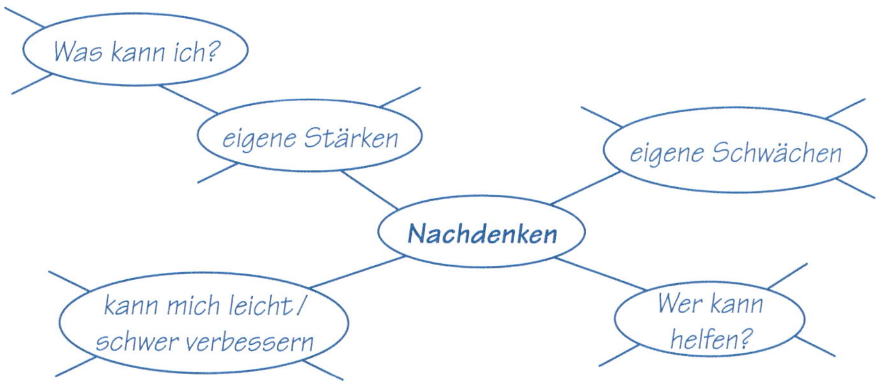

C 28 **Hier finden Sie Stichpunkte zu möglichen Erfahrungen zum Punkt „Was ich schon erlebt habe". Ergänzen Sie und fertigen Sie weitere Mindmaps dazu an.**

Beratung (z. B. Arbeitsamt) • Start-ups (z. B. in meiner Stadt) • Umschulungen • Fortbildungen • ...

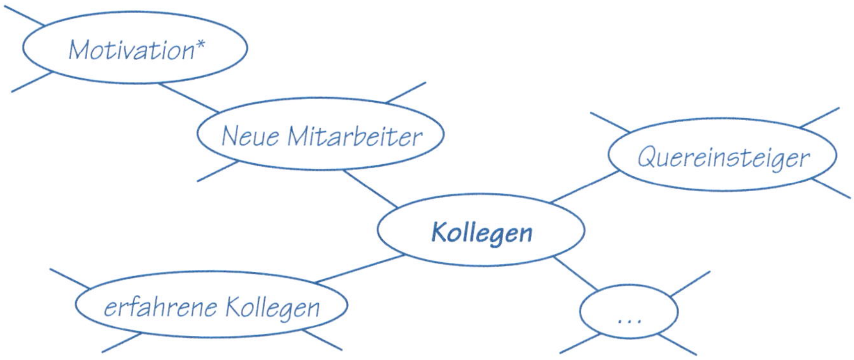

* Kollege ist neu eingestellt worden und richtig motiviert, weil er lange auf Jobsuche war.

C 29 **Erstellen Sie weitere Mindmaps zum Punkt „Was mir andere erzählt haben".**

C 30 **Wiederholung: Redemittel und Verknüpfungen einsetzen**

a Meine Erfahrungen und Erlebnisse: Ergänzen Sie die folgenden Sätze. Es gibt mehrere Möglichkeiten.

1 Wenn man ein Problem vor sich hat: Es ist gut, sich zuerst einmal zu überlegen, was man selbst tun kann, um eine Lösung zu finden: ...
2 Ich verstehe, dass sich viele Sorgen wegen eines Jobs machen. Aber man kann immer etwas tun. Mir hilft meistens irgendetwas, was ich früher schon einmal ... habe.

a Damit habe ich gute Erfahrungen gemacht.
b erfahren
c Das hilft bei mir immer.
d erlebt

b Ergänzen Sie den Text mit den folgenden Ausdrücken.

A aber ich • B also habe ich • C einerseits • D heute kann ich sagen • E letztes Jahr • F und so • G zuerst • H andererseits

Beim Thema „Jobsuche" fällt mir ☐ ein, dass ich auch schon schlechte Erfahrungen gemacht habe. ☐ habe ich eine Ausbildungsstelle in meinem Traumberuf als Designer gesucht. Ich konnte aber keinen Job finden. Diese Erfahrung war natürlich nicht schön. ☐ habe nicht aufgegeben. ☐ etwas gesucht, was mir ☐ gut gefällt und ☐ zu meinen Interessen und Fähigkeiten passt. ☐ mache ich jetzt eine Ausbildung zum Raumausstatter. ☐, dass ich sehr zufrieden bin.

c **Formulieren Sie einige Sätze aus den Stichpunkten 1–5. Sie können dazu die folgenden Ausdrücke verwenden.**

Das Wichtigste, das mir einfällt ... • Es ist auch so, dass... • zuerst • dann • außerdem • hinzu kommt • schließlich

1 Wohnort unwichtig – für mich – locker – Ausbilder
2 Ergebnis wichtig – Pflicht – gute Leistungen – Erfolg
3 unrealistisch – unflexibel – arbeitslos – kaum Chancen
4 Bei Jobsuche nicht motiviert – Pessimismus stört mich – brauche Ruhe zum Überlegen
5 habe eigene Meinung – müssen andere selbst wissen – aufgeben

Beispiel:
Wenn es um meine Jobsuche geht, muss ich sagen: Das Wichtigste, das mir einfällt, ist, dass der Ausbilder locker war. Das hat mich gleich beeindruckt. Außerdem war mir der Wohnort sowieso nicht so wichtig.

Zusammenfassung

C 31 **Berichten Sie von Ihren eigenen Erfahrungen.**

1. Beginnen Sie mit einer thematischen Überleitung von der Wiedergabe zum Erfahrungsbericht.
2. Schreiben Sie dann, welche Erfahrungen Sie mit dem Thema gemacht haben.
3. Berichten Sie ausführlich und berücksichtigen Sie mehrere Aspekte.
4. Sammeln Sie Ihre Gedanken mit Mindmaps und schreiben Sie dann.
5. Verknüpfen Sie die einzelnen Aspekte bzw. Sätze gut miteinander.

Die eigene Meinung sagen und begründen

Eine Überleitung zur eigenen Meinung und Begründung gestalten

C 32 **Verfassen Sie eine thematisch orientierte Überleitung zur Meinungsäußerung.**

Sich das Thema klarmachen und seine Meinung sagen

C 33 **Um welche Frage geht es bei dem Thema „Jobsuche" genau? Kreuzen Sie an.**

1 Welche Gründe gibt es, für die Jobsuche optimistisch zu bleiben? ☐
2 Sollte man sich um einen Job bemühen, wenn die Chancen schlecht stehen? ☐
3 Sollte man bei der Jobwahl nur auf die Chancen auf dem Arbeitsmarkt schauen oder sind auch die eigenen Interessen wichtig? ☐
4 Welche Faktoren spielen bei der Berufswahl noch eine Rolle? ☐

C 34 **Notieren Sie Ihre Meinung zur Frage 2 (Prüfungsbeispiel 2) und leiten Sie Ihre Meinung ein (siehe Aufgabe B 49).**

Frage 2: Sollte man sich bei der Berufswahl vor allem an den Jobaussichten orientieren? Welche Rolle spielen andere Faktoren wie Interesse?

C 35 **Sammeln Sie in der Klasse spontan alle Argumente, die Ihnen zum Prüfungsbeispiel 2 einfallen. (Eine Person notiert sie an der Tafel.) Schreiben Sie Pro- und Kontra-Argumente getrennt auf.**

Argumente finden: Argumente dem Text entnehmen

C 36 **Wenden Sie die Möglichkeiten 1–4 aus Aufgabe B 54 an und formulieren Sie ein Argument in Ihrem Heft.**

Beispiel:
ein Argument „umdrehen"
Mirko: „Aber wenn ich nicht das mache, was mir wirklich Spaß macht, werde ich auch nicht richtig gut sein."

Das Berufsleben ist anders als die Freizeit. Ich kann mir Hobbys aussuchen, die mir Spaß machen. Aber das geht in der Arbeitswelt nicht. Wenn ich dort nur das tue, was mir gefällt, mache ich die Dinge, die ich tun muss, nicht mehr richtig. Dann wird man auch nicht richtig gut in seinem Job.

1 Drehen Sie das Argument um.
  Mirko: „Klar, man muss vom Ort her flexibel sein und gute Arbeit leisten."
2 Geben Sie wieder, was die Person sagt, und machen Sie daraus ein eigenes Argument.
  Mirko: „Sie sagen, man bekommt sowieso keinen Job oder muss nehmen, was man kriegt."
3 Machen Sie aus den konkreten Erfahrungen der Person ein eigenes Argument.
  Mirko: „In unserer Klasse machen sich einige Sorgen um ihre Zukunft."
4 Führen Sie das Argument weiter.
  Mirko: „Aber wenn ich nicht das mache, was mir wirklich Spaß macht, werde ich auch nicht richtig gut sein."

C 37 **Wählen Sie selbst eine passende Strategie aus und formulieren Sie Argumente zu der folgenden Schüleräußerung:**

Mirko: „Schaut auf den Arbeitsmarkt, klar."

Argumente finden: Mit Kriterien systematisch Argumente suchen

C 38 **Notieren Sie nach den Kriterien aus Aufgabe B 56 Argumente.**

Fragestellung: Sollte man sich bei der Berufswahl vor allem an den Jobaussichten orientieren?
Pro: „Man sollte vor allem nach den Jobaussichten gehen."
Kontra: „Man sollte sich nicht in erster Linie nach den Jobaussichten richten, sondern vor allem nach seinen eigenen Interessen."

Mirko vertritt also bei dieser Fragestellung die Kontra-Position.

Beispiele:
Kriterium 2: Lernen, Erfahrungen (pro):
Man kann in einem Beruf, den man nicht mag, Flexibilität lernen und neue Erfahrungen machen.
Kriterium 3: Spaß und Freude (kontra):
Es ist wichtig, Spaß und Freude am Beruf zu haben, da man sich sonst das Leben unnötig schwer macht.

Gegenargumente widerlegen bzw. entkräften

C 39 Zu Argumenten Gegenargumente formulieren und widerlegen

a Ergänzen Sie die folgenden Ausdrücke.

dabei ist es wichtig • es gibt aber • es ist klar, dass man • es stimmt natürlich, dass • man muss aber auch sehen, dass man

1 ______________________ die eigenen Interessen wichtig sind, wenn man sich für einen Beruf entscheiden möchte. ______________________ Regionen, wo es wenig Betriebe gibt. Dort ist es schwieriger, seinen Traumjob zu finden.

2 ______________________ schauen muss, welche Jobs es in der eigenen Region gibt. ______________________ in vielen Berufen flexibel sein muss. ______________________, dass die Leute ihren Job gern machen und Interesse dafür haben.

b Nutzen Sie die folgenden Argumente, um jeweils die Gegenposition zu stärken. Sie können dabei die folgenden Ausdrücke und die Redemittel aus B 61 benutzen. Schreiben Sie in Ihr Heft.

selbstverständlich stimmt es, dass • oft wird behauptet, dass • man muss / kann sagen, dass • natürlich • andererseits • genauso wichtig ist aber, dass • das heißt aber nicht, dass • man kann aber genauso gut sagen, dass • das muss aber nicht heißen, dass

Beispiel:

Gegenargument	Sie sind ...	Ihr Argument
Zu einem weit entfernten Arbeitsplatz zu kommen kostet zu viel Zeit.	dafür, dass man Jobs nach Interessen sucht.	Natürlich kostet es viel Zeit, wenn man einen längeren Weg zur Arbeit hat. Das ist manchmal anstrengend, aber es ist im Beruf nie ganz leicht. Man sollte im Bus oder im Zug die Zeit nutzen und zum Beispiel etwas lesen, was man für die Ausbildung braucht.

Gegenargument	Sie sind ...
1 Jeder braucht seine Freunde und seine Familie, um glücklich zu sein.	dafür, dass man für den Job den Wohnort wechselt.
2 Auch im Traumjob gibt es Dinge, die nicht so viel Spaß machen. Deshalb sind die eigenen Interessen für den Beruf nicht so wichtig.	für die Jobwahl nach eigenen Interessen.
3 Das Jobcenter sagt nur, in welchen Berufen Leute gesucht werden, aber nicht, ob man der oder die Richtige dafür ist.	für eine Berufswahl nach den Empfehlungen der Arbeitsagentur.
4 Man hat oft keine andere Wahl, als das erste Jobangebot anzunehmen.	dagegen, dass man nur danach schaut, welche Jobs im Moment angeboten werden.

c Überlegen Sie sich zum Thema weitere mögliche Argumente, die gegen Ihre eigene Meinung sprechen. Formulieren Sie dann jeweils ein Gegenargument dazu.

Argumente angemessen begründen (echte Begründungen)

C 40 Denken Sie daran, Scheinbegründungen zu vermeiden (siehe Aufgabe B 57–58).

a Formulieren Sie die „Scheinbegründungen" mit den folgenden Ideen um.

1 „Ich glaube, dass man auf keinen Fall einen Job annehmen sollte, der nichts oder wenig mit den eigenen Interessen zu tun hat. Denn: Wenn man das tut, wird der Alltag langweilig."

Ideen:

man denkt immer an Dinge, die einen mehr interessieren • man zeigt leichter, dass man sich für die Arbeit nicht interessiert • wenn man Spaß an der Arbeit hat, leistet man mehr • die Zeit vergeht schneller, wenn ...

2 „Ich denke, dass man auch einen Job annehmen sollte, der nichts oder wenig mit den eigenen Interessen zu tun hat. Denn wenn man das tut, wird der Alltag weniger langweilig."

Ideen:

wenn man ohne Job zu Hause sitzt, hat man das Gefühl, dass die Zeit langsamer vergeht • man lernt neue Dinge kennen, die vielleicht auch interessant sind • wenn man wenig über eine Sache weiß, muss man neue Dinge lernen, was spannend ist • man lernt sich selbst neu kennen, weil ...

b Ergänzen Sie echte Begründungen zu der folgenden Meinungsäußerung.

„Ich bin mir sicher, dass man eine schlechte wirtschaftliche Situation nicht zu ernst nehmen sollte. Man geht dann nämlich mit weniger Angst zu einem Bewerbungsgespräch. Denn ..."

Argumente ausarbeiten

C 41 Formulieren Sie Erläuterungen und Beispiele zu den Argumenten.

Argument: „In seinem Interessengebiet kann man mehr leisten und hat so auch bessere Jobaussichten."

Aussagen	Beispiele
1 Wenn man sich intensiv mit etwas beschäftigt, hat man auch mehr Ideen im Beruf.	Viele Unternehmer haben ihr Unternehmen gegründet, um neue Dinge zu entwickeln, für die sie sich besonders interessieren.
2 Bei einem Vorstellungsgespräch merkt der Arbeitgeber, ob man sich wirklich für ein Gebiet interessiert oder nicht.	Wenn man sich auf ein Vorstellungsgespräch vorbereitet, ist es schwerer, sich Dinge zu merken, die einen kaum interessieren.

Zusammenfassung

C 42 Eine vollständige Stellungnahme mit Schluss verfassen

1. Beginnen Sie zunächst mit einer Überleitung vom Bericht zur eigenen Meinung.
2. Verdeutlichen Sie Ihre Position und argumentieren Sie ausführlich.
3. Formulieren Sie zu Ihrer Position „echte" Begründungen.
4. Verdeutlichen Sie Argumente mit Beispielen oder anderen geeigneten Aussagen.
5. Ordnen Sie die Argumente und verknüpfen Sie die einzelnen Teile Ihrer Stellungnahme.
6. Schreiben Sie einen Schluss.

Teil D Auf sprachliche Mittel achten

HINWEIS

Wortschatz und Strukturen, die Sie verwenden, werden in den DSD-Prüfungen bewertet. In diesem Kapitel können Sie üben, dabei abzuwechseln und auch komplexe Strukturen einzusetzen. Das üben Sie in den folgenden Aufgaben.

Wortschatz

Im Wortschatz variieren

D 1 Gefallen und Missfallen

Geben Sie die folgenden Äußerungen mit eigenen Worten wieder.
Sie können dazu die folgenden Ausdrücke verwenden.

Constanze findet X ... Für Constanze ist X ... Nach Constanzes Meinung ist X ... Constanzes Meinung nach ist X ... Constanze glaubt / denkt / findet / meint / sagt, dass X ... ist. Constanze hält X für ...	ausgezeichnet • optimal • fantastisch • ideal • sehr gut • perfekt	☺☺☺
	gut • angenehm • ziemlich gut • schön • nützlich • positiv • wichtig • richtig	☺☺
	relativ gut • ganz gut • geeignet • nicht schlecht • in Ordnung • praktisch • passend	☺
	nicht ganz so gut • nicht optimal • ziemlich / relativ / eher schlecht	☹
	schlecht • unangenehm • unschön • negativ • falsch • dumm • unwichtig • uninteressant	☹☹
	sehr schlecht • ganz schlecht • schrecklich • furchtbar • (sehr) schlimm • katastrophal	☹☹☹

Constanze hält	☺ unglaublich viel • sehr viel • viel • relativ viel ☹ relativ wenig • wenig • kaum etwas • sehr wenig • nichts • gar nichts • absolut nichts	von ...

Beispiele:
Constanze: „Ich finde so eine Berufserfahrung einfach super!"
Für Constanze ist eine solche Berufserfahrung ausgezeichnet. /
Constanze hält so eine Berufserfahrung für sehr gut. /
Constanze findet es super, solche Berufserfahrungen zu machen.

1 Constanze: „Ich finde Betriebsfeiern total toll!"
2 Constanze: „Ich finde Ferien wirklich klasse!"
3 Constanze: „Ich finde Fremdsprachenlernen eigentlich nicht so schlecht."
4 Constanze: „Ich finde Gespräche in der Mittagspause sehr entspannend!"
5 Constanze: „Ich finde, für sein Geld selbst arbeiten zu müssen, ist eine nützliche Erfahrung."

6 Constanze: „Ich finde, der Berufsschulunterricht bringt schon etwas."
7 Constanze: „Ich finde, Kritik vom Chef hat schon auch Vorteile ..."
8 Constanze: „Ich finde, Arbeitsgruppen in der Schule haben ihren Sinn."
9 Constanze: „Ich finde die Jobaussichten gar nicht so schlecht."
10 Constanze: „Ich finde, Karriere zu machen ist doch der Sinn der Sache."

D 2 Umschreibung und Ersetzung

Geben Sie die folgenden Äußerungen mit eigenen Worten wieder.
Nutzen Sie dabei Umschreibungen und Ersetzungen.

Beispiel:
Emma: „Ich sitze meist den Abend noch am Computer und lerne für die Schule."
Emma verbringt am Abend viel Zeit mit Schularbeiten am Computer.

1 Ben: „Wir haben gerade einen großen Auftrag bekommen und viel Arbeit damit."
2 Emma: „Ich lerne fleißig für die Schule, aber nicht am Wochenende."
3 Ben: „Ich mache eine Ausbildung zum Landschaftsgärtner – ich habe mein Hobby zum Beruf gemacht."
4 Emma: „Am liebsten hätte ich Blockunterricht statt einmal in der Woche Schule."
5 Ben: „Wir haben immer ein Handy mit auf der Baustelle, damit die Firma uns erreichen kann."
6 Emma: „Wir unternehmen öfter was mit allen Azubis aus unserem Betrieb."
7 Ben: „Wenn ich Stress auf der Arbeit habe, gehe ich im Wald laufen – das tut mir gut."
8 Emma: „Ich erwarte von Lehrern und Chefs, dass sie uns gut behandeln."
9 Ben: „Man sollte nicht immer offen sagen, wenn jemand schlechte Arbeit macht."
10 Emma: „Ich verlasse mich auf meine Stärken, dann werde ich schon eine Arbeit finden!"

D 3 Lexikalische und syntaktische Strategien kombinieren

Geben Sie die folgenden Aussagen wieder, indem Sie sie von einem Verb der Redewiedergabe abhängig machen *und* geeignete lexikalische Strategien einsetzen.

Beispiel:
Hannah: Bei uns in der Firma duzen sich zwar alle, aber wirkliche Freundschaften entstehen dadurch nicht.
Hannah zweifelt daran, dass unter den Kollegen durch das allgemeine Duzen tatsächlich Freundschaften entstehen.

1 Felix: „Die Klassenfahrt wird meine beste Erinnerung an die Schule sein."
2 Hannah: „Ich will in der Schule nicht negativ auffallen. Lieber lerne ich gut."
3 Felix: „Zum Glück hat jeder Kunde andere Vorstellungen. So ist mein Job viel abwechslungsreicher!"
4 Hannah: „Wenn ich eine Dekoration vorschlagen soll, überlege ich vorher sehr lange."
5 Felix: „Durch mein kleines Gehalt lerne ich, mit Geld umzugehen – aber das muss ja nicht so bleiben!"
6 Hannah: „Wir bekommen in der Kantine echt gesundes Essen – das könnte ich nicht besser machen."
7 Felix: „Wir müssen am Abend immer noch das Lager aufräumen – das ist aber schon okay."
8 Hannah: „Meine Kollegen sind leider nicht einverstanden, dass wir mal die Schicht tauschen."
9 Felix: „Ich treibe regelmäßig Sport, um für meine körperliche Arbeit fit zu bleiben. Das macht auch Spaß."
10 a Mia: „Ich würde gerne mit einer Gruppe für die nächste Klassenarbeit lernen."
b Finn: „Ich muss so viel lernen – für Hobbys habe ich gar keine Zeit mehr."
c Sophia: „Mit den Kolleginnen schreibe ich an einem Ratgeber-Forum für Azubis. Das ist spannend!"

Komplexe Strukturen

TIPP

Die Strukturen in den folgenden Aufgaben zählen als *komplexe Strukturen* auf B1-Niveau. Sie müssen sie nicht unbedingt alle verwenden, aber sie werden in der Prüfung positiv bewertet. Im „Basis"-Teil finden Sie Strukturen, die Sie unbedingt beherrschen sollten. Im „Aufbau"-Teil finden Sie weitere Strukturen, die Sie auch verwenden können.
Beachten Sie aber: Verwenden Sie nur die Strukturen, die Sie ohne Fehler beherrschen.

Komplexe Strukturen verwenden (Basisteil)

D 4 Zweiteilige Konjunktionen: Formulieren Sie wie in den Beispielen.

Beispiele:

Statt ...	... können Sie schreiben:
Ich bin auf die neuen Kollegen und auf den Job neugierig.	Ich bin **sowohl** auf die neuen Kollegen **als auch** auf den Job neugierig.
Ich möchte eine schulische oder eine duale Ausbildung machen.	Ich möchte **entweder** eine schulische **oder** eine duale Ausbildung machen.
Jobcenter halten viele Informationen bereit. Und die Mitarbeiter beraten einen auch persönlich.	Jobcenter halten **nicht nur** viele Informationen bereit, **sondern** die Mitarbeiter beraten einen **auch** persönlich.
Unsere Schulcomputer sind nicht sicher. Und sie sind auch nicht schnell genug.	Unsere Schulcomputer sind **weder** sicher **noch** schnell genug.
Ich bin schon weiter in der Ausbildung. Und da will ich auch mehr Verantwortung haben.	**Je** weiter ich in der Ausbildung bin, **desto** mehr Verantwortung will ich auch haben.

1 Man sollte mit seiner Kritik im Betrieb vorsichtig sein. Dann bekommt man weniger Probleme mit den Kollegen.
2 Für die Berufsschule zu lernen bedeutet für mich wenig Arbeit. Ich finde es auch nicht sinnlos.
3 In unserem Team haben wir viel Spaß. Und wir bringen sogar die Chefs zum Lachen.
4 Ich finde, man muss sich entscheiden: Man sollte im Job fair sein. Oder man arbeitet alleine.
5 Zu dieser Meinung möchte ich eine Zusammenfassung schreiben. Und dann einen Kommentar abgeben.

D 5 Indirekte Fragen: Formulieren Sie wie in den Beispielen.

Beispiele:

Statt ...	... können Sie schreiben:
Manche Leute fragen sich: „Was **habe** ich davon, für die Berufsschule zu lernen?"	Manche Leute fragen sich, was sie davon **haben**, für die Berufsschule zu lernen.
Ich weiß nicht: „**Ist** es nicht zu viel, im Betrieb zu arbeiten und für die Schule zu lernen**?**"	Ich frage mich, **ob** es nicht zu viel **ist**, im Betrieb zu arbeiten und für die Schule zu lernen.

1 Schüler wissen vorher nicht genau: Wird der Unterricht interessant oder langweilen wir uns?
2 Welche Vorteile haben kleinere Ausbildungsbetriebe? Das ist doch völlig klar.
3 Maximilian stellt die Frage: Soll dein Chef etwa einen schlechten Eindruck von dir bekommen?
4 Warum sollte ich mir Sachen anhören, die ich im Job nicht gebrauchen kann? Ich kenne keinen Grund.

D 6 Präteritum, Futur I, Plusquamperfekt: Formulieren Sie wie in den Beispielen.

TIPP

Verwenden Sie das Präteritum immer bei den Hilfsverben und Modalverben:
hatte, war, wurde, konnte, musste, durfte, wollte.
Das Futur können Sie verwenden, wenn Sie eine Vermutung haben oder über einen Plan berichten:
Mein Chef wird jetzt im Büro sein. = **Ich glaube**, mein Chef ist (jetzt) im Büro.
(Vermutung, Gegenwart)
Ich werde eine duale Ausbildung machen. = Ich **will** (später) eine duale Ausbildung machen.
(Plan, Zukunft)
Das Plusquamperfekt können Sie verwenden, wenn Sie über zwei Ereignisse in der Vergangenheit erzählen und eines davon vor dem anderen passiert ist:
Ich habe eine Ausbildung in einer Bäckerei aufgenommen. Aber **vorher hatte** ich mich intensiv über diesen Beruf **informiert**.

Beispiele:

Statt ...	... können Sie schreiben:
Ich bin früher auch in der Berufsschule gewesen, was sehr interessant gewesen ist. Wir haben gute Lehrer gehabt, bei denen ich viel habe lernen können.	Ich **war** früher auch in der Berufsschule, was sehr interessant **war**. Wir **hatten** gute Lehrer, bei denen ich viel lernen **konnte**.
Meine Eltern sind ganz nervös, weil meine jüngere Schwester jetzt ihre Ausbildung anfängt. Aber sie kommt schon zurecht, denke ich.	Meine Eltern sind ganz nervös, weil meine jüngere Schwester jetzt ihre Ausbildung anfängt. Aber sie **wird** schon zurechtkommen.
Das Praktikum war interessant, aber ob ich in diesem Beruf später einmal arbeite, weiß ich jetzt noch nicht.	Das Praktikum war interessant, aber ob ich in diesem Beruf später einmal arbeiten **werde**, weiß ich jetzt noch nicht.
Mein Freund hatte keine Probleme während seiner Lehre, weil er vorher alles gut geplant hat.	Mein Freund hatte keine Probleme während seiner Lehre, weil er vorher alles gut **geplant hatte**.

1 Wir hatten damals ein riesiges Lager in der Firma, in dem man sich einfach hat verlaufen müssen.
2 Der Job ist interessant gewesen, auch wenn nichts so gewesen ist, wie ich vorher gedacht habe.
3 Mit den Problemen in der Berufsschule kommen wir schon zurecht, da bin ich mir sicher.
4 Ich wechsle auf jeden Fall nächstes Jahr die Filiale, das steht jetzt schon fest.
5 Gut, dass unser Ausbilder uns vorher alles genau erklärt hat, so haben wir keine Probleme gehabt.
6 Wir haben eine tolle Präsentation gehalten, für die alles vorher perfekt vorbereitet worden ist.

D 7 Konjunktiv II verwenden: Formulieren Sie wie in den Beispielen.

TIPP

Der Konjunktiv II ist leicht zu bilden.

a) Verb → Präteritum → Umlaut (a → ä, o → ö, u → ü), vor allem bei den folgenden Hilfs- und Modalverben: haben → hatte → hätte; sein → war → wäre, ebenso: würde (werden), könnte (können), müsste (müssen), dürfte (dürfen), aber: wollte (wollen)

b) Bei allen anderen Verben können Sie auch „würde" + Infinitiv verwenden: würde lachen, würde rufen, würde gehen (statt: lachte, riefe, ginge) etc.

c) Die Vergangenheit bildet man mit „hätte" / „wäre" + Partizip II: hätte gesehen / wäre gelaufen / hätte gehabt / wäre gewesen

Beispiele:

Statt ...	... können Sie schreiben:
Leider habe ich nicht mehr Geld. So kann ich nicht oft ins Kino gehen.	**Hätte** ich mehr Geld, **würde** ich öfter ins Kino **gehen**.
Meine Wünsche früher als Schüler: oft ins Ausland fahren und als Animateur arbeiten.	Ich **wäre** gern oft ins Ausland **gefahren** und **hätte** als Animateur **gearbeitet**.

1 In den Ferien habe ich keine Zeit. Einen Ferienjob zu übernehmen, finde ich gut. Aber nur mit mehr Zeit.
2 Faire Kritik finde ich wichtig. Aber alle anderen halten sich auch nicht daran. So bin ich auch nicht fair.
3 Alle sollen ein Werkstück anfertigen, dann wissen sie, wie gut sie mit den Händen arbeiten können.
4 Wenn keiner die Schule ernst nimmt, sind auch alle faul. Aber zum Glück ist das nicht so.

D 8 Relativpronomen mit Präposition: Formulieren Sie wie im Beispiel.

Beispiel:

Statt ...	... können Sie schreiben:
Mit manchen Kolleginnen verstehe ich mich sehr gut. Mit ihnen will ich mich auch nach der Arbeit treffen.	Mit manchen Kolleginnen, **mit denen** ich mich sehr gut verstehe, will ich mich auch nach der Arbeit treffen.

1 Zu dem Beitrag dieser Schülerin werde ich jetzt etwas schreiben. Die Schülerin hat ganz ungewöhnliche Ansichten. → *Die Schülerin, zu deren ...*
2 Ich gehe zu einer Weiterbildung. Sie macht uns allen Spaß. Man kann sich mit vielen Sachen beschäftigen. Diese sind sehr interessant und bieten immer etwas Neues.
3 Ein Freund von mir hat in seiner Ausbildungszeit viel erlebt und Erfahrungen im Vertrieb gesammelt. Über seine Erfahrungen möchte ich jetzt berichten.
4 Von diesem Thema erzähle ich jetzt. Es ist besser als das letzte. Über das Thema hatte ich etwas geschrieben.

D 9 Mehrgliedrige Hypotaxen und Parataxen: Formulieren Sie wie in den Beispielen.

TIPP

Mehrgliedrige Hypotaxen (mehrere Nebensätze) und Parataxen (mehrere Hauptsätze) bilden Sie, indem Sie zweimal in einem Satz Konjunktionen verwenden. Dabei reichen zwei Nebensätze oder Hauptsätze aus.
Da diese Form der komplexen Strukturen im Text am besten auffällt, ist es gut, wenn Sie sie an ein paar Stellen verwenden.

Beispiele:

Statt ...	... können Sie auch schreiben:
Ich habe noch nie alleine ein Verkaufsgespräch geführt. Trotzdem würde ich es gern einmal ausprobieren. Ich finde es nämlich interessant.	Ich habe noch nie alleine ein Verkaufsgespräch geführt, **obwohl** ich es gern einmal ausprobieren würde, **weil** ich es interessant finde.
Ich finde ein Praktikum gut. Man kann Erfahrungen im Beruf machen. Man ist trotzdem noch nicht für alles verantwortlich. Man lernt so in Ruhe etwas dazu.	Ich finde ein Praktikum gut, **denn** man kann Erfahrungen im Beruf machen, **aber** man ist noch nicht für alles verantwortlich **und** so lernt man in Ruhe etwas dazu.

1 Meine Ausbildungsstelle finde ich perfekt. Ich verdiene dort gutes Geld. Es macht außerdem Spaß.
2 Lina erklärt, dass sie Chatgruppen für Mitarbeiter nicht braucht. Sie trifft ihre Kollegen lieber direkt, wenn sie sich unterhalten will. Sie möchte auch nicht gern, dass alle im Betrieb alles über sie wissen.
3 Ich habe noch keine schlechten Erfahrungen mit unserer Chefin gemacht. Und ich bin schon seit fast zwei Jahren in der Firma! Sie ist jedoch immer fair gewesen und hat mich nie zu hart kritisiert.
4 Meine Kolleginnen sagen, dass ich ganz gut in meinem Job bin. Trotzdem würde ich das nie von mir selbst sagen. Da denken doch alle: „Wow, ist die arrogant!"
5 Viele Leute in einer dualen Ausbildung lernen selbst abends noch für die Berufsschule. Sie sind oft gestresst. Die Abende könnte man aber gut nutzen, weil man sich von der Schule und der Arbeit erholen muss.

TIPP

Verwenden Sie keine Sätze, die nur so aussehen, als seien sie komplex. Es reicht nicht, die Sätze durch ein Komma zu verbinden. Sie müssen auch Konjunktionen verwenden.

Beispiel:

Nicht ...	... sondern:
Es gibt viele Argumente für eine Zeit im Ausland, man macht Erfahrungen und man lernt neue Leute kennen.	Es gibt viele Argumente für eine Zeit im Ausland, **denn** man macht neue Erfahrungen und lernt neue Leute kennen.

Komplexe Strukturen verwenden (Aufbauteil)

D 10 Passiv, Zustandspassiv und Passiversatz: Formulieren Sie wie in den Beispielen.

TIPP
Formen wie „lässt sich" und Passiv verwendet man, wenn man nicht weiß, wer genau eine Handlung ausführt, oder wenn es nur auf die Handlung ankommt und die Person egal ist.

Beispiele:

Statt ...	... können Sie schreiben:
In manchen Betrieben bezahlt man die Leute nicht, die ein Praktikum machen und Erfahrung sammeln wollen.	In manchen Betrieben **werden** die Leute, die ein Praktikum machen und Erfahrung sammeln wollen, nicht **bezahlt**.
Nicht ohne Grund hat man die Arbeitszeit auf maximal zehn Stunden pro Tag festgelegt.	Nicht ohne Grund ist die Arbeitszeit pro Tag auf maximal 10 Stunden **festgelegt**.
Es gibt kaum jemanden, der dir vorher genau sagen kann, was du alles für die Besprechung vorbereiten musst.	Es **lässt sich** vorher kaum genau sagen, was alles für die Besprechung zu planen ist.

1 Es fragt mich so oft jemand von den jüngeren Kollegen nach etwas, dass ich kaum zu meiner Arbeit komme.
2 Einen Job kannst du in dieser Branche leicht finden, denn bei der großen Nachfrage gibt es in den Firmen immer etwas, was irgendjemand tun muss.
3 Auf der Messe gibt es vieles, was du sehen kannst, und auch ohne Begleitung kannst du viel lernen.
4 Wie gut, dass jemand das duale System erfunden hat! Wenn man es nicht schon erfunden hätte, müsste man es sich neu ausdenken ...
5 Unser Projekt in Physik war so gut, dass man davon bestimmt noch in zehn Jahren sprechen wird!
6 Durch den Beginn der Ausbildung hat man meine Freunde im Moment auf die ganze Stadt verteilt.

D 11 Erweiterte Infinitive bilden: Formulieren Sie wie im Beispiel.

Beispiel:

Statt ...	... können Sie schreiben:
In den Pausen denke ich mir Reiseziele aus und plane Reisen dorthin. Dann werde ich in der Kundenberatung sicherer und schneller.	In den Pausen denke ich mir Reiseziele aus und plane Reisen dorthin, **um** in der Kundenberatung sicherer und schneller **zu werden**.

1 Jugendliche sollten Ferienjobs annehmen. So verdienen sie etwas Geld hinzu.
2 Man sollte auch im Betrieb gut aufpassen. Auf diese Weise lernt man Dinge, die nicht im Unterricht vorkommen.
3 Man sollte nicht einfach eine SMS schicken, wenn man seinem Chef etwas Wichtiges mitteilen will.
4 Du hast den Wunsch, direkt von Anfang an etwas Praktisches zu lernen? Dann solltest du nicht eine rein schulische Ausbildung machen, sondern dir eine duale Ausbildung aussuchen.

D 12 Die Partizipien I und II einsetzen: Formulieren Sie wie in den Beispielen.

Beispiele:

Statt ...	... können Sie schreiben:
Man sollte die Kollegen bei der Arbeit nicht anschreien. Das ist nicht fair und Mitarbeiter, die schreien, nimmt man auch nicht ernst.	Man sollte die Kollegen bei der Arbeit nicht dauernd anschreien. Das ist nicht fair, und **schreiende** Kollegen nimmt man auch nicht ernst.
Ein Mittelaltermarkt ist eine gute Gelegenheit, handwerkliche Techniken zu sehen, die fast vergessen sind.	Ein Mittelaltermarkt ist eine gute Gelegenheit, fast **vergessene** handwerkliche Techniken zu sehen.
Die Präsentation konnten wir, nachdem sie einmal gut ausgearbeitet war, in mehreren Abteilungen einsetzen.	Die Präsentation konnten wir, einmal gut **ausgearbeitet**, in mehreren Abteilungen einsetzen.

1 In unserer Branche brauchen wir Mitarbeiter, die gut ausgebildet sind.
2 Der Kunde erwartet von uns Geräte, die gut funktionieren.
3 Ein Azubi erzählt: „Beim Straßenfest hat unsere Bäckerei Kuchen verkauft, den wir selbst gebacken hatten."
4 Ich habe die Erfahrung gemacht, dass Kollegen, die unmotiviert waren, nicht lange in der Firma geblieben sind.
5 Unser Unternehmen ist Teil der Branche, die sich mit Autos beschäftigt, die selbst fahren.
6 Niemand braucht heute noch einen Chef, der kommandiert.

D 13 Erweiterte Nominalgruppen bilden. Formulieren Sie wie im Beispiel.

Beispiel:

Statt ...	... können Sie schreiben:
Mein Bruder hat schon Erfahrungen gemacht. Er hat auch im Service gearbeitet. Seine Erfahrungen waren sehr positiv.	Die Erfahrungen **meines Bruders mit der Arbeit im Service** waren sehr positiv.

1 In unserem Laden Spezialwerkzeuge zu kaufen, kann ich nur empfehlen. → *Den Kauf ...*
2 Dass alle Mitarbeiter die Hygienevorschriften einhalten, sollte selbstverständlich sein. → *Die Einhaltung ...*
3 Was der Vertreter über die neue Technik vorgetragen hat, war schon toll. → *Der Vortrag ...*
4 Ein paar freie Abende für die Schule zu arbeiten, um gute Noten zu haben, lohnt sich. → *Die Arbeit ...*

TIPP
Verwenden Sie solche Formulierungen nur dann, wenn Sie sich sicher sind, dass Sie sie können.

D 14 Indefinitpronomen und Pronominaladverbien: Formulieren Sie wie in den Beispielen.

Beispiele:

Statt ...	... können Sie schreiben:
Über das Thema „Jobaussichten" gibt es immer wieder Diskussionen. Über diese Tatsache möchte ich jetzt schreiben.	Über das Thema „Jobaussichten" gibt es immer wieder Diskussionen. **Darüber** möchte ich jetzt schreiben.
Meine Freunde haben dazu unterschiedliche Meinungen. Sie finden es gut oder schlecht.	Meine Freunde haben dazu unterschiedliche Meinungen. **Manche** finden es gut, **einige** schlecht.

1 Fast alle meine Kollegen haben selbst eine duale Ausbildung gemacht. Ein Teil hat gute Erfahrungen mit der dualen Ausbildung gemacht, ein Teil berichtet negativ über die duale Ausbildung.
2 Selbst die Lehrer sind sich bei uns nicht einig. Sie sind dafür, die Schule genauso wichtig zu nehmen wie den betrieblichen Teil der Ausbildung, oder eher skeptisch. Zu diesem Thema schreibe ich jetzt meinen Beitrag. ...
3 Für die Karriere gibt es Gründe und gegen die Karriere gibt es Gründe. Zu diesen äußere ich mich jetzt.
4 Die Kollegen reagieren unterschiedlich auf Kritik – sie lernen durch Kritik etwas oder nicht.

D 15 Appositionen einfügen: Formulieren Sie wie in den Beispielen.

Beispiele:

Statt...	... können Sie schreiben:
Viele Arbeitnehmer kennen Xing. Das ist ein viel genutztes soziales Netzwerk. Aber ist es auch sicher?	Viele Arbeitnehmer kennen Xing, **ein viel genutztes soziales Netzwerk**. Aber ist es auch sicher?
Ich habe darüber mit Judith gesprochen, weil sie immer gute Ideen hat. Sie ist meine netteste Arbeitskollegin.	Ich habe darüber mit Judith, **meiner nettesten Arbeitskollegin**, gesprochen, weil sie immer gute Ideen hat.

1 Ich habe mit zwei Freundinnen über konstruktive Kritik diskutiert. Sie sind sehr gute Beobachterinnen.
2 Unser Klassenlehrer hat uns eine duale Ausbildung empfohlen. Er ist ein Mann mit viel Erfahrung.
3 Ich kenne den Fall eines Jungen, über den im Betrieb schlecht geredet wurde. Er ist ein recht guter Freund von mir.
4 Ich kann meinen Bruder als Beispiel nennen. Er ist ein sehr guter Steuerberater.

**D 16 Überprüfen Sie Ihre(n) Text(e) mit der folgenden Checkliste.
Welche Kriterien haben Sie berücksichtigt? Kreuzen Sie an.**

Checkliste für meinen Text (in der Prüfung)

Allgemein:
- ☐ Meinen Text kann man gut lesen und ohne Probleme verstehen.
- ☐ Ich habe alle Aufgaben ausführlich bearbeitet.

Inhalt:
- ☐ Mein Text hat eine Einleitung, Überleitungen und einen Schluss und ist zusammenhängend.
- ☐ Ich habe die wichtigen Aussagen der Schüler richtig wiedergegeben.
- ☐ In meinem Bericht habe ich über mehrere Aspekte geschrieben.
- ☐ Ich habe davon jeweils ausführlich und gut verständlich berichtet.
- ☐ In der Stellungnahme kann der Leser meine eigene Meinung gut erkennen.
- ☐ Meine Meinung habe ich mit mehreren Argumenten begründet.
- ☐ Die Begründungen habe ich mit Aussagen und Beispielen verdeutlicht.

Ausdrucksweise:
- ☐ Ich habe die Aussagen mit eigenen Worten wiedergegeben.
- ☐ Ich habe zahlreiche Wörter verwendet, die nicht schon im Text stehen.
- ☐ Die Ausdrücke zu Wiedergabe, Bericht und Stellungnahme sind abwechslungsreich.
- ☐ Ich habe verschiedene Strukturen eingesetzt, um auszudrücken, was ich sagen will.
- ☐ Ich habe auch komplexe Strukturen verwendet, die ich beherrsche.

Sprache:
- ☐ Mein Text enthält keine oder nur wenige grammatische Fehler.
- ☐ Mein Text enthält keine oder nur wenige Fehler in Rechtschreibung und Zeichensetzung.

Teil E: Einen sehr guten Text schreiben (1)

Prüfungsbeispiel 3: Mit Kritik umgehen

Mit Kritik umgehen

In einem Internetforum lesen Sie folgenden Beitrag zum Thema „Mit Kritik umgehen":

> Liebe Leser,
>
> zum Thema „Kritik" möchte ich was sagen. Ich heiße Mona, bin 17 und in der Ausbildung zur Arzthelferin.
>
> Bei uns in der Praxis wird immer offen gesagt, was wir gut machen und was nicht. Unser Chef ist dabei immer höflich. Wir haben aber eine Lehrerin in der Berufsschule, die zu uns immer unfair ist. Dabei hätte sie selbst Kritik verdient!
>
> Ich finde, man muss berechtigte Kritik annehmen. Gerade beim Arzt ist es wichtig, dass man keine großen Fehler macht. Aber man sollte immer merken, dass die Kritik gut gemeint ist!
>
> Ich sage: Lasst euch was sagen, aber wenn jemand unfair wird, dann müsst ihr euch dagegen wehren!
>
> Macht's gut!
>
> Mona

Sie möchten das Thema in den Schülerblog auf der Internetseite Ihrer Berufsschule bringen.
Schreiben Sie einen zusammenhängenden Beitrag für den Schülerblog.

Bearbeiten Sie in Ihrem Beitrag die folgenden drei Punkte:

- Geben Sie wichtige Aussagen aus dem Text des Internetforums **mit eigenen Worten** wieder.
- Wie sieht es mit dem Thema „Kritik" in Schule, Ausbildung und Beruf bei Ihnen aus? Wie reagieren Sie auf Kritik? Wie äußern Sie selbst Kritik? **Berichten Sie ausführlich.**
- Wie sollte mit Kritik im Berufsleben umgegangen werden? **Begründen Sie Ihre Meinung ausführlich.**

Sie haben insgesamt **75 Minuten** Zeit.

Sie brauchen die Wörter **nicht** zu zählen.

E 1 Lesen Sie das Prüfungsbeispiel 3 auf Seite 104. Alle Aufgaben in Teil E beziehen sich auf dieses Prüfungsbeispiel. Wenden Sie alles an, was Sie in den Teilen A–C gelernt haben. So üben Sie noch einmal, einen guten Prüfungstext zu schreiben.

HINWEIS ZU DIESEM TEIL

Im E-Teil finden Sie Hinweise und Aufgaben, mit denen Sie Ihren Text noch besser machen können. Wenn Sie diese Dinge können, wenden Sie sie in der Prüfung an. Wenn Sie unsicher sind, schreiben Sie so, wie Sie es in den Teilen A–C gelernt haben.

Eine Einleitung schreiben

E 2 Das Interesse begründen
Lesen Sie die beiden Ausschnitte aus Einleitungen. Welche finden Sie besser? Kreuzen Sie an und sprechen Sie in der Klasse darüber.

1 ☐ Ich habe mich schon immer sehr für das Thema „Mit Kritik umgehen" interessiert. Nun fand ich in einem Internetforum ...

2 ☐ Das Thema „Mit Kritik umgehen" interessiert mich, weil ich in meiner Ausbildung zur Bankkauffrau viele Dinge lernen muss, und da mache ich natürlich auch Fehler. Manchmal werde ich dafür unhöflich kritisiert. Ich frage mich, ob das in anderen Berufen auch so ist. Nun fand ich dazu in einem Internetforum ...

E 3 Den Beitrag ankündigen: Alle drei folgenden Arbeitsschritte ankündigen

TIPP

Sie müssen die Wiedergabe der Schüleräußerung ankündigen.
Es ist aber besser, wenn Sie gleich alle drei Arbeitsschritte ankündigen: die Wiedergabe, Ihre Erfahrungen und Ihre eigene Meinung.

a Ordnen Sie die folgenden Ausdrücke nach ihrer Reihenfolge.

zuerst • danach • zunächst • zum Schluss • dann • zuletzt • schließlich • erst

1. Schritt	2. Schritt	3. Schritt
______	______	______
______	______	______
______		______

b Ergänzen Sie passende Wörter aus a.

______ möchte ich die Meinungen des Schülers aus dem Internetforum wiedergeben.
______ berichte ich von meinen eigenen Erfahrungen mit diesem Thema.
______ sage ich meine persönliche Meinung zu dieser Frage.

c **Ergänzen Sie die folgende Tabelle mit den folgenden Ausdrücken und den Ausdrücken aus a.**

Beitrag Meinung	wiedergeben zusammenfassen

meine eigene / persönliche Meinung	begründen nennen

von meinen Erfahrungen von meiner Situation von meinen Erlebnissen	berichten erzählen

Was kommt wann?			Worum geht es?	Was wird gemacht?
1. Schritt	Zuerst	will ich		
2. Schritt		werde ich	*von meinen Erfahrungen*	
3. Schritt		möchte ich		*begründen.*

Erst möchte ich den Beitrag der Schülerin wiedergeben. Dann …

d **Schreiben Sie jetzt zwei oder drei eigene Ankündigungen mit allen drei Schritten. Sie können auch die folgenden Ausdrücke benutzen.**

wiedergeben • berichten • sagen • begründen • erzählen (von) • zusammenfassen • mitteilen • nennen • schreiben • erklären • (darüber) informieren • beschreiben

was der / die Schüler(in) dazu gesagt hat • was ich über das Thema denke • wie es bei mir ist • was ich davon halte • welche Erfahrungen ich (gemacht) habe • was der / die Schüler(in) geschrieben hat • welche Meinung ich dazu habe • was ich im Internetforum gelesen habe

E 4 **Verfassen Sie eine Einleitung zu einem Blogbeitrag.**

1. Entscheiden Sie über die Verwendung von thematischer Überschrift und Anrede.
2. Wecken Sie Aufmerksamkeit und begründen Sie Ihre Wahl des Themas.
3. Beziehen Sie die Quellenangabe passend mit ein.
4. Formulieren Sie die Fragestellung für Ihre Ausführungen.
5. Kündigen Sie Ihre weitere Vorgehensweise in der Überleitung an.

Eine Wiedergabe verfassen

E 5 **Bereiten Sie Ihre Wiedergabe des Beitrags vor.**

a **Notieren Sie zu den folgenden Fragen jeweils Stichworte.**

1 Was sollte Ihr Leser über die Verfasserin wissen?
2 Was sollte Ihr Leser über die Situation wissen?
3 Was sollte Ihr Leser über die Meinung der Verfasserin wissen?
4 Was sollte Ihr Leser über das Ziel bzw. den Appell der Verfasserin wissen?
5 Welche Motivation bzw. Gründe der Verfasserin werden Ihnen deutlich?

b **Sammeln Sie passende Ausdrücke, die Sie verwenden könnten. Schreiben Sie eventuell einige davon auf Konzeptpapier.**

c **Nehmen Sie eine Gliederung vor: Notieren Sie die geplante Abfolge Ihrer Stichworte.**

E 6 **Machen Sie sich noch einmal klar, wie Sie einen Text eigenständig wiedergeben können. Lesen Sie die Textwiedergaben A–E und kreuzen Sie an, was bei den Aussagen 1–5 zutrifft.**

> Mona:
> „Bei uns in der Praxis wird immer offen gesagt, was wir gut machen und was nicht. Unser Chef ist dabei immer höflich. Wir haben aber eine Lehrerin in der Berufsschule, die zu uns immer unfair ist. Dabei hätte sie selbst Kritik verdient!"

A Mona erzählt über den offenen Umgang mit Kritik in ihrer Praxis und dass ihr Chef freundlich ist, egal ob etwas gut oder schlecht war. Sie beklagt sich dagegen über eine Lehrerin in der Berufsschule, die nicht fair zu den Schülern ist, obwohl sie selbst kritisiert werden müsste.

B Mona sagt, dass ihnen in der Praxis immer offen gesagt wird, was sie gut machen und was nicht. Sie sagt auch, ihr Chef ist dabei immer höflich. Sie haben aber eine Lehrerin in der Berufsschule, die zu ihnen immer unfair ist. Dabei hätte, so Mona, sie selbst Kritik verdient!

C Mona sagt: „Bei uns in der Praxis wird immer offen gesagt, was wir gut machen und was nicht. Unser Chef ist dabei immer höflich. Wir haben aber eine Lehrerin in der Berufsschule, die zu uns immer unfair ist. Dabei hätte sie selbst Kritik verdient!"

D Bei ihnen in der Praxis wird immer offen gesagt, was sie gut machen und was nicht. Ihr Chef ist dabei immer höflich. Sie haben aber eine Lehrerin in der Berufsschule, die zu ihnen immer unfair ist. Dabei hätte sie selbst Kritik verdient!

E Mona berichtet, dass in ihrer Arztpraxis offen über die Dinge geredet wird, die sie gut oder schlecht machen. Ihr Chef ist dabei immer freundlich. In der Berufsschule, sagt Mona, ist das aber nicht so: Da gibt es eine unfaire Lehrerin, die man selbst kritisieren müsste.

	A	B	C	D	E
1 Hier stehen genau die Sätze, die Mona gesagt hat.	☐	☐	☐	☐	☐
2 Hier stehen genau die Sätze, die Mona gesagt hat. Nur die Person ist gewechselt worden.	☐	☐	☐	☐	☐
3 Hier stehen die Sätze, die Mona gesagt hat. Die Person ist gewechselt worden. Es wird an einer Stelle auch ausgedrückt, dass Mona all das gesagt hat.	☐	☐	☐	☐	☐
4 Hier stehen die Sätze, die Mona gesagt hat. Die Person ist gewechselt worden. Es wird jedes Mal klar, dass Mona die Sätze gesagt hat. Zum Teil verwendet der Schreiber eigene Wörter.	☐	☐	☐	☐	☐
5 Der Schreiber verwendet eigene Wörter, nicht nur die, die auch Mona gebraucht hat. Es wird deutlich, dass und in welcher Art und Weise Mona etwas gesagt hat.	☐	☐	☐	☐	☐

E 7 Formulieren Sie die Wiedergabe.

a Lesen Sie dazu die folgenden Hinweise. Wenn Sie nicht mehr wissen, was gemeint ist, schauen Sie in Aufgabe B 32 nach.

1 Schreiben Sie, wie jemand ist, statt was jemand tut oder umgekehrt.
2 Wechseln Sie die Wortart.
3 Bilden bzw. trennen Sie zusammengesetzte Nomen.
4 Ersetzen Sie Wörter durch Wörter mit in etwa gleicher Bedeutung (Synonyme).
5 Suchen bzw. ersetzen Sie einen Oberbegriff oder verwenden Sie eine andere passende Bezeichnung.
6 Vertauschen Sie Nomen mit Verb und umgekehrt.
7 Ersetzen Sie die Wörter durch ihre Definitionen oder umgekehrt.
8 Ersetzen Sie die Wörter, indem Sie ihr Gegenteil verneinen.
9 Ersetzen Sie die Aussagen durch solche, die logisch aus ihnen folgen.
10 Übernehmen Sie Fachwörter. Ersetzen Sie dabei aber möglichst viele der übrigen Wendungen.

b Beachten Sie auch die folgenden Änderungen (siehe Aufgabe B 33–35).

1 Wechseln Sie bei Ich-Aussagen von der ersten in die dritte Person.
2 Verbinden Sie Informationen mit Präpositionen.
3 Verbinden Sie Informationen mit Konjunktionen und bilden Sie gegebenenfalls Nebensätze.

c Setzen Sie geeignete Verben und Ausdrücke der Redewiedergabe bei Ich-Aussagen ein. Achten Sie darauf, dass sie zur Aussage passen.

Verben und Ausdrücke der Kommunikation auf dem Niveau B1:

(sich) fragen • (sich) sicher sein • behaupten • berichten • dafür / dagegen sein • denken • der Meinung sein • ergänzen • erklären • erzählen • feststellen • finden • glauben • meinen • mitteilen • sagen • schreiben • vermuten • wissen

weitere Verben und Ausdrücke:

annehmen • argumentieren • betonen • sehen (positiv, negativ)

E 8 Weitere sprachliche Mittel einsetzen

a Die Verben „hinzufügen" und „ergänzen" verwenden. Schreiben Sie wie im Beispiel.

1 Kirsten: „Sabine aus unserer Klasse sagt, man soll sich auf den Betrieb konzentrieren. Ich bin nicht so ganz sicher, ob sie damit recht hat."
2 Peter: „Ich habe vor, später mal eine eigene Firma zu gründen. Am liebsten mit einer Idee, auf die sonst niemand gekommen ist."
3 Valentina: „Ich weiß nicht genau, ob ich die Voraussetzungen für diese Tätigkeit mitbringe. Aber ich will es auf jeden Fall versuchen, weil es mir Spaß machen würde."

Beispiel:
Kirsten berichtet, dass Sabine aus ihrer Klasse der Meinung ist, man soll sich auf den Betrieb konzentrieren. Sie fügt aber auch hinzu, dass sie nicht so ganz sicher ist, ob sie damit recht hat.

b „Abkürzungen nehmen": Formulieren Sie mit einem der angegebenen Ausdrücke kürzer.

Beispiel für die Sätze 1–3:
Susanne: „Ich weiß nicht, ob ich ohne Kritik meine Fehler immer bemerke." →
Susanne sagt, dass sie nicht weiß, ob sie ohne Kritik ihre Fehler immer bemerkt.

Susanne ist sich nicht sicher, ob sie ohne Kritik ihre Fehler immer bemerkt. →
Susanne ist unsicher, ob sie ohne Kritik ihre Fehler immer bemerkt. /
Susanne zweifelt daran, dass sie ohne Kritik ihre Fehler immer bemerkt. /
Susanne zweifelt, ob sie ohne Kritik ihre Fehler immer bemerkt. /
Susanne bezweifelt, dass sie ohne Kritik ihre Fehler immer bemerkt. /
Susanne hat Zweifel daran, dass sie ohne Kritik ihre Fehler immer bemerkt.

1 Marie: „Ich glaube nicht, dass ich Lust hätte, so lange im Büro zu sitzen."
2 Jocelyn: „Ich frage mich, ob man sich für den Projekttag im Betrieb abmelden muss."
3 Christoph: „Ich bin nicht sicher, ob man in dem Beruf weiterkommt."

Beispiel für Satz 4:
Emilia: „Ich finde komisch, dass manche Schüler so wenig für die Berufsschule lernen."
Emilia sagt, dass sie es komisch findet, dass manche Schüler so wenig für die Berufsschule lernen. →
Emilia wundert sich, dass manche Schüler so wenig für die Berufsschule lernen.

4 Lara: „Ich kann nicht verstehen, warum meine Mitschüler lieber im Betrieb sind."

Beispiel für Satz 5:
Martin: „Ich würde mich sehr freuen, eine Wohnung in der Nähe der Firma zu finden."
Martin sagt, dass er sich freuen würde, eine Wohnung in der Nähe der Firma zu finden. →
Martin träumt davon, eine Wohnung in der Nähe der Firma zu finden.

5 Vera: „Für mich wäre es total super, nach der Ausbildung übernommen zu werden."

Die Sprecherperspektive bei der Wiedergabe beachten

E 9 **Bei der Wiedergabe sollten Sie die Perspektive des Sprechers beachten. Unterstreichen Sie im Originalsatz die Wörter, die eine Wertung oder ein Gefühl ausdrücken. Streichen Sie in den Wiedergaben diese Wörter durch wie bei Wiedergabe 1.**

1 Ich will doch nicht der Einzige in meinem Betrieb sein, der dauernd bei den Kollegen nachfragen muss, was die Gäste gesagt haben!
Wiedergabe 1:
… möchte vermeiden, ~~doch~~ als Einziger in seinem Betrieb dauernd bei den Kollegen nachfragen zu müssen, was die Gäste gesagt haben.

Wiedergabe 2:
… lehnt es (für sich) ab, doch als Einziger in seinem Betrieb dauernd bei den Kollegen nachzufragen, was …

2 „Man kann ja wohl erwarten, dass das Personal in einem Hotel Englisch spricht!"
Wiedergabe:
… findet, man muss davon ausgehen können, dass das Personal in einem Hotel ja wohl Englisch spricht.

TIPP
Ausdrücke, mit denen der Sprecher seine Gefühle ausdrückt (doch, ja, wohl, sowieso u. a.), sollten Sie **nicht direkt** wiedergeben. Sie können sie aber natürlich berücksichtigen.
Beispiel:
„Man kann ja wohl erwarten, dass die Politik etwas dafür tut, dass es auch auf dem Land genügend Ausbildungsplätze gibt!" →
Der Verfasser findet es eigentlich selbstverständlich, dass die Politik für genügend Ausbildungsplätze auf dem Land sorgt.

Den Appell als Ziel des Verfassers formulieren

E 10 Sie können den Appell auch als Ziel des Verfassers formulieren. Ergänzen Sie die Sätze.

davon überzeugen • abschließenden Appell • deutlich • dass er es für richtig hält

1 Der Verfasser macht in einem ______________________ noch einmal ______________________, dass er die Leser ______________________ möchte, dass die Bedingungen auf dem Arbeitsmarkt im Vergleich zur eigenen Persönlichkeit weniger wichtig sind und ______________________, wenn alle sich in erster Linie auf ihre Interessen konzentrieren.

zwar den Arbeitsmarkt beachten • vor allem nach eigenen Interessen wählen

2 Zum Schluss fordert der ...

Motivation und Gründe des Verfassers herausarbeiten

E 11 Sie können die Motivation und Gründe zu den Äußerungen eines Verfassers angeben. Ergänzen Sie die Sätze zu Motivation bzw. Gründen des Verfassers.

zu pessimistisch • schade / schadet nur • keine gute Perspektive

nicht gleich aufgeben • an sich glauben • sich keine Angst machen lassen • sich nicht entmutigen lassen

aufmuntern • ermutigen • Mut machen • Kraft geben • stärken • daran erinnern • dazu ermuntern

1 Mirko findet die Einstellung ... Deshalb ...
2 Mirko möchte seine(n) Mitschüler ... Aus diesem Grund ...
3 Mirko ...

Beispiel:
Mirko möchte sich durch die Einstellung in seiner Klasse keine Angst machen lassen. Er versucht lieber, den anderen Mut zu machen, indem er sie auffordert, ...

E 12 Formulieren Sie jetzt Ihre Wiedergabe aus. Beachten Sie Ihre Gliederung und auch, dass Ihr Text sich gut an Ihre Einleitung aus Aufgabe E 4 anschließt.

Einen Erfahrungsbericht schreiben

E 13 Sammeln Sie Aspekte für Ihren Erfahrungsbericht in Mindmaps. Berücksichtigen Sie dabei auch die folgenden Fragen (siehe Aufgabe B 41).

Was ich öfter mal mache: ...	Was ich schon erlebt habe: ...
Was mir andere erzählt haben: ...	In welcher Situation ich bin: ...

1 Habe ich genug eigene Erfahrungen zu dem Thema?
Wenn ja: Welche Erfahrungen habe ich:
- in der Schule?
- im Betrieb?
- bei Freunden?
Wenn nein: Kenne ich jemanden, der Erfahrungen mit dem Thema hat?

2 Ja, ich kenne jemanden: Welche Erfahrungen habe ich von anderen gehört?
Nein, ich kenne niemanden: Welche Erfahrungen könnte ich gemacht haben oder noch machen?

E 14 **Schreiben Sie einen Bericht über Ihre eigenen Erfahrungen zum Prüfungsbeispiel 3.**

1. Beginnen Sie mit einer thematischen Überleitung von der Wiedergabe zum Bericht. Schließen Sie dabei an die Wiedergabe an, die Sie in Aufgabe E 7 verfasst haben.
2. Verdeutlichen Sie, welche Erfahrungen Sie mit dem Thema gemacht haben.
3. Berücksichtigen Sie mehrere Aspekte und behandeln Sie sie ausführlich.
4. Verknüpfen Sie die einzelnen Aspekte bzw. Sätze gut miteinander.
5. Achten Sie auf sprachliche Korrektheit.
6. Verwenden Sie ein abwechslungsreiches Vokabular und komplexe Strukturen.

Die eigene Meinung sagen und begründen

Sich das Thema klarmachen – Eine These formulieren / Argumente sammeln

E 15 **Um welche Frage geht es beim Thema „Mit Kritik umgehen"? Kreuzen Sie an.**

A = Das ist genau die Frage.
B = Das ist ein Aspekt der Frage.
C = Das ist nicht die Frage.

		A	B	C
1	In welcher Form sollte Kritik im Arbeitsleben geäußert werden?	☐	☐	☐
2	Wie sollte man im Berufsleben mit Kritik umgehen – sowohl wenn man welche bekommt als auch wenn man Kritik äußern möchte?	☐	☐	☐
3	Sollte man sich im Freundeskreis auch kritisch die Meinung sagen können?	☐	☐	☐
4	Wie kann man aus konstruktiver Kritik im Beruf am besten etwas lernen?	☐	☐	☐

E 16 **Wenn Ihnen bereits klar ist, welche Ansicht Sie zum Thema vertreten, notieren Sie sie. Wenn nicht, sammeln Sie zuerst Argumente.**

Frage 3: „Wie sollte mit Kritik im Berufsleben umgegangen werden?"
Ihre Meinung: ______________________________

E 17 **Notieren Sie sich spontan mit Stichpunkten alle Argumente, die Ihnen zum Thema „Mit Kritik umgehen" einfallen.**

Sie können entweder bevorzugt Argumente für Ihre Position sammeln oder zunächst alle Argumente notieren, die Ihnen einfallen, sie dann gewichten und sich entscheiden. Schreiben Sie, wenn Sie bereits entschieden sind, aber auch Gegenargumente auf, die Sie später entkräften können.

E 18 Formulieren Sie Argumente mit den angegebenen Strategien (siehe Aufgabe B 54).

Beispiel:
sich direkt auf die Person beziehen und ihre Äußerung für die eigene Argumentation verwenden
Mona: „Aber man sollte immer merken, dass die Kritik gut gemeint ist!"

Im Beruf ist es immer wichtig, dass man seine Arbeit gut macht. In manchen Berufen, wie bei Mona in einer Arztpraxis, sieht man das besonders gut. Fehler können hier sogar gefährlich werden. Deshalb ist es wichtig, dass, wie Mona sagt, „die Kritik gut gemeint ist", damit man die kritisierte Person nicht völlig nervös macht und sie dann möglicherweise nur noch mehr Fehler macht.

1 *ein Argument nehmen und dann weiterführen*
Mona: „Ich finde, man muss berechtigte Kritik annehmen. Gerade beim Arzt ist es wichtig, dass man keine großen Fehler macht."

2 *die konkreten Erfahrungen der Person aufnehmen und daraus ein Argument machen*
Mona: „Bei uns in der Praxis wird immer offen gesagt, was wir gut machen und was nicht. Unser Chef ist dabei immer höflich."

3 *ein Argument „umdrehen"*
Mona: „Ich finde, man muss Kritik annehmen, wenn sie stimmt. Gerade beim Arzt ist es wichtig, dass man keine großen Fehler macht."

4 *sich direkt auf die Person beziehen und ihre Äußerung für die eigene Argumentation verwenden*
Mona: „Wir haben aber eine Lehrerin in der Berufsschule, die immer nur unfair zu uns ist. Dabei hätte sie selbst Kritik verdient!"

E 19 Wählen Sie selbst eine passende Strategie aus und formulieren Sie Argumente zu der folgenden Schüleräußerung:

Mona: „Man sollte immer merken, dass die Kritik gut gemeint ist!"

E 20 Suchen Sie systematisch Argumente nach den Kriterien, die Sie kennengelernt haben (siehe Aufgabe B 56).

Fragestellung:	Sollte man sich danach richten, wenn im Betrieb Kritik geäußert wird?
Pro:	„Man sollte sich nach dieser Kritik richten."
Kontra:	„Man sollte sich nicht unbedingt nach dieser Kritik richten, sondern seine Meinung vertreten."

Mona ist bei dieser Fragestellung weder pro noch kontra, sondern unterscheidet zwischen gut gemeinter und unfairer Kritik.

Beispiele:
Kriterium 4: Menschen, Kontakte, Freunde (pro):
Man findet viel leichter Freunde, wenn die anderen merken, dass man kritikfähig ist.

Kriterium 5: Sicherheit, Gefahren, Risiken (kontra):
Man sollte sich nicht immer kritisieren lassen. Denn dann besteht die Gefahr, dass die Kollegen das immer wieder tun.

Argumente ausarbeiten

E 21 **Formulieren Sie gute Begründungen zu den folgenden Meinungsäußerungen.**

1 Ich bin der Ansicht, man sollte jede Kritik an seiner Arbeit ernst nehmen. So kommt man beruflich schneller weiter, weil ...
2 Nach meiner Meinung muss man lernen, sich sprachlich seinen Kunden etwas anzupassen. Dann kommt man, auch wenn man sie kritisiert, besser mit ihnen zurecht, weil ...
3 Ich bin mir sicher, dass man sich durch Kritik nicht nervös machen lassen darf. Man zeigt dann nämlich mehr Selbstbewusstsein, da ...

E 22 **Argumente ausarbeiten**

Arbeiten Sie das Argument aus. Geben Sie Erläuterungen und finden Sie Beispiele.

Argument:
„Besser frühzeitig zum Beispiel von einem Lehrer Kritik bekommen, als später dann schlechte Noten."

Aussagen:
1 Wenn man nicht weiß, was man falsch macht, kann man sich auch nicht verbessern.
2 Es ist fairer, direkte Rückmeldungen zu geben. Dann kann man auch fragen, wie man es besser machen soll und sich helfen lassen.

Beispiele:
Schulfach als Beispiel nennen, in dem man nicht so erfolgreich war oder ist, und informieren, wie man Hilfe bekommt.
Typischen Fehler nennen, den man immer wieder macht (zum Beispiel zu spät mit dem Lernen anfangen) und zeigen, wie Kritik hier hilft.

Beispiel:
Man sollte von seinen Lehrern Kritik annehmen. Das hilft, schlechte Noten zu vermeiden. Wenn z. B. der Mathelehrer sagt, dass man eine bestimmte Sache noch nicht so gut kann, weiß man, was man üben muss. Dann kann man ihn nach Aufgaben fragen. Und wenn so etwas dann in der Klassenarbeit vorkommt, hat man bessere Chancen. ...

E 23 **Ausgearbeitete Argumente verknüpfen**

a **Verbinden Sie die genannten Argumente mit passenden Ausdrücken.**

meistens ist es • zudem können • vor allem ist • und zwar deshalb, weil • schließlich • schließlich

________________ gut, seine Meinung auch zu sagen, wenn man Kritik hat. Denn
________________ kann man damit erreichen, dass weniger Fehler passieren.
________________ andere nur etwas verbessern, von dem sie auch wissen.
________________ das auch für einen selbst gut. ________________ der Chef es bestimmt nicht gut findet, dass man eine gute Idee gehabt hat, aber sie für sich behält – das hilft
________________ niemandem.

b Verbinden Sie die folgenden Teile einer Argumentation mit Ihren sprachlichen Mitteln.

Ich finde, man sollte für gut gemeinte Kritik offen sein. – Das ist auch für die Arbeit besser. – Man macht die Arbeit nicht nur, man versteht auch, was man besser machen kann. – Wenn der Chef weiß, dass man sich verbessert, bekommt man vielleicht auch interessantere Aufgaben. – Man fühlt sich auch besser und bekommt mehr Selbstbewusstsein. – Man wird von Kollegen als offen empfunden und ernst genommen und ist zufriedener im Job. – Alle Argumente zeigen mir, dass man Kritik ernst nehmen sollte.

Beispiel:
Ich finde, man sollte für gut gemeinte Kritik offen sein. Denn eine solche Offenheit ist auch für die Arbeit besser. Das liegt daran, dass man die Arbeit nicht nur …

Weitere Wörter zur Verknüpfung:

deshalb • außerdem • erstens • dazu kommt • zweitens • zunächst (einmal) • weiterhin • weiter • daher • deswegen • denn • und • hier gilt • drittens

c Verknüpfen Sie die folgenden Argumente mit Überleitungen. Ergänzen Sie dazu die vorgegebenen Sätze an der passenden Stelle.

Kriterien:

Das wirkt sich dann auf die eigene Persönlichkeit aus. • Dafür spricht zunächst, dass einem dann auch die Arbeit im Betrieb leichter fällt.

Überleitungen und Abschluss:

Diese Argumente sprechen für mich dafür, gut gemeinte Kritik auch wirklich ernst zu nehmen. • Das hat auch Auswirkungen auf das Verhältnis zum Chef. • Bei diesem Aspekt kommt noch etwas hinzu:

Eigene Meinung	Ich finde, man sollte mit viel Offenheit an die Arbeit gehen.
Kriterium A	______
Argument A 1 Pro	Man tut nämlich nicht nur mechanisch, was einem gezeigt wird, sondern versteht auch, warum, weil man Hinweise dazu bekommen hat.
Verknüpfung	______
Argument A 2 Pro	Wenn der nämlich den Eindruck hat, dass man bereit ist, kritisch zu prüfen, was man tut, traut er einem mehr zu und überlässt einem schließlich auch verantwortungsvollere Aufgaben.
Kriterium B	______
Argument B 1 Pro	Man bekommt mehr Selbstbewusstsein, weil konstruktive Rückmeldungen immer die Einstellung zu den eigenen Fähigkeiten stärken.
Verknüpfung	______
Argument B 2 Pro	Wem mehr zugetraut wird, der wird auch von den Kollegen schneller ernst genommen. Und wer besser integriert ist, ist auch zufriedener in seinem Job.
Abschluss	______

E 24 **Verfassen Sie zu Thema 3 eine Argumentation und einen Schluss.**

Einen Schluss verfassen: einen Zirkel herstellen

E 25 **Einen „Zirkel" herstellen (Bezug zur thematischen Einleitung)**

a **Was haben die beiden Texte gemeinsam? Markieren Sie.**

Einleitung des Beitrags:
Liebe Leser des Berufsschulblogs! Einige meiner Mitschüler machen sich wegen der Kritik durch Lehrer, Chefs und Kollegen wirklich Sorgen. Deshalb habe ich mir auch über das Thema „Mit Kritik umgehen" Gedanken gemacht. In einem Internetforum habe ich dann noch eine interessante Meinung gefunden, die ich jetzt wiedergeben will. ...

Schluss des Beitrags:
... Zusammenfassend kann man also wohl sagen, dass die Kritik durch Vorgesetzte, Lehrer, Mitschüler und Kollegen eine Bedeutung für die eigene Arbeit und Entwicklung hat. Aus den Gründen, die ich genannt habe, möchte ich aber dafür werben, sich nur gut gemeinter Kritik wirklich zu öffnen. Vielleicht kann das ja auch einigen meiner Mitschüler helfen, die sich wegen der Kritik durch andere so vielleicht weniger Sorgen machen müssen.

TIPP
Eine gute Möglichkeit, einen Schluss zu gestalten, ist es, sich auf den Anfang des Beitrags zurückzubeziehen. Wählen Sie dazu eine besondere Aussage aus, die Sie dort gemacht haben, und sagen Sie etwas dazu. Auf diese Weise entsteht ein „Zirkel", und Ihr Text wird gut „abgerundet".

b **Lesen Sie die folgenden Einleitungen zu Beiträgen für den Berufsschulblog. Markieren Sie interessante Aussagen, die es sich lohnen würde, am Ende wieder aufzugreifen.**

1 Wenn man eine Ausbildung macht, kann man davon profitieren, dass andere einen auf Fehler hinweisen. Das geht aber natürlich nur, wenn man Kollegen hat, die einem auch offen die Meinung sagen. Dabei sollte man natürlich niemanden verletzen. Das ist manchmal gar nicht so einfach. Zu diesem Thema will ich gern ...

2 Wenn man sich die derzeitige Situation in den Betrieben anschaut, könnte man sich schon Sorgen machen. Die Konkurrenz unter den Mitarbeitern ist groß und einige Kollegen freuen sich heimlich, wenn ein Kollege etwas falsch macht. Viele wollen deshalb nichts mit Kritik zu tun haben, weil sie misstrauisch sind. Oder sie wollen anderen nicht helfen, weil sie glauben, das wird falsch verstanden. Dazu habe ich mir ein paar Gedanken gemacht, die ich hier gerne ...

3 Wer kennt das nicht? Man soll seine Arbeit schnell machen, perfekt und immer gut gelaunt – und natürlich, ohne Fehler dabei zu machen. Kann man überhaupt einen Mitarbeiter finden, der alles auf einmal kann, ohne dass er auch mal dazulernen muss? Das Thema „Mit Kritik umgehen" finde ich jedenfalls sehr wichtig. Dazu habe ich ...

4 Tja, so kann es einem gehen: Ich weiß wirklich schon ziemlich viel über meinen Job, habe ein bisschen Erfahrung und kann auch ganz gut mit Menschen umgehen. Und die Kunden sind zufrieden mit mir, das höre ich immer wieder mal. Und trotzdem kann ich es meinem Chef nicht recht machen. Dauernd kritisiert er mich. Darüber würde ich wirklich gerne einmal mit ihm reden. Bisher leider keine Chance. Das scheint nicht nur mir so zu gehen, denn neulich las ich in einem Internetforum ...

c **Verfassen Sie jetzt jeweils einen Schluss für den Eintrag im Berufsschulblog. Greifen Sie dabei die jeweilige Einleitung wieder auf, indem Sie auf die markierten Aussagen zurückkommen („Zirkel").**

1. Beginnen Sie mit einer thematisch formulierten Überleitung von dem Erfahrungsbericht, den Sie in Aufgabe E 14 geschrieben haben.
2. Beginnen Sie mit einer einleitenden These.
3. Ordnen Sie die Argumente sinnvoll an.
4. Arbeiten Sie alle Argumente aus, indem Sie Erklärungen geben und Beispiele anführen.
5. Fassen Sie Ihre Argumentation in einer abschließenden Formulierung zusammen.
6. Enden Sie mit einem Schlussteil, der in einem Zirkel auf die Einleitung zurückkommt, die Sie in Aufgabe E 4 verfasst haben.
7. Achten Sie auf alle Gesichtspunkte einer sprachlich richtigen und angemessenen Gestaltung.

E 26 **Lesen Sie nun noch einmal Ihren vollständigen Blogbeitrag.**

a **Markieren oder notieren Sie, was Sie gut gelöst haben, was fehlt und was Sie gerne noch verbessern möchten. Sie können hier auch gut zu zweit arbeiten.**

b **Überarbeiten Sie Ihren Beitrag.**

Teil F: Einen sehr guten Text schreiben (2)

Prüfungsbeispiel 4: Sprache und Sprachen im Beruf

Sprache und Sprachen im Beruf

In einem Internetforum lesen Sie folgenden Beitrag zum Thema „Sprache und Sprachen im Beruf“:

> Liebe Besucher im Forum,
>
> hier kommt meine Meinung. Ich bin der Peter, bin 18 Jahre alt und mache eine Ausbildung zum Hotelkaufmann.
>
> In unserem Beruf sind Sprachen wichtig. Du musst mit den Gästen gutes und vernünftiges Deutsch sprechen. Und Englisch ist Pflicht, am besten noch eine zweite Fremdsprache. In meinem Ausbildungsjahrgang können das fast alle. Wir haben schließlich Gäste aus der ganzen Welt.
>
> Mit Kunden kannst du nicht reden wie mit Freunden. Und du musst Fremdsprachen lernen. Nicht in allen Berufen gleich, aber Kunden aus anderen Ländern gibt´s immer mal. Denen musst du helfen können.
>
> Deshalb gebt euch Mühe mit der Sprache. Davon habt ihr auf jeden Fall was – beruflich und privat.
>
> Alles Gute, euer
>
> Peter

Sie möchten das Thema in den Schülerblog auf der Internetseite Ihrer Berufsschule bringen.
Schreiben Sie einen zusammenhängenden Beitrag für den Schülerblog.

Bearbeiten Sie in Ihrem Beitrag die folgenden drei Punkte:

- Geben Sie wichtige Aussagen aus dem Text des Internetforums **mit eigenen Worten** wieder.
- Wie sieht es mit dem Thema „Sprachen“ an Ihrer Schule und in Ihrem Beruf aus? **Berichten Sie ausführlich.**
- Wie wichtig sind Sprache und Fremdsprachen im Berufsleben? Welche Konsequenzen sollte man daraus ziehen? **Begründen Sie Ihre Meinung ausführlich.**

Sie haben insgesamt **75 Minuten** Zeit.

Sie brauchen die Wörter **nicht** zu zählen.

F 1 Lesen Sie das Prüfungsbeispiel 4 („Sprache und Sprachen im Beruf"). Alle folgenden Aufgaben in Teil F beziehen sich auf dieses Prüfungsbeispiel.
Gehen Sie vor wie in den vorausgegangenen Teilen. Die folgenden Aufgaben helfen Ihnen zusätzlich.

Eine Argumentation verfassen

F 2 Um welche Frage geht es bei Thema 4? Kreuzen Sie an.

A = Das ist genau die Frage.
B = Das ist ein Aspekt der Frage.
C = Das ist nicht die Frage.

	A	B	C
1 Welche Bedeutung haben Fremdsprachen und die eigene Sprache im Beruf und was sollte man dafür tun, hier gut zu sein?	☐	☐	☐
2 Wie könnte man seine Sprachfähigkeit allgemein verbessern?	☐	☐	☐
3 In welcher Form kann man Fremdsprachen für den Beruf gut lernen?	☐	☐	☐
4 Muss man für viele Jobs mit mehreren Sprachen aufgewachsen sein?	☐	☐	☐

F 3 Formulieren Sie eine These zu Thema 4.

Frage 4: Wie wichtig sind Sprache und Fremdsprachen im Berufsleben?
Welche Konsequenzen sollte man daraus ziehen?
Ihre Meinung: ____________________

F 4 Notieren Sie zunächst für sich allein möglichst viele Argumente. Tauschen Sie sich anschließend mit einem Partner / einer Partnerin aus. Zuletzt sammeln Sie alle Argumente an der Tafel. Unterteilen Sie jeweils nach pro und kontra.

F 5 Formulieren Sie Argumente mit den angegebenen Strategien (siehe Aufgabe B 54).

Beispiel:
die konkreten Erfahrungen der Person aufnehmen und daraus ein Argument machen
Peter: „Wir haben schließlich Gäste aus der ganzen Welt."

Hotels gibt es überall, wo Personen reisen – geschäftlich oder privat. Diese Reisen führen sie oft in andere Länder. Sie erwarten von dem Hotelpersonal, dass sie sich mit ihm sprachlich verständigen können. Geschäftsreisende brauchen oft schnelle Informationen und Urlauber wollen ihre Zeit genießen. Diese Wünsche muss man erfüllen. Dazu braucht man zumindest Grundkenntnisse in mehreren Sprachen.

1 *ein Argument nehmen und dann weiterführen*
Peter: „Mit Kunden kannst du nicht reden wie mit Freunden."
2 *die konkreten Erfahrungen der Person aufnehmen und daraus ein Argument machen*
Peter: „In meinem Ausbildungsjahrgang können das fast alle."
3 *ein Argument „umdrehen"*
Peter: „Nicht in allen Berufen gleich, aber Kunden aus anderen Ländern gibt´s immer mal."
4 *sich direkt auf die Person beziehen und ihre Äußerung für die eigene Argumentation verwenden*
Peter: „Du musst mit den Gästen gutes und vernünftiges Deutsch sprechen."

F 6 Wenden Sie eine geeignete Strategie zur Bearbeitung des folgenden Argumentes an:

Peter: „Deshalb gebt euch Mühe mit der Sprache. Davon habt ihr auf jeden Fall was – beruflich und privat."

F 7 **Suchen Sie systematisch Argumente nach den Kriterien, die Sie kennengelernt haben (siehe Aufgabe B 56).**

Fragestellung: Sollte man für den Beruf mindestens Englisch, besser aber noch mehr als eine Fremdsprache lernen?
Pro: „Man sollte mindestens Englisch, besser aber noch mehr als eine Fremdsprache lernen."
Kontra: „Man braucht nicht unbedingt Englisch oder sogar noch mehr als eine Fremdsprache zu lernen."
Peter vertritt also bei dieser Fragestellung die Pro-Position.

Beispiele:
Kriterium 6: Kosten, Gewinn (kontra):
Diese Lerngelegenheit bekommt man selten in der Schule und Sprachkurse sind für Azubis zu teuer.

Kriterium 7: Gesellschaft und Politik (kontra):
Die Gesellschaft braucht Leute, die ihren Job machen. Fremdsprachen sind eher Luxus.

F 8 **Arbeiten Sie das Argument aus. Geben Sie Erläuterungen und finden Sie Beispiele.**

Argument:
Fremdsprachen sind wichtig für die berufliche Qualifikation und lassen sich auch gut lernen.

Aussagen:	*Beispiele:*
1 Wenn man im Beruf jeden Tag eine Fremdsprache verwenden muss, lernt man sie schnell.	Ein Freund oder Geschwister arbeiten im Hotel, bei der Bahn, am Flughafen (...) und haben diese Erfahrung gemacht.
2 Man merkt sich die Ausdrücke und Sätze, die man in typischen Situationen in der Arbeit braucht, durch die tägliche Praxis wie von selbst.	Jeder kennt diesen Zusammenhang aus persönlicher Erfahrung, zum Beispiel im Urlaub (Vokabeln zum Beispiel auf dem Markt, im Restaurant ...).

Beispiel:
Manchmal hört man das Argument, dass es zu schwierig ist, in der Ausbildung noch eine Sprache zu lernen. Das hört sich richtig an, aber wenn man genauer darüber nachdenkt, ist das nicht so schwer. Man lernt eine Sprache schneller, wenn man sie im Berufsalltag verwendet. Besonders schnell lernt man die Ausdrücke und Sätze, die man in bestimmten Situationen im Beruf braucht. Wenn man zum Beispiel in einem Hotel arbeitet und oft Gäste auf Englisch bedient, kann man die Fragen und Antworten dafür bald auswendig. Meine Cousine arbeitet am Flughafen und sie sagt, sie muss schon gar nicht mehr darüber nachdenken, was sie sagen soll, wenn ein Fluggast auf Englisch etwas sagt. Das kennen wir doch alle: Wenn wir im Ausland im Urlaub sind, kennen wir das Wort für unser Lieblingsgetränk schnell auswendig.

F 9 **Verfassen Sie einen vollständigen Blogbeitrag zum Prüfungsbeispiel 4 nach dem Arbeitsplan auf Seite 8.**

Teil G Zum Abschluss: einen Text eigenständig schreiben

Verfassen Sie einen Beitrag zum Prüfungsbeispiel 5 („Karriere und Privatleben"). Schreiben Sie wie in der Prüfung ohne Hilfsmittel außer einem Wörterbuch. Viel Erfolg!

Prüfungsbeispiel 5: Karriere und Privatleben

Karriere und Privatleben

In einem Internetforum lesen Sie folgenden Beitrag zum Thema „Karriere und Privatleben":

> Liebe Forumsleser,
>
> mein Name ist Cordula und ich bin 17. Ich lerne Bürokauffrau und gehe auf ein kaufmännisches Berufskolleg.
>
> In unserer Klasse wollen alle später berufstätig sein, aber Karriere ist den meisten nicht so wichtig. Familie, Freunde und Hobbys gehen vor. Sie sagen immer: Wir wollen arbeiten, um zu leben, aber nicht leben, um zu arbeiten.
>
> Da bin ich schon ehrgeiziger: Ich will es in meinem Beruf zu was bringen und weiterkommen. Wenn ich etwas mache, dann richtig – dann will ich auch wirklich gut sein. Nicht vor allem wegen des Geldes, sondern um Erfolg zu haben.
>
> Versucht, im Job das Beste zu erreichen! Zeit, das Leben zu genießen, bleibt immer noch.
>
> Eure Cordula

Sie möchten das Thema in den Schülerblog auf der Internetseite Ihrer Berufsschule bringen.
Schreiben Sie einen zusammenhängenden Beitrag für den Schülerblog.

Bearbeiten Sie in Ihrem Beitrag die folgenden drei Punkte:

- Geben Sie wichtige Aussagen aus dem Text des Internetforums **mit eigenen Worten** wieder.
- Wie sieht es mit dem Thema „Karriere und Privatleben" in Ihrer Umgebung aus? **Berichten Sie ausführlich.**
- Wie wichtig sind Ihnen Karriere bzw. Privatleben? **Begründen Sie Ihre Meinung ausführlich.**

Sie haben insgesamt **75 Minuten** Zeit.

Sie brauchen die Wörter **nicht** zu zählen.

Prüfungsteil Leseverstehen (LV)

Überblick und Anforderungen

Der Prüfungsteil Leseverstehen hat fünf Teile. Sie müssen fünf Texte lesen und Aufgaben dazu lösen. Dafür haben Sie insgesamt 60 Minuten Zeit. Am Ende müssen Sie Ihre Lösungen auf ein Antwortblatt (siehe Seite 146–147) schreiben. Dafür haben Sie 10 Minuten Zeit. Sie dürfen kein Wörterbuch und kein Handy verwenden.

Themen der Lesetexte

Die Themen der Lesetexte kommen aus den Bereichen Beruf und Ausbildung, zum Beispiel berufliche Schule, Beruf, Berufswahl und Praktikum.

TIPPS

1. Lesen Sie die Aufgaben und den Text auf den jeweiligen Aufgabenblättern zuerst gut durch.
2. Achten Sie nicht auf unbekannte Wörter, sondern lesen Sie weiter. Sie müssen nicht alle Wörter verstehen.
3. Lesen Sie den Text noch einmal und lösen Sie dabei die Aufgaben.
4. Achten Sie genau auf die Aussagen im Text. Auch wenn Sie etwas über ein Thema wissen: Im Text kann etwas anderes richtig sein.
5. Wenn Sie keine Lösung für eine Aufgabe finden, machen Sie die nächste Aufgabe. Wenn Sie am Ende Zeit haben, schauen Sie sich diese Aufgabe noch einmal an. Vielleicht finden Sie jetzt die Lösung.
6. Notieren Sie immer eine Lösung, auch wenn Sie nicht ganz sicher sind. Wenn Sie etwas notieren, ist es vielleicht richtig, und Sie bekommen einen Punkt.
7. Schreiben Sie Ihre Lösungen immer erst auf die Aufgabenblätter. In der Prüfung müssen Sie die Lösungen auf ein Antwortblatt schreiben. Arbeiten Sie hier sehr genau! (Machen Sie dazu die Aufgaben auf Seite 145.)

LV Teil 1: Lückentext mit Auswahlmöglichkeiten

Worum geht es? Sie bekommen eine E-Mail oder einen Brief mit vier Lücken und eine Wortliste mit acht Wörtern. Sie müssen Wörter auswählen: Vier Wörter passen in die Lücken, vier passen nicht. Es gibt ein Beispiel.
Danach müssen Sie das Thema erkennen: Was passt am besten in die „Betreffzeile"? Sie müssen aus drei Möglichkeiten die richtige Betreffzeile auswählen.

Wie ist der Text? Der Text (E-Mail oder Brief) ist ca. 100–130 Wörter lang. Es ist ein „halb-offizielles" Schreiben und enthält sachliche Informationen.
Typische Schreibanlässe sind:

- Eine Firma oder ein Händler macht Werbung oder ein Angebot, beantwortet eine Anfrage, schreibt eine Mahnung etc.
- Ein Kunde bestellt etwas oder schreibt eine Anfrage oder Beschwerde.
- Schüler, Studenten oder Arbeitnehmer schreiben eine Bewerbung an eine Firma oder fragen nach Informationen.
- Eine Firma / Schule / Universität schreibt eine Einladung für ein Vorstellungsgespräch oder eine Zusage / Absage.

Was muss ich tun? Schauen Sie sich zuerst die Wortliste mit den acht Wörtern an und lesen Sie das Beispiel. Lesen Sie dann den Text. Achten Sie auf den Inhalt und wählen Sie ein Wort für jede Lücke aus. Vier Wörter bleiben übrig.
Schauen Sie sich dann auf dem Aufgabenblatt Aufgabe 5 an.
Hier müssen Sie die passendste Betreffzeile auswählen.
Die Betreffzeile steht immer über einer E-Mail und enthält das Thema oder die Überschrift.

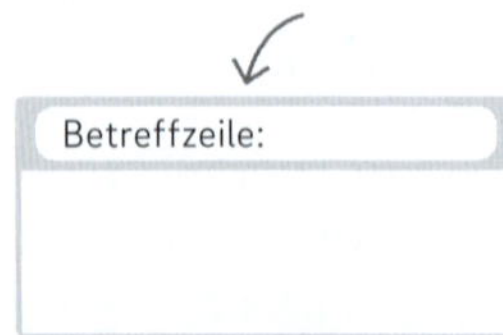

Wenn Sie Zeit haben, lesen Sie sich den Text noch einmal kurz durch. Achten Sie auf die Hauptaussage (zentrale Aussage des Textes).

LV Teil 2: Zuordnung von Aussagen zu Kurztexten

Worum geht es? Sie bekommen vier Aussagen und acht kurze Texte.
Sie müssen den richtigen Text zu jeder Aussage finden. Es passt nur ein Text zu einer Aussage: Vier Texte passen deshalb nicht und bleiben übrig. Es gibt ein Beispiel.

Wie ist der Text? Die Aussagen sind ein bis zwei Sätze lang, die Texte haben 25–40 Wörter.
Es sind kurze Auszüge aus Praktikumsberichten oder Ausbildungszeugnissen.

Was muss ich tun? Lesen Sie zuerst die vier Aussagen.
Lesen Sie dann die acht Texte.
Achten Sie auf das Beispiel. Entscheiden Sie dann: Welcher Text passt zu welcher Aussage. Vier Texte bleiben übrig.

LV Teil 3: Sachtext mit Ja-Nein-Aufgaben (richtig – falsch)

Worum geht es? Sie bekommen einen Sachtext und fünf Aussagen. Sie müssen ankreuzen, ob die Aussagen richtig oder falsch sind. Es gibt kein Beispiel.

Wie ist der Text? Der Text ist ein Sachtext mit Anleitungen, Hinweisen oder Vorschriften.
Er ist 200–220 Wörter lang. Beispiele:

- Schulordnung oder Hausordnung,
- Gebrauchsanleitung,
- Arbeitsanweisungen,
- Sicherheitshinweise oder Hinweise zur Prävention von Unfällen,
- Ratgeber.

Was muss ich tun? Lesen Sie sich die fünf Aussagen durch. Lesen Sie dann den Text und kreuzen Sie „richtig" oder „falsch" an. Achten Sie darauf: Es ist nur wichtig, was im Text steht. Achten Sie also nicht darauf, was Sie sonst noch über das Thema wissen oder denken.

LV Teil 4: Dreifachwahlaufgaben („Multiple Choice") zu einem informierenden Text

Worum geht es? Sie bekommen einen Sachtext und sechs Aufgaben dazu. Es sind „Dreifachwahlaufgaben": Sie müssen aus drei Möglichkeiten die richtige ankreuzen. Der Satz muss den Inhalt des Textes richtig wiedergeben. Es gibt kein Beispiel.

Wie ist der Text? In dem Text berichtet jemand sachlich über ein Thema. Er ist ca. 360 Wörter lang. Er stammt aus einer Zeitung, einer Zeitschrift, aus dem Internet oder ist ein Rundschreiben in einer Firma. Es kann auch ein einfacher Fachtext sein. Beispiele:
- Wie läuft ein typischer Arbeitstag ab?
- Was gehört zu einem Beruf?
- Was lernt man in einer Ausbildung?

Was muss ich tun? Lesen Sie sich die Aufgaben mit den drei Wahlmöglichkeiten gut durch. Lesen Sie dann den Text aufmerksam durch. Der Text hat sechs Abschnitte und es gibt sechs Aufgaben. Lesen Sie den ersten Abschnitt und die erste Aufgabe. Entscheiden Sie dann: Was ist richtig? A, B oder C? Lesen Sie dann den zweiten Abschnitt und die zweite Aufgabe, dann den dritten Abschnitt usw.

LV Teil 5: Zuordnung von Aussagen zu Kurztexten

Worum geht es? Sie bekommen vier kurze Texte und acht Aussagen oder Überschriften. Sie müssen die passende Aussage zu jedem Text finden. Es passt nur eine Aussage zu einem Text. Vier Aussagen bleiben übrig. Es gibt ein Beispiel.

Wie ist der Text? Die Kurztexte informieren über bestimmte Gruppen von Berufen. Jeder Text ist 60–80 Wörter lang. Beispiele:
- die Beschreibung eines Berufs,
- Anzeigen im Zusammenhang mit der Ausbildung,
- Ausschreibungen für Stellen.

Was muss ich tun? Lesen Sie die Überschriften und danach die Texte. Entscheiden Sie dann bei jedem Text: Welche Überschrift passt zu diesem Text?

Leseverstehen Teil 1, Vorübungen: Wie finde ich das richtige Wort?

Auswahl nach der Form

> **TIPP**
> Achten Sie dabei auf Signalwörter für die Wortarten, zum Beispiel Artikel *die, ein, das* vor der Lücke: Nomen (*ein Angebot*)

1 Markieren Sie die Signalwörter. Achten Sie auf die richtige Wortart, zum Beispiel Verb oder Nomen. Was passt? Kreuzen Sie an.

a Daher würden wir Ihnen gerne ein ☐ anbieten ☐ Angebot machen.
b Wir möchten deswegen nun gerne ☐ anfragen. ☐ Anfrage.

2 Markieren Sie wie in Aufgabe 1. Achten Sie auf die richtige Form, zum Beispiel Infinitiv oder Partizip II. Was passt? Kreuzen Sie an.

a Wir haben die Ware im Katalog ☐ suchen. ☐ gesucht.
b Wir können das Gerät für Sie ☐ bestellen. ☐ bestellt.

3 Markieren Sie wie in Aufgabe 1. Achten Sie auf die richtige Konstruktion, zum Beispiel *auf etwas antworten / etwas beantworten*. Was passt? Kreuzen Sie an.

a Sie können dies gerne mit einem Berater ☐ besprechen. ☐ sprechen.
b Sie können darüber gerne mit einem Berater ☐ besprechen. ☐ sprechen.
c Sie können gerne einen Mitarbeiter ☐ telefonieren. ☐ anrufen.
d Sie können gerne mit einem Mitarbeiter ☐ telefonieren. ☐ anrufen.

Auswahl nach der Bedeutung

> **TIPP**
> Achten Sie auch auf die Bedeutung: Was für ein Schreiben ist es und was möchte die Person, die den Text geschrieben hat?

4 Kreuzen Sie das Wort an, das zur Bedeutung des Schreibens passt.

a Angebot einer Firma, die etwas verkauft
1 Gerne können wir die Ware zeitnah ☐ liefern. ☐ abholen.
2 Bitte entnehmen Sie der Anlage unsere ☐ Bestellung. ☐ Rechnung.

b Bewerbung um eine Stelle
1 Dies entnehmen Sie bitte auch meinem beigefügten ☐ Zeugnis. ☐ Angebot.
2 Gerne würde ich mich Ihnen auch persönlich ☐ anbieten. ☐ vorstellen.

c Beschwerde (Reklamation)
1 Daher reparieren Sie das Gerät bitte auf ☐ meine ☐ Ihre Kosten.
2 Diesen Vorgang finde ich wirklich ☐ ärgerlich ☐ schön.

5 Schauen Sie die Informationen in den Sätzen an und kreuzen Sie das richtige Wort an.

a Wir liefern innerhalb von drei ☐ Stück. ☐ Tagen.
b Die Geräte sind in Kartons zu jeweils zehn ☐ Stück ☐ Tagen verpackt.
c Das Gerät ist in verschiedenen ☐ Monaten ☐ Farben lieferbar.
d Die Lieferzeit beträgt ca. zwei ☐ Wochen. ☐ Formen.
e Dieses Angebot ☐ gilt ☐ bedeutet bis Ende des Monats.
f Wir bitten Sie, den fälligen Betrag umgehend zu ☐ behalten. ☐ überweisen.
g Das Gerät funktioniert leider nicht ☐ immer ☐ niemals richtig.
h Die Maschine funktioniert nicht so, wie sie ☐ möchte. ☐ soll.
i Für diese Qualität ist der ☐ Rabatt ☐ Preis viel zu hoch!
j Deshalb bin ich für diese Stelle ☐ kaum ☐ besonders geeignet.

LV 1, Übung 1

Sie finden unten einen kurzen Lesetext. Der Text hat vier Lücken (Aufgaben 1–4). Setzen Sie aus der Wortliste (A–H) das richtige Wort in jede Lücke ein. Einige Wörter bleiben übrig.

Wortliste

~~(Z) Ihre~~	(A) Lieferung	(B) zeigt	(C) reinigt	(D) Ware	(E) versteht
(F) Menge	(G) Reparatur	(H) verkauft			

Sehr geehrte Damen und Herren,

vielen Dank für **(0)** ___Z___ Anfrage bezüglich eines Kaffeevollautomaten für Ihr Büro. Gerne senden wir Ihnen hiermit unseren Prospekt zu.

Die Wahl des Gerätes hängt ab von der **(1)** ______ der Tassen, die Sie am Tag benötigen. Nach Ihren Angaben empfehlen wir Ihnen das Modell K-Jet 500. Es **(2)** ______ sich vollautomatisch und ist leicht zu warten. Zubereitet werden können damit neben Kaffee auch Espresso, Latte macchiato und Cappuccino.

Die **(3)** ______ an Ihre Firma erfolgt kostenlos.

Unser Mitarbeiter **(4)** ______ Ihnen gerne vor Ort die Funktionen des Gerätes. Preis und Lieferzeiten entnehmen Sie bitte dem beiliegenden Angebot. Wir bedanken uns für Ihr Interesse.

Mit freundlichen Grüßen

Müller

Vertriebsleiter

Achtung!

Wählen Sie jetzt noch eine passende Überschrift zum Text aus!

Aufgabe 5: Welcher Betreff passt am besten zum Text? Kreuzen Sie an.

A ☐ Angebotsanfrage
B ☐ Produktempfehlung
C ☐ Kaufvertrag

LV 1, Übung 2

Sie finden unten einen kurzen Lesetext. Der Text hat vier Lücken (Aufgaben 1–4). Setzen Sie aus der Wortliste (A–H) das richtige Wort in jede Lücke ein. Einige Wörter bleiben übrig.

Wortliste

~~(Z) Name~~	(A) bekannt	(B) beraten	(C) suchen	(D) nett	(E) arbeiten
(F) zuverlässig	(G) lesen	(H) interessiert			

Sehr geehrter Herr Richter,

mein (0) _Z_ ist Maike Schmidt. Ich besuche die 11. Klasse des Kant-Gymnasiums und möchte mich in Ihrer Buchbinderei für einen Praktikumsplatz bewerben.

Ich bin vielseitig **(1)** ______, habe gute Noten und bin handwerklich begabt. Ich lese gerne und interessiere mich für Bücher. Deshalb würde ich gerne in Ihrem Betrieb **(2)** ______. Ich finde es spannend, alte Bücher neu zu binden. Zudem gefällt es mir, Kunden dabei zu **(3)** ______, die richtige Lösung für ihre Wünsche zu finden. Eine Freundin hat letztes Jahr bei Ihnen ein Praktikum gemacht. Die Kolleginnen und Kollegen waren sehr **(4)** ______, und meine Freundin hat mir Ihre Firma empfohlen.

Über die Einladung zu einem Vorstellungsgespräch würde ich mich freuen.

Mit freundlichen Grüßen

Maike Schmidt

Achtung!

Wählen Sie jetzt noch eine passende Überschrift zum Text aus!

Aufgabe 5: Welcher Betreff passt am besten zum Text? Kreuzen Sie an.

A ☐ Angebot
B ☐ Bewerbung
C ☐ Anfrage

Leseverstehen Teil 2, Vorübungen

Welche Aussage passt am besten? Kreuzen Sie an und begründen Sie, warum die andere Aussage falsch ist wie in den Beispielen.

1 Was hat die Person genau getan? / Was konnte die Person?

a Die Person hat Ware ausgeliefert.
1 ☐ Wenn neue Ware kam, habe ich sie immer direkt vom Lkw ins Lager gebracht.
2 ☒ Natürlich musste ich die Waren bei jedem Wetter zu unseren Kunden bringen.
1 ist falsch: Eine andere Person hat die Ware ausgeliefert.

b Die Person hat auf Fragen von Kunden geantwortet.
1 ☐ Wenn ein Angebot kam, durfte ich sogar eine Empfehlung schreiben.
2 ☐ Ich durfte sogar antworten, wenn Firmen etwas wissen wollten.

c Die Person konnte die Artikel unterscheiden.
1 ☐ Ich habe gelernt, wie die Teile heißen, die wir verkaufen.
2 ☐ Ich wusste schnell, welches Material wir wofür brauchten.

2 Wie ist die Person bei der Arbeit?

a Die Person war sehr interessiert.
1 ☐ Ich habe immer offen meine Meinung gesagt.
2 ☒ Ich habe immer gefragt, wenn ich etwas nicht wusste.
1 ist falsch: „Die Meinung offen sagen" passt nicht zu „interessiert sein".

b Die Person hat ihre Arbeit gründlich erledigt.
1 ☐ Die Bearbeitung seiner Aufträge war stets perfekt.
2 ☐ Er hat seine Aufgaben stets in kurzer Zeit erledigen können.

c Die Person hat gerne draußen gearbeitet.
1 ☐ Ich habe mich damit abgefunden, dass wir oft draußen gearbeitet haben.
2 ☐ Ich fand es gut, dass wir viel draußen arbeiten mussten.

3 Wann geschieht etwas?

a Die Person war immer ansprechbar.
1 ☐ Man konnte sich immer wieder mal an sie wenden.
2 ☒ Sie ließ nie eine Frage unbeantwortet.
1 ist falsch: Die Person kann man nur ab und zu („immer wieder mal") ansprechen.

b Die Person kam früh zur Arbeit.
1 ☐ Er war vor allen anderen im Laden.
2 ☐ Er war jeden Tag pünktlich.

c Die Person war jeden Morgen gut vorbereitet.
1 ☐ Vor dem Praktikum habe ich mir alles genau durchgelesen.
2 ☐ Jeden Abend habe ich mir die kommenden Aufträge angeschaut.

4 Wer macht oder kann etwas?

a Die Person wurde von den Kunden geschätzt.
1 ☒ Wer bei uns einkauft, hat sie als nette und fähige Mitarbeiterin kennengelernt.
2 ☐ Wer bei uns arbeitet, hat sie als nette und fähige Mitarbeiterin kennengelernt.
2 ist falsch: Die Personen, die „bei uns arbeiten", sind Mitarbeiter, aber keine Kunden.

b Die Person konnte gute Tipps geben.
1 ☐ Man hat immer auf ihre Tipps gehört.
2 ☐ Tipps hat sie stets beachtet.

c Die Person hat Kunden beraten.
1 ☐ Ich durfte bei Kundengesprächen zuhören.
2 ☐ Bei der Beratung habe ich den Kunden gut zugehört.

5 Welchen anderen Personen gegenüber ist das so?

a Die Person war kollegial.
1 ☐ Sie hatte ein gutes Verhältnis zu Kunden.
2 ☒ Sie kam gut mit den Mitarbeitern aus.
1 ist falsch: „Kollegial sein" passt zu Kollegen / Mitarbeitern, nicht zu Kunden.

b Die Person war für den Betrieb nützlich.
1 ☐ Natürlich habe ich mich in der Firma nützlich gemacht.
2 ☐ Die Erfahrungen im Betrieb waren wirklich nützlich.

c Die Person beachtete immer die Wünsche der Gäste.
1 ☐ Ich habe immer gut zugehört, wenn ich Anweisungen bekommen habe.
2 ☐ Ich habe immer geschaut, dass man sich in unserer Pension wohlfühlen kann.

6 War das tatsächlich so oder nicht?

a Die Person hat Überstunden gemacht.
1 ☐ Wenn ich diesen Beruf ausübe, muss ich mit Überstunden rechnen.
2 ☒ Ich hätte pünktlich gehen können, aber ich fand es so spannend!
1 ist falsch: Die Person arbeitet noch nicht in dem Beruf.

b Die Person durfte Behandlungen vornehmen.
1 ☐ Man hätte ihr durchaus kleinere Behandlungen überlassen können.
2 ☐ Ich hätte nicht gedacht, dass ich Behandlungen machen dürfte.

c Die Person hatte bereits viele Erfahrungen.
1 ☐ Viele Erfahrungen sind sicher nützlich für meine berufliche Zukunft.
2 ☐ Meine vielen Erfahrungen waren sehr nützlich für das Praktikum.

LV 2, Übung 1

Praktikumsberichte

Hier finden Sie acht kurze Abschnitte aus Praktikumsberichten.
Lesen Sie die Aufgaben (6–9) und die Abschnitte aus den Berichten (A–H).
Welcher Abschnitt passt zu welcher Aufgabe?
Schreiben Sie den richtigen Buchstaben (A–H) in die rechte Spalte.
Sie können jeden Buchstaben nur einmal wählen. Vier Buchstaben bleiben übrig.

Aufgaben 6–9

0	Die Person durfte die Qualität der Ware prüfen.	Z
6	Die Person hat geholfen, Arbeitsmittel zu holen.	
7	Die Person wurde von Kunden nach Artikeln gefragt.	
8	Die Person hat gelernt, Waren zu unterscheiden.	
9	Die Person musste sehr früh auf der Arbeit sein.	

Berichte A–H

Z	In einer Eisdiele zu arbeiten, ist stressig. Das Beste war aber immer die Zeit, kurz bevor wir geöffnet haben. Dann durfte ich prüfen, ob das Eis auch wirklich gut war. Ich glaube, das hat der Chef nur für mich gemacht ...
A	Der Laden öffnet um sechs Uhr morgens, dann fragen schon Kunden nach Ware. Meine Kollegen fangen deshalb schon sehr früh an. Wenn ich kam, hatten sie schon viel verkauft, und ich musste gleich den Ofen mit Brot und Brötchen neu füllen.
B	Wenn der Chef morgens früh neue Blumen aus dem Großmarkt gebracht hat, wurde die Ware eingeräumt. Das war mein Job. Jetzt kenne ich die verschiedenen Arten von Blumen ganz genau. Jeder Kunde könnte mich nach denen fragen.
C	Meistens habe ich Akten herausgesucht. Wenn Klienten warten mussten, habe ich aber auch mal Kaffee für sie geholt und mich ein bisschen unterhalten. Man lernt dabei ganz gut, die verschiedenen Menschen zu unterscheiden!
D	Ärgerlich war immer, wenn wir nicht weiterkamen, weil etwas fehlte, zum Beispiel Werkzeug oder Farbe. Dann mussten wir nochmal in die Firma zurückfahren, und ich habe mittragen müssen. Wenn das früh passiert, okay. Aber wenn man denkt, eigentlich ist man gleich fertig ...
E	Im Reisebüro habe ich immer vom Urlaub geträumt! Ich habe sehr früh gelernt, Kundentypen zu unterscheiden. Ich habe Poster für neue Angebote aufgestellt, aber auch Beratungsgespräche geführt. Wenn Kunden gefragt haben, wo ich gerne hinwürde, hab ich wieder geträumt ...
F	Beim Spielen sollten die Kinder immer auch etwas lernen. Im Spielezoo sollten sie Tiere unterscheiden oder im Kaufladen als Kunden nach Artikeln fragen. Wenn sie wollten, durften sie sich auch neue Spiele holen. Mir hat das Spaß gemacht!
G	Im Baumarkt habe ich immer Ware eingeräumt, von früh bis spät. So viel war da los. Bald kannte ich alle Regale und wusste, wo alle Artikel sind. Wenn Kunden etwas gesucht haben, konnte ich ihnen immer sagen, wo man es findet.
H	Die Patienten fragten mich oft: „Warum dürfen wir nicht länger schlafen?" Aber so ist der tägliche Ablauf: Um sechs Uhr musste ich die Patienten wecken. Auf Dauer wären diese Arbeitszeiten auch nichts für mich. Putzen, Essen austeilen oder mal etwas holen, das habe ich aber gerne gemacht.

LV 2, Übung 2

Hier finden Sie acht kurze Abschnitte aus Praktikumszeugnissen.
Lesen Sie die Aufgaben (6–9) und die Abschnitte aus den Berichten (A–H).
Welcher Abschnitt passt zu welcher Aufgabe?
Schreiben Sie den richtigen Buchstaben (A–H) in die rechte Spalte.
Sie können jeden Buchstaben nur einmal wählen. Vier Buchstaben bleiben übrig.

Ausbildungsberichte

Aufgaben 6–9

0	Die Person wurde von einem anderen Betrieb empfohlen.	Z
6	Die Person war sehr freundlich im Umgang mit Kunden.	
7	Die Person hat selbst gesehen, wo es Arbeit gab.	
8	Die Person war offen für Hinweise der Kollegen.	
9	Die Person hat sich besonders gut auf das Praktikum vorbereitet.	

Berichte A–H

Z	Sie hat sich handwerklich sehr geschickt angestellt und schnell hinzugelernt. Wir können daher die positive Einschätzung ihrer früheren Praktikumsstelle, von der sie uns vermittelt wurde, nur bestätigen und würden uns freuen, ihr bei Interesse auch eine Ausbildungsstelle anbieten zu können.
A	Sie bewies ein gutes Auge für Mode und konnte so in der Kundenberatung eingesetzt werden. Unsere Kunden haben immer wieder gesagt, dass sie eine angenehme und nette Art hat. Sie ist insofern durch das Praktikum gut auf eine Tätigkeit im Einzelhandel vorbereitet.
B	Er war jederzeit sehr offen, wenn Vorgesetzte ihm Hinweise zu seiner Arbeit gegeben haben. Er ist im Umgang mit der Kundschaft unserer Bank stets korrekt aufgetreten. Das Praktikum hat ihn auf eine Tätigkeit im Finanzsektor gut vorbereitet.
C	Da Autos sein Hobby sind, hatte er umfangreiche Kenntnisse und konnte in der Werkstatt selbstständig Arbeiten übernehmen, die man ihm gab. Er fand dabei selbstständig Lösungen, aber er hörte auch auf die Tipps der anderen Mitarbeiter.
D	Sie war jederzeit umsichtig und liebevoll im Umgang mit den Tieren. Gegenüber Hinweisen der Besucher war sie sehr offen, was zum Service unseres Unternehmens gehört. Wo es Arbeit gab, hat sie fleißig geholfen. Das Praktikum hat sie besonders gut abgeleistet.
E	Er war jederzeit freundlich und bei allen gerne gesehen. Die Kollegen gaben daher am Ende den Hinweis, dass man ihn auch im Umgang mit Kunden einsetzen könnte. Er ist jetzt für ein Praktikum im Außendienst gut vorbereitet.
F	Durch einen Kurs in Business-Englisch vor ihrem Praktikum war sie im Umgang mit dem internationalen Publikum auf der Messe sehr souverän. Sie beobachtete gut und konnte den Kollegen gute Hinweise geben.
G	Sie hat im Laufe ihres Praktikums selbst gesehen, wie viel Arbeit es in der Pflege gibt. Sie ist kontaktfreudig und war offen zu Bewohnern und Besuchern. Durch Recherchen und Nachfragen hat sie ihr Praktikum zudem sehr gut nachbereitet.
H	Auch in stressigen Situationen blieb er ruhig, da er seine Aufgaben frühzeitig vorbereitet hatte. Er ging auf die Wünsche der Hotelgäste ein und handelte sehr selbstständig, sodass ihm die Kollegen nicht sagen mussten, wo etwas zu tun war.

Leseverstehen Teil 3, Vorübung

TIPP

Prüfen Sie immer:
- Ist die Aussage im Ganzen richtig wie in Beispiel 1?
- Ist jede Einzelheit bei der Aussage richtig wie in Beispiel 2? Stellen Sie dazu W-Fragen.

Vergleichen Sie den Satz aus dem Text mit der Aussage. Wenn Sie einen Fehler finden, schreiben Sie ihn auf oder markieren Sie die Stelle, an der der Fehler ist.

	Satz aus einem Text Beispiele:	Aussage
1	Die Schüler dürfen in den Pausen und vor Unterrichtsbeginn nicht im Foyer sein.	Die Schüler dürfen nicht ins Foyer gehen. *Falsch: Im Text steht „in den Pausen … nicht". Die Schüler dürfen im Foyer sein, aber nicht in den Pausen.*
2	Geben Sie für jedes neue Buch eine Nummer im Computersystem ein.	Bücher, die neu ankommen, bekommen eine Nummer. *Richtig*
3	Tauschen Sie alle Druckerpatronen aus, dann druckt das Gerät am besten.	Wenn man nur eine Patrone austauscht, funktioniert der Drucker nicht. ______
4	Die Schüler der Oberstufe dürfen sich in den Pausen auch auf dem kleineren Hof aufhalten.	Auf den größeren Hof dürfen in den Pausen nur Schüler der Unter- und Mittelstufe gehen. ______
5	Verbinden Sie Ihr Mobiltelefon mit der Freisprecheinrichtung des Fahrzeugs, indem Sie den Code 0348 eingeben.	Tippen Sie die Ziffern in Ihr Handy ein, dann verbindet es sich mit der Freisprecheinrichtung im Auto. ______
6	Wenn der Unterricht für eine Klasse früher endet, kann sie das Gebäude auch durch den Nebeneingang verlassen.	Die Schüler dürfen nach der Schule auch den Nebeneingang benutzen. ______
7	Das Aufnehmen von Personen ist nur mit deren ausdrücklichem Einverständnis erlaubt.	Bevor man ein Foto von jemandem macht, muss man die Person fragen, ob man das darf. ______
8	Die Werkstatt darf nur betreten oder verlassen werden, nachdem man sich beim Pförtner gemeldet hat.	Die Mitarbeiter melden sich nur beim Pförtner, wenn sie in die Werkstatt kommen. ______
9	Nach Ende der Schicht werden die Bestellzettel zu den Aufträgen in den Büroschrank gelegt.	Wenn die Arbeit vorbei ist, muss man die Aufträge in den Büroschrank legen. ______
10	Achten Sie beim Einlegen der Batterie auf die Ausrichtung der Pole.	Die Batterie muss richtig herum eingesetzt werden. ______

LV 3, Übung 1

Ratgeber: Duale Ausbildung

Lesen Sie den Text und die Aufgaben 10–14.
Kreuzen Sie bei jeder Aufgabe „richtig" oder „falsch" an.

Mit der „dualen Ausbildung" wählen Sie zwei Ausbildungsorte gleichzeitig: einen Betrieb und ein Berufskolleg. Sie sind also sowohl Arbeitnehmer als auch Schüler. In Deutschland ist die Ausbildung in momentan ca. 350 Ausbildungsberufen so organisiert. Nur bei einem kleinen Teil ist dies nicht der Fall.

Dabei ist die Schule für die Theorie und der Betrieb für das praktische Wissen zuständig. Diese Kombination ist das Besondere daran. In Berufsfachschulen dagegen macht man eine schulische Vollzeit-Ausbildung und steigt hinterher in die Praxis ein. Dieses System ist zum Beispiel in Pflegeberufen oder im Erziehungsbereich weit verbreitet.
Die Chancen auf dem Arbeitsmarkt erhöhen sich im Allgemeinen jedoch, wenn man von Anfang an auch praktische Kenntnisse erwirbt. Mehr als die Hälfte der Jugendlichen wählt wohl auch aus diesem Grund eine duale Ausbildung. Allerdings muss man sich klarmachen, dass die Doppelbelastung durch Schulbesuch und Arbeit im Betrieb stressig sein kann.
Diese Kombination aus Theorie und Praxis gibt es in ähnlicher Form sonst nur in Österreich und der Schweiz, aber sie ist weltweit hoch angesehen. So wird zum Beispiel in Spanien oder China über die Einführung des dualen Systems nachgedacht, weil man diese Ausbildungsform dort für sehr erfolgreich hält.

Ein weiterer Vorteil der dualen Ausbildung ist, dass die Ausbildungsordnungen in ganz Deutschland einheitlich sind. Dass jeder über vergleichbares Wissen und Können verfügt, ist für Arbeitgeber wichtig. Besonders weil man bei der Suche nach einer Arbeitsstelle heutzutage flexibel sein muss.

Aufgaben 10–14

		richtig	falsch
10	Die meisten Ausbildungsberufe in Deutschland gehören zum dualen System.		
11	Im dualen System kann man auch zuerst eine schulische Vollzeit-Ausbildung machen.		
12	Wer dual ausgebildet ist, findet in der Regel leichter einen Job.		
13	In Spanien und China ist das duale System sehr erfolgreich.		
14	Es ist ein Vorteil, dass Ausbildungsordnungen in Deutschland flexibel sind.		

LV 3, Übung 2

Sicherheitsvorschriften für die Werkhalle

Lesen Sie den Text und die Aufgaben 10–14.
Kreuzen Sie bei jeder Aufgabe „richtig" oder „falsch" an.

Hilfe
Gabelstapler: Fahrzeug, mit dem man Lasten heben kann. Gabelstapler werden zum Beispiel benutzt, wenn man Ware aus einem Lkw in die Regale des Lagers transportieren will.

Bevor der Gabelstapler beladen wird, muss die Bremse angezogen sein. Außerdem muss das Fahrzeug so gesichert werden, dass es nicht rollen kann. Vor dem Umladen von Ware von einem Lkw müssen der Fahrer des Lkw und der Gabelstaplerfahrer den Vorgang besprechen.

Bevor ein elektrisches Werkzeug oder eine Maschine genutzt wird, muss man die Betriebsanleitung lesen. Der Benutzer muss enge Kleidung tragen, damit das Hemd oder die Hose nicht in die Maschine kommen können. Man muss zudem Schutzschuhe, Schutzbrille und Schutzhelm anziehen. Das Werkzeug darf nur zum vorgesehenen Zweck eingesetzt werden.

Hocker, Stühle und Ähnliches dürfen nicht als Leiter benutzt werden. Leitern müssen gut gesichert aufgestellt werden. Es ist darauf zu achten, dass sie nicht an Stellen stehen, die als Wege benutzt werden. Wenn dies notwendig ist, muss eine zweite Person die Leiter sichern.

Bevor man ein betriebseigenes Fahrzeug benutzt, muss man prüfen, ob es sicher ist (Bremsen, Lenkung, Räder, Licht). Um in das Fahrerhaus einzusteigen, müssen die Haltegriffe und Aufstiege benutzt werden. Es ist verboten, vom Fahrzeug abzuspringen. Während der Fahrt muss der Fahrer den Sicherheitsgurt anlegen.

Das Fahrzeug darf nur an dafür vorgesehenen Plätzen in der Halle eingeparkt werden. Wenn der Fahrer nichts sieht, zum Beispiel wenn er rückwärtsfährt, muss er von einer anderen Person eingewiesen werden. Das Fahrzeug darf nicht zu schwer beladen werden. Die Ladung muss stets ausreichend gesichert sein.

Aufgaben 10–14

		richtig	falsch
10	Beim Beladen des Gabelstaplers muss der Lkw-Fahrer mithelfen.		
11	Wenn man eine Maschine bedient, ist besondere Kleidung Pflicht.		
12	Leitern müssen immer durch eine zweite Person gesichert werden.		
13	Der Fahrer ist selbst dafür verantwortlich, dass das Firmenfahrzeug sicher ist.		
14	Man darf das Fahrzeug in der Halle nur zu zweit einparken.		

Leseverstehen Teil 4, Vorübungen

TIPP

Stellen Sie wie in LV 3 die „richtigen" Fragen, zum Beispiel:
- Wer handelt?
- Was macht er oder sie?
- Wann passiert etwas?

Bei LV 4 gibt es zu jedem Textabschnitt eine Aufgabe. Die Aufgaben folgen der Reihenfolge der Abschnitte des Textes. Lesen Sie den Textabschnitt und die Aufgabe dazu.

1 Martin arbeitet als Busfahrer

a Lesen Sie den folgenden Textabschnitt.

Martin arbeitet gerne als Busfahrer. Schon als Kind hat er immer mit seinem Fahrrad im Park „Bus" gespielt. Er hat dann immer an bestimmten „Haltestellen" gehalten. Und wenn seine Eltern mit ihm in die Stadt gefahren sind, musste es immer mit dem Bus sein. Damals hatte er natürlich noch keine Ahnung, wie das einmal beruflich enden würde. Thema _1_

Dabei findet er bestimmte Linien, mit denen er zum Beispiel an den Sehenswürdigkeiten vorbeikommt oder die durchs Grüne führen, interessanter als andere. Seinem Chef, dem Einsatzleiter, ist es aber völlig egal, auf welcher Linie die Busfahrer arbeiten müssen. Thema ____

Man sollte die Strecke aber irgendwann so gut kennen, dass man nicht mehr überlegen muss, welches der richtige Weg ist, findet er. Denn man muss sich ganz auf den Verkehr konzentrieren. Als Busfahrer hat man schließlich große Verantwortung für die Fahrgäste. Thema ____

b Lesen Sie die folgenden Themen. Um welche drei Themen geht es in dem Text? Ordnen Sie zu.

1 Martins Interesse an Bussen als Kind
2 Berufswunsch seiner Eltern
3 Martins Lieblingsstrecken
4 interessante Sehenswürdigkeiten an der Strecke
5 Was beim Busfahren wichtig ist
6 Wie man mit den Fahrgästen umgeht

c Notieren Sie die Antworten auf die folgenden Fragen.

Wie findet Martin seinen Beruf? *Martin mag seinen Beruf gern.*
Was hat er als Kind gemacht?
Welche Linien gefallen Martin am besten?
Auf welchen Linien muss Martin fahren?
Worauf muss man als Busfahrer achten?
Warum muss man beim Busfahren auf diese Dinge achten?

**d Lesen Sie die Aufgabe. Können Sie die Lösung schon finden?
Suchen Sie die richtige(n) Stelle(n) im Text dazu.**

Aufgabe: Martin
A ☐ wusste schon als Kind, dass er Busfahrer werden würde.
B ☐ findet es völlig egal, auf welcher Linie er arbeiten muss.
C ☐ will sich nicht mehr auf die korrekte Strecke konzentrieren müssen.

e Wenn Sie nicht sicher sind, stellen Sie jetzt Fragen nach den drei Antwortmöglichkeiten und markieren Sie die richtige(n) Stelle(n) im Text.

Wusste Martin als Kind, dass er Busfahrer wird?
Zeile 3–4:

> ... immer mit dem Bus sein. Damals hatte er natürlich noch keine Ahnung, wie das einmal beruflich enden würde. Dabei findet er bestimmte Linien ...

Wer findet es egal, auf welcher Strecke Martin arbeitet?
Worauf muss sich Martin konzentrieren?

2 Betriebsklima

a Lesen Sie den folgenden Text. Teilen Sie ihn in drei Abschnitte und notieren Sie die passenden Themen.

Das Betriebsklima und die Motivation der Mitarbeiter sind in einem Betrieb wichtig. Psychologen sind der Ansicht, dass sie für den Erfolg eines Unternehmens sogar entscheidend sind. „Wenn die Mitarbeiter sich untereinander nicht gut verstehen, geht viel Energie verloren", sagt Arbeitspsychologin Angela Kitus. „Zwar sind gemeinsame Aktivitäten in der Freizeit nicht unbedingt nötig, aber wenn man sich sympathisch ist, arbeitet man nicht so leicht gegeneinander", meint die Psychologin. Das gilt auch für das Verhältnis zum Chef. Wer das leitende Personal nicht respektiert, identifiziert sich auch nicht mit dem Unternehmen. Wenn die Mitarbeiter mit ihrem Chef unzufrieden sind, muss man damit rechnen, dass sie weniger Leistung bringen. „Im schlimmsten Fall arbeiten Angestellte dann sogar heimlich gegen ihren Vorgesetzten", weiß Kitus.

Thema 1: *Motivation und Erfolg*
Thema 2: ____________
Thema 3: ____________

b Lesen Sie die Aufgabe und stellen Sie Fragen zu den drei Lösungsmöglichkeiten. Markieren Sie die Textstellen wie in Aufgabe 1e. Schreiben Sie in Ihr Heft.

Aufgabe: Psychologin Angela Kitus sagt, dass
A ☐ Angestellte auch privat etwas zusammen machen sollten.
B ☐ ein Vorgesetzter sich mit dem Unternehmen identifizieren muss.
C ☐ Mitarbeiter dem Chef schaden können, wenn er sie schlecht behandelt.

c Notieren Sie nun die richtige Lösung.

Lösung (A, B oder C?) ______

LV 4, Übung 1

Was macht man eigentlich als „Reno"?

Lesen Sie den Text und die Aufgaben 15–20.
Kreuzen Sie bei jeder Aufgabe die richtige Lösung an.

Nathalie ist eine Juristin aus Bielefeld. Für die Schulzeitung einer Berufsschule stellt sie den Beruf des Reno vor.

Ich habe in Bielefeld Jura studiert und arbeite jetzt im praktischen Teil meiner Ausbildung bei zwei Anwälten. Ich erzähle euch etwas über den Beruf „Rechtsanwalts- und Notarfachangestellte(r)", oder einfach kurz „Reno":

Janine, unsere Reno, ist die Helferin für unsere beiden Rechtsanwälte. Sie hat ein eigenes Büro. Das liegt gleich hinter dem Empfang. Sie hat sogar eine Tür zu den Anwaltsbüros. Die Kunden heißen bei uns Mandanten. Wenn solche Mandanten zu uns kommen, sprechen sie zuerst mit ihr. Jeder Mandant soll jemanden haben, den er immer ansprechen kann, wenn etwas unklar ist. Der hilft dann direkt. Das ist persönlicher. Und die Anwälte können ja nicht jederzeit im Büro sein. Sie haben ja auch viele Termine bei Gericht.

Wir alle arbeiten gemeinsam in einer Kanzlei. So heißen die Räume bei Anwälten. So ähnlich wie eine Praxis bei einem Arzt. Eine wichtige Aufgabe einer Reno ist, die Kanzlei zu organisieren. Sie muss die Arbeiten verteilen, zum Beispiel für die Sekretärinnen oder für mich. Sie muss auch darauf achten, dass immer alles ordentlich funktioniert. Etwa, dass alle die Unterlagen am richtigen Platz ablegen. Und sie macht für den Empfang eine Liste mit den Terminen, die die Anwälte außerhalb haben. Sonst werden vielleicht für die gleiche Zeit Termine im Büro vergeben.

Janine arbeitet aber auch fachlich. Mit einem eigenen Kalender achtet sie darauf, dass Briefe pünktlich verschickt werden. Sie stellt für unsere Chefs alle wichtigen Informationen für einen Termin zusammen. Sie bearbeitet Unterlagen und ist dafür verantwortlich, dass die Briefe korrekt sind, die die Anwälte den Sekretärinnen diktiert haben.

Zwei bis drei Stunden ihrer täglichen Arbeitszeit arbeitet sie am Telefon. Dabei berät sie Mandanten, besorgt Informationen oder führt Gespräche mit anderen Anwälten. Wenn sie beim Bearbeiten der Unterlagen für den Anwalt Fragen hat, versucht sie diese immer zuerst mit einem juristischen Buch zu klären, bevor sie den Chef fragt. Sie soll ja eine Hilfe sein!

Janine erzählt: „Manche Sachen darf ich selbstständig machen: Wenn jemand von einem anderen zum Beispiel noch Geld bekommen muss, schicken wir dem einen Brief, dass er bezahlen soll. Das hilft manchmal. Solche Briefe darf ich selbst schreiben. Natürlich liest sie mein Chef nochmal durch, bevor er unterschreibt. Aber ich habe jedenfalls das Gefühl, hier wirklich nützlich zu sein. Das sagen mir die Chefs auch häufig."

Die theoretische Ausbildung dauert drei Jahre. Sie findet parallel zur praktischen in der Berufsschule statt. Voraussetzung ist Mittlere Reife, die meisten Renos haben aber Abitur. Man sollte gut Deutsch und Englisch können, freundlich sein und gut mit Menschen umgehen können. Die Abschlussprüfung muss man am Ende bei der Rechtsanwaltskammer machen. Das ist die Organisation der Rechtsanwälte.

Aufgaben 15–20

Aufgabe 15: Renos
- A ☐ haben viele Termine bei Gericht.
- B ☐ arbeiten im Büro der Anwälte.
- C ☐ helfen den Mandanten bei Fragen weiter.

Aufgabe 16: Zur Arbeit der Renos gehört es,
- A ☐ Sekretärinnen Aufgaben zu geben.
- B ☐ Unterlagen am richtigen Ort abzulegen.
- C ☐ Termine in der Kanzlei zu machen.

Aufgabe 17: Janine
- A ☐ diktiert den Sekretärinnen Briefe der Anwälte.
- B ☐ bereitet die Termine der Chefs vor.
- C ☐ legt fest, wann Briefe verschickt werden müssen.

Aufgabe 18: Die Rechtsanwaltsfachangestellte
- A ☐ berät zwei bis drei Stunden am Tag telefonisch Mandanten.
- B ☐ fragt erst einmal einen Juristen, wenn sie etwas nicht genau weiß.
- C ☐ unterstützt ihren Chef beim Bearbeiten der Unterlagen.

Aufgabe 19: Janine sagt, dass sie
- A ☐ Menschen helfen kann, die Geld bezahlen müssen.
- B ☐ die Briefe, die sie schreibt, noch dem Chef vorlesen muss.
- C ☐ von den Anwälten auch mal Lob bekommt.

Aufgabe 20: Die Ausbildung als Reno
- A ☐ dauert insgesamt drei Jahre.
- B ☐ erfordert es, Abitur zu haben.
- C ☐ endet mit der Prüfung in der Schule.

LV 4, Übung 2

Mit dem Jobticket preiswert zur Arbeit?

Lesen Sie den Text und die Aufgaben 15–20.
Kreuzen Sie bei jeder Aufgabe die richtige Lösung an.

Hilfe
Verkehrsbetrieb: Firma, die die Busse und Bahnen im Regionalverkehr (in Städten und Gemeinden) organisiert und betreibt.

Mit dem Auto zur Arbeit – das heißt oft: im Stau stehen oder einen Parkplatz suchen. Viele Unternehmen in der Stadt haben keine Parkplätze für ihre Mitarbeiter. Das ist aber eigentlich vorgeschrieben. „Es fehlt nur einfach an Platz, mehr Stellplätze für Autos zur Verfügung zu stellen", sagt Verkehrsexpertin Cordula Klein aus Dresden. „Die Firmen sollten deshalb dafür sorgen, dass ihre Angestellten Busse und Bahnen nutzen. Die haben ein gutes Image bei der Bevölkerung. In Dresden zum Beispiel brauchen Unternehmen außerdem keine Parkplätze anzubieten, wenn es Jobtickets für ihre Mitarbeiter gibt."

Junge Leute kennen das von der Schule: Mit seinem Schülerausweis kann man bei den Verkehrsbetrieben verbilligte Tickets bekommen. Damit kann man dann mit Bus oder Bahn zur Schule fahren. Wer weiter weg wohnt, bekommt sogar kostenlose Fahrausweise. Dafür zahlt die Stadt den Verkehrsbetrieben einen festen Betrag. Die bekommen zwar weniger Geld pro Fahrt als ohne die Schülertickets, aber dafür sind sie sicher, dass sie automatisch mehr Kunden haben, wenn das Angebot von vielen angenommen wird. Mit den Jobtickets ist es ähnlich – nur eben für Arbeitnehmer.

Für ein Jobticket schließen Verkehrsbetriebe mit Unternehmen einen Vertrag. So können Mitarbeiter ein Monatsticket erhalten, das ihnen kostengünstiger angeboten wird als anderen Kunden. Die Ticketpreise werden direkt vom Gehalt abgezogen oder aber vom Betrieb bezahlt. Die Bedingungen des Jobticket-Vertrages berücksichtigen dabei aber nur die fest angestellten Mitarbeiter. Andere Personengruppen wie freie Mitarbeiter oder Praktikanten können kein Jobticket bekommen.

Natürlich müssen solche Jobtickets gut geplant sein, weil sie sich ja für alle lohnen sollen. Ein Beispiel hierfür ist das Modell, das die Deutsche Bahn großen Betrieben anbietet. Hier gibt es einen festen Gesamtpreis. Der richtet sich nach der Zahl der Mitarbeiter insgesamt. Alle, die ein Ticket kaufen, teilen sich diesen Preis. Wenn alle Mitarbeiter ein Ticket kaufen, kostet es für den einzelnen Mitarbeiter also am wenigsten. Kleinere Unternehmen können Mitglied in einem Verband werden. Dann haben sie diese Möglichkeit auch.

Mit den Jobtickets haben Unternehmen, Verkehrsbetriebe und Mitarbeiter gute Erfahrungen gemacht. Lisa Zern etwa hat gerade ihre Ausbildung in einem Musikfachhandel beendet. Da sie keinen eigenen Wagen hat, musste sie mit der S-Bahn zur Arbeit fahren. Das hat ihr bisher ziemliche Kosten verursacht. „Aber ich hatte keine Wahl", sagt sie. „Nachdem ich jetzt übernommen wurde, konnte ich auf ein Jobticket umsteigen. Deshalb fahre ich jetzt auch aus finanziellen Gründen mit der Bahn zur Arbeit."

Die Gründe für die Wahl eines Jobtickets sind vielfältig. Anna Richtinger wohnt im Zentrum, arbeitet aber in einem Softwareunternehmen in einem außerhalb gelegenen Industriegebiet. „Mit dem Fahrrad würde ich die Umwelt natürlich genauso fördern. Umweltschutz ist mir wichtig! Das Auto zu nehmen wäre sicher keineswegs teurer und viel bequemer. Meine Vernunft sagt mir aber, dass sich ein Jobticket umso mehr lohnt, je mehr Mitarbeiter mitmachen. Bei uns haben sich viele dafür entschieden, das unterstütze ich." Und das heißt für sie: Im Stau stehen oder einen Parkplatz suchen – das kann Anna sich sparen.

Aufgaben 15–20

15 Cordula Klein sagt, Unternehmen in Dresden
- A ☐ haben ein gutes Image bei der Bevölkerung.
- B ☐ sollten mehr Stellplätze zur Verfügung stellen.
- C ☐ müssen Parkplätze oder Jobtickets anbieten.

16 Wer eine Schule besucht,
- A ☐ kann mit seinem Schülerausweis zur Schule fahren.
- B ☐ fährt umsonst, wenn sein Schulweg lang genug ist.
- C ☐ ist automatisch Kunde der Verkehrsbetriebe.

17 Für ein Jobticket
- A ☐ schließen Arbeitnehmer einen Vertrag mit einem Verkehrsbetrieb.
- B ☐ müssen Praktikanten bestimmte Bedingungen berücksichtigen.
- C ☐ bezahlen entweder die Unternehmen oder die Angestellten.

18 Ein Jobticket der Bahn kann ein Unternehmen nur einführen, wenn
- A ☐ ein fester Betrag bezahlt wird.
- B ☐ es Mitglied in einem Verband ist.
- C ☐ alle Mitarbeiter ein Ticket kaufen.

19 Lisa fährt immer schon mit der Bahn zur Arbeit,
- A ☐ weil es dafür finanzielle Gründe gibt.
- B ☐ obwohl sie lange kein Jobticket hatte.
- C ☐ da sie damals noch keinen Wagen hatte.

20 Anna hat ein Jobticket, weil
- A ☐ das billiger ist, als mit dem Auto zu fahren.
- B ☐ andere Kolleginnen und Kollegen auch eins haben.
- C ☐ der Umweltschutz ihr wichtig ist.

Leseverstehen Teil 5, Vorübungen

1 Lesen Sie die Ausdrücke a–d. Was gehört für Sie jeweils dazu? Kreuzen Sie an.

a Beruflich reisen
- ☐ Einsatzgebiet nicht begrenzt
- ☐ regelmäßige Arbeitszeiten
- ☐ unterwegs sein
- ☐ Filialen in der Region besuchen
- ☐ Reisen von Mitarbeitern planen und koordinieren

b Kontakt mit Kunden
- ☐ Kunden beraten
- ☐ im Gespräch kundenfreundliche Lösungen finden
- ☐ eigene Ideen haben
- ☐ mit Interessenten verhandeln
- ☐ gern unterwegs sein

c Handwerkliche Begabung
- ☐ gut mit Werkzeugen umgehen können
- ☐ Interesse an Kundengesprächen haben
- ☐ mit den Händen arbeiten
- ☐ lange arbeiten müssen
- ☐ Geschicklichkeit sollte zu deinen Stärken zählen.

d Draußen arbeiten
- ☐ in einer Fabrik
- ☐ im Freien
- ☐ zusammen mit Kollegen
- ☐ an der frischen Luft
- ☐ Arbeitsplatz unter freiem Himmel

TIPP

Achten Sie darauf: In den Texten stehen oft nicht dieselben Formulierungen wie in den Aussagen. Deshalb müssen Sie nach Umschreibungen und Ausdrücken suchen, die dasselbe aussagen.

2 Markieren Sie die Formulierungen und Signalwörter in den folgenden Texten, die zu den Beschreibungen A–D passen.

A Sie arbeiten gern mit Kindern.
B Sie bilden sich gerne weiter.
C Ihnen ist ein gutes Einkommen wichtig.
D Sie möchten kreativ sein.

Hier können Sie Ihre Fantasie ausspielen. D	Sie geben in Ihrem Beruf alles für die Kleinen. ___	Die Gehälter in diesem Segment sind entsprechend hoch. ___
Sie sind für die Gestaltung selber verantwortlich. ___	Ihre pädagogische Arbeit zeichnet Sie aus. ___	Ihnen ist es wichtig, ständig dazuzulernen. ___
Dabei verdienen Sie überdurchschnittlich viel. ___	Sie informieren sich über neue Entwicklungen in Ihrem Beruf. ___	Auch finanziell lohnt sich dieser Job besonders. ___
Fortbildungsangebote nehmen Sie regelmäßig wahr. ___	Dabei kommt es vor allem darauf an, dass Sie viele eigene Ideen entwickeln. ___	Sie verstehen gut, was Mädchen und Jungen wollen. ___

3 Welcher Text passt jeweils zu den Aussagen a–d? Ordnen Sie zu. Es ist immer nur ein Text richtig. Vergleichen Sie danach mit dem Lösungsschlüssel.

a „Sie besuchen gerne Kunden." Text ☐

1
Sie sind viel zu Besuchen unterwegs. Die Gespräche mit den regionalen Geschäftsleitern unserer Firma müssen Sie dabei gut vorbereiten.

2
Sie verbringen dabei viel Zeit am Telefon. Denn die Gespräche mit den Kunden sind für unser Unternehmen wichtig.

3
Die Kunden erwarten von Ihnen eine qualifizierte Beratung. Für Sie ist es wichtig, Ihre Kunden auch vor Ort kennenzulernen.

b „Sie haben gerne feste Arbeitszeiten." Text ☐

1
Der regelmäßige Informationsaustausch erfordert die gleichzeitige Anwesenheit aller Mitarbeiter in der Filiale.

2
Kundenwünsche und -anfragen bearbeiten Sie so schnell wie möglich. Dazu vereinbaren Sie mit den Kunden, wann Sie sie besuchen können.

3
Das Unternehmen muss natürlich dafür sorgen, dass in der Werkstatt rund um die Uhr jemand erreichbar ist.

c „Sie möchten gerne noch Sprachen lernen." Text ☐

1
Dabei ist es selbstverständlich nicht nötig, dass Sie die Sprachen aller ausländischen Kunden können.

2
Sprachkurse zu besuchen wird man von Ihnen kaum erwarten. Dafür hätten Sie auch zu wenig Zeit.

3
Sie können nicht erwarten, dass alle Kollegen in unseren ausländischen Werken Deutsch und Englisch sprechen.

d „Sie arbeiten lieber für sich alleine." Text ☐

1
Dazu führen Sie bei den Projekten zahlreiche Gespräche mit unterschiedlichen Arbeitsgruppen.

2
Die Marktdaten recherchieren Sie selbstständig und geben sie an die Firmenleitung weiter.

3
Diese intensive Art von Teamwork sichert die Qualität in unserer Firma.

LV 5, Übung 1

Berufe in der Tourismusbranche

Lesen Sie die Texte 21–24 und die Aussagen A–H. Was passt zusammen?
Schreiben Sie den richtigen Buchstaben (A–H) in die rechte Spalte.
Einige Buchstaben bleiben übrig.

0	Als Leiter im Wellnessbereich einer Hotelanlage sind Sie für die besonders entspannenden Momente der Gäste zuständig. Sie sind als Masseur genauso ausgebildet wie als Kosmetiker. Sie sind als Bademeister für Sicherheit und Wasserqualität verantwortlich. Und als Manager haben Sie die Preisgestaltung im Auge und sorgen immer für neue attraktive Angebote. Im Grunde genommen führen Sie einen eigenen kleinen Betrieb innerhalb des Hotels. Daher arbeiten Sie selbstständig und sind erst entspannt, wenn die Gäste es auch sind.	Z
21	Wenn man auf Reisen ist, sieht man nur, was man weiß. Ein Fremdenführer hilft Reisenden dabei. Touristen haben oft schon viele interessante Reiseziele gesehen. Da genügt es kaum, wenn Sie Filme über Urlaubsgegenden schauen. Sie müssen sich in Geschichte, Politik, Kunst und Kultur Ihres Landes sehr gut auskennen. Dazu müssen Sie zwar nicht selber alle Spezialitäten kochen können, aber viel über all diese Themen gelesen haben. Sie müssen kommunikativ sein und auf Menschen zugehen. Und Sie müssen gut organisieren können.	
22	Als Animateur in einem Club können Sie in verschiedenen Urlaubsgegenden tätig sein. Filme zeigen und Karten für Sportveranstaltungen besorgen – damit ist es dabei aber nicht getan. Sie sind es, der aktiv wird und die Gäste motiviert. Sie bieten Spiele am Pool an und wirken bei Sketchen und Aufführungen am Abend mit. Dafür sind eigene Erfahrungen auf der Bühne sehr hilfreich. Vor allem sind Sie immer freundlich, gut gelaunt und hilfsbereit – und haben selbst auch jede Menge Spaß dabei.	
23	Als Koch auf einem Kreuzfahrtschiff besuchen Sie viele interessante Reiseziele. Sie haben aber wenig Gelegenheit, viel davon zu sehen. Wenn die Passagiere von Sportangeboten oder Landausflügen zurückkommen, haben sie vor allem eines: Hunger! Kochrezepte für Spezialitäten der Region sind dabei in einer Großküche weniger gefragt. Wichtig ist vielmehr, dass alle Essen exakt zur vorgesehenen Zeit auf dem Tisch stehen. Dafür müssen Sie sorgen. Bücher über die Geschichte der von Ihnen besuchten Länder können Sie dann in Ihrem eigenen Urlaub lesen.	
24	Als Rezeptionist sind Sie Ansprechpartner und Kontaktperson zwischen Hotel und Gästen. Und Sie erfüllen alle ihre Wünsche. Sie wissen, wann die Zimmer fertig geputzt sind. Sie können über die Gerichte der Küche Auskunft geben. Sie wissen, was Ihre Stadt kulturell zu bieten hat. Deshalb müssen Sie von all diesen Dingen Ahnung haben – auch wenn Sie es nicht selber machen. Karten für Theateraufführungen und Sportveranstaltungen, Bücher über die Geschichte des Landes und Reservierungen in regionalen Spezialitätenrestaurants besorgen Sie nebenbei auch noch.	

Aussagen A–H

Z	Sie kennen sich mit Massage und Kosmetik aus.
A	Sie haben schon viele interessante Reiseziele gesehen.
B	Sie haben schon in Theaterstücken mitgespielt.
C	Sie kennen Kochrezepte für Spezialitäten ihrer Region.
D	Sie sehen oft Filme über verschiedene Urlaubsgegenden.
E	Sie lesen viel über die Geschichte Ihres Landes.
F	Sie haben gelernt, auf den Punkt genau zu arbeiten.
G	Sie besuchen verschiedene Sportveranstaltungen.
H	Sie haben Küche, Zimmer und Kultur im Blick.

LV 5, Übung 2

Handwerksberufe

Lesen Sie die Texte 21–24 und die Aussagen A–H. Was passt zusammen?
Schreiben Sie den richtigen Buchstaben (A–H) in die rechte Spalte.
Einige Buchstaben bleiben übrig.

0	Wenn Sie Modist werden, entwerfen Sie Hüte und allgemein modische Kopfbedeckungen für Damen. Dazu verarbeiten Sie Materialien wie Filz, Leinen, Seide und Wolle. Diese Stoffe schneiden und nähen Sie. Hinzu kommt noch Schmuck in Form von Bändern oder sonstiger Dekoration. Sie versuchen, den Modetrends zu folgen und etwas zu schaffen, das zum aktuellen Stil passt. Mit Fantasie, künstlerischer Begabung und handwerklichen Fähigkeiten ist dieser Beruf genau das Richtige für Sie.	Z
21	Der Beruf des Goldschmieds ist wirklich edel. Sie beschäftigen sich mit Schmuckstücken. Schon Ihre Arbeitsmaterialien sind etwas Besonderes: Sie zaubern aus Gold und Edelsteinen einmalige Kunstwerke. Viele Menschen tragen Schmuck, weil sie Stil zeigen wollen und den Wunsch haben, bewundert zu werden. Sie setzen Kreativität und handwerkliche Geschicklichkeit ein. Kenntnisse über die Materialien und Zeichentalent gehören ebenfalls dazu. Schließlich brauchen Sie einen Blick dafür, was dem Kunden steht, und sollten Freude daran haben, ihm etwas Passendes zu empfehlen.	
22	Als Garten- und Landschaftsbauer sind Sie es, der Gebäude und Plätze erst wirklich schön macht. Sie kennen sich mit den Eigenschaften der Pflanzen und Bäume aus. Dabei ist die freie Natur Ihr Vorbild. Sie wissen, was man in Gärten oder an Straßen pflanzen kann. Sie haben Ideen und künstlerisches Talent. Sie sollten besonderen Spaß daran haben, im Freien tätig zu sein. Und Sie brauchen Fantasie, um sich vorstellen zu können, wie das Produkt Ihrer Arbeit später einmal aussehen wird.	

23	Als Möbelschreiner bauen Sie einzelne Stücke oder ganze Inneneinrichtungen, wie zum Beispiel Küchen. Ihre Aufgabe ist es dann, individuelle Kundenwünsche und eigene Ideen zu einem Entwurf zu verbinden. Das erfordert eine gute Zusammenarbeit zwischen Ihnen und dem Auftraggeber. Alles, was mit Wohnen zusammenhängt, ist Ihr Fach. Da es für individuelle Möbel keinen festen Plan geben kann, passen Sie Ihr Produkt an die Wohnungen und Häuser Ihrer Kunden an, wenn Sie zum Beispiel eine Schrankwand entwerfen oder eine Küche planen.	
24	Ein Orgelbauer baut oder restauriert Orgeln. Diese riesigen Musikinstrumente stehen in Kirchen und großen Konzertsälen, und dort ist auch Ihr Arbeitsplatz. Eine Orgel bauen Sie nicht von heute auf morgen: Zunächst müssen Sie alles über Raumgröße, Architektur und Akustik wissen. Dann kommt die zeitaufwendige und exakte Arbeit. Am Ende wird dann so lange kontrolliert, bis alles so klingt, wie es soll. Sie müssen also mit Holz und Metall umgehen können, musikalisch sein – und langfristige Ziele verfolgen können.	

Aussagen A–H

Z	Sie gehen gerne mit Stoffen um.
A	Sie möchten gerne kreative Dinge produzieren und sich nach den Wünschen der Kunden richten.
B	Sie sind in der Lage, Dinge schnell fertigzustellen.
C	Sie arbeiten am liebsten draußen.
D	Sie arbeiten gerne nach einem festen Plan.
E	Sie machen nur das, was der Kunde wünscht.
F	Sie bringen die nötige Geduld mit.
G	Sie möchten mit Kunden zusammen planen.
H	Sie möchten in der freien Natur arbeiten.

Übertragung der Lösungen auf die Antwortblätter

Wenn Sie alle Aufgaben des Teils LV oder des Teils HV fertig bearbeitet haben, müssen Sie Ihre Lösungen jeweils auf ein Antwortblatt übertragen (siehe Seite 146–147 und 168–169). Diese Übertragung ist ein wichtiger Teil Ihrer Prüfung: Denn es wird nur das bewertet, was Sie auf den Antwortblättern ankreuzen. Wenn Sie hier Fehler machen, verlieren Sie Punkte, selbst wenn Sie die Aufgabe richtig gelöst haben. Folgende Fehler können passieren:

- ☹ Sie haben die Lösungen bei einem falschen Aufgabenteil eingetragen.
- ☹ Sie haben eine Zeile vertauscht, z. B. bei Teil 2 die Lösung von „6" bei „7" eingetragen.
- ☹ Sie haben bei einem Aufgabenteil gar kein oder mehr als ein Kästchen angekreuzt.
- ☹ Sie haben das Kästchen nicht richtig mit einem Kreuz ausgefüllt.
- ☹ Sie haben den Bogen mit einem ungeeigneten Stift oder in der falschen Farbe ausgefüllt.

Das hätte dieselben Folgen wie:
- ☹ Sie haben die Aufgabe(n) falsch oder gar nicht gelöst und es gibt keine Punkte.

1 Sehen Sie sich die Hinweise auf dem Antwortblatt (Seite 146) an. Kreuzen Sie an, was Sie dürfen.

- ☐ einen blauen Schreiber nehmen
- ☐ ein Kästchen am Rand ankreuzen
- ☐ die Lösung in ein Feld schreiben (z. B. „A")
- ☐ einen schwarzen Kuli oder Fineliner benutzen
- ☐ ein richtiges Feld ausmalen
- ☐ einen Bleistift nehmen
- ☐ das Kreuz größer als das Kästchen machen
- ☐ ein falsches Feld ausmalen und ein neues Kreuz machen
- ☐ ein Häkchen machen (✓)
- ☐ ein Kreuz in der Mitte des Kästchens machen
- ☐ mit Schwarz schreiben
- ☐ eine ungültige Antwort durchstreichen

HINWEIS

Ihre Lösungen auf den Aufgabenblättern zählen nicht.
Denn es werden nur die Antwortblätter gelesen, und das macht ein Scanner. Deshalb kann niemand sagen: „Kein Problem, wir wissen, was gemeint ist." Was der Scanner nicht lesen kann, meldet er als falsch.
Deshalb: Halten Sie sich genau an die Hinweise auf dem Antwortblatt!

2 Übertragen Sie jetzt Ihre Antworten der ersten Übungen von LV (LV 1, Übung 1 usw.) auf das Antwortblatt auf 146. Kontrollieren Sie dann, ob alles richtig ist. Lassen Sie danach Ihren Lehrer / Ihre Lehrerin oder Ihre Mitschüler Ihren Eintrag überprüfen. Notieren Sie sich, welche Fehler Sie eventuell gemacht haben.

3 Übertragen Sie Ihre Antworten der zweiten Übungen von LV (LV 1, Übung 2 usw.) auf das Antwortblatt auf Seite 147. Beachten Sie dabei Ihre Notizen zu den Fehlern aus Aufgabe 2. Lassen Sie wieder prüfen.

4 Wenn Sie Ihre Lösungen noch nicht einwandfrei übertragen haben, wiederholen Sie die Übung.

TIPPS

- Nutzen Sie die volle Zeit, die Sie für die Übertragung haben.
- Benutzen Sie einen schwarzen Kugelschreiber oder Fineliner.
- Legen Sie Aufgabenblatt und Antwortblatt nebeneinander. Prüfen Sie vor jeder Übertragung die Nummer des Aufgabenteils („Teil 1") und die Überschrift (z.B. „Handwerksberufe") und die Nummer der Aufgaben (1 bis 24).
- Vergleichen Sie zweimal: Einmal von Aufgabenblatt auf Antwortblatt und umgekehrt.
- Kontrollieren Sie am Ende Sie noch einmal alles. Machen Sie das Kreuz so, dass es genau in das Kästchen passt.
- Wenn Sie einen Fehler bemerken, malen Sie das „falsche" Kästchen ganz schwarz aus. Kreuzen Sie dann das richtige Kästchen an. (Der Scanner erkennt das ausgemalte Kästchen als leer.)

Anwortblatt zur Übertragung der Lösungen zu LV 1–5, Übung 1

(Seite 125, 129, 132, 136, 142)

Deutsches Sprachdiplom der KMK – Niveaustufe A2/B1
Prüfungsteil Leseverstehen
Antwortblatt

Name ____________ Vorname ____________

Sie haben **10 Minuten Zeit**, um Ihre Lösungen auf das Antwortblatt zu übertragen.

Markieren Sie mit **schwarzem** Schreiber:
so: ☒ so nicht: ● ⊗ ⌀

Wenn Sie eine Markierung korrigieren möchten, füllen Sie das falsch markierte Feld ganz aus: ■
und markieren Sie anschließend das richtige Feld so: ☒

Teil 1

	A	B	C	D	E	F	G	H
1	☐	☐	☐	☐	☐	☐	☐	☐
2	☐	☐	☐	☐	☐	☐	☐	☐
3	☐	☐	☐	☐	☐	☐	☐	☐
4	☐	☐	☐	☐	☐	☐	☐	☐
5	☐	☐	☐	☐	☐	☐	☐	☐

Teil 2: Praktikumsberichte

	A	B	C	D	E	F	G	H
6	☐	☐	☐	☐	☐	☐	☐	☐
7	☐	☐	☐	☐	☐	☐	☐	☐
8	☐	☐	☐	☐	☐	☐	☐	☐
9	☐	☐	☐	☐	☐	☐	☐	☐

Teil 3: Ratgeber: Duale Ausbildung

	richtig	falsch
10	☐	☐
11	☐	☐
12	☐	☐
13	☐	☐
14	☐	☐

Teil 4: Was macht man eigentlich als „Reno"?

	A	B	C
15	☐	☐	☐
16	☐	☐	☐
17	☐	☐	☐
18	☐	☐	☐
19	☐	☐	☐
20	☐	☐	☐

Teil 5: Berufe in der Tourismusbranche

	A	B	C	D	E	F	G	H
21	☐	☐	☐	☐	☐	☐	☐	☐
22	☐	☐	☐	☐	☐	☐	☐	☐
23	☐	☐	☐	☐	☐	☐	☐	☐
24	☐	☐	☐	☐	☐	☐	☐	☐

Anwortblatt zur Übertragung der Lösungen zu LV 1–5, Übung 2

(Seite 126, 130, 133, 138, 143)

Deutsches Sprachdiplom der KMK – Niveaustufe A2/B1
Prüfungsteil Leseverstehen
Antwortblatt

Name ______________________ Vorname ______________________

Sie haben **10 Minuten Zeit**, um Ihre Lösungen auf das Antwortblatt zu übertragen.

Markieren Sie mit **schwarzem** Schreiber:
so: ☒ **so nicht:**

Wenn Sie eine Markierung korrigieren möchten, füllen Sie das falsch markierte Feld ganz aus: ■
und markieren Sie anschließend das richtige Feld so: ☒

Teil 1

	A	B	C	D	E	F	G	H
1	☐	☐	☐	☐	☐	☐	☐	☐
2	☐	☐	☐	☐	☐	☐	☐	☐
3	☐	☐	☐	☐	☐	☐	☐	☐
4	☐	☐	☐	☐	☐	☐	☐	☐
5	☐	☐	☐	☐	☐	☐	☐	☐

Teil 2: Ausbildungsberichte

	A	B	C	D	E	F	G	H
6	☐	☐	☐	☐	☐	☐	☐	☐
7	☐	☐	☐	☐	☐	☐	☐	☐
8	☐	☐	☐	☐	☐	☐	☐	☐
9	☐	☐	☐	☐	☐	☐	☐	☐

Teil 3: Sicherheitsvorschriften für die Werkhalle

	richtig	falsch
10	☐	☐
11	☐	☐
12	☐	☐
13	☐	☐
14	☐	☐

Teil 4: Mit dem Jobticket preiswert zur Arbeit

	A	B	C
15	☐	☐	☐
16	☐	☐	☐
17	☐	☐	☐
18	☐	☐	☐
19	☐	☐	☐
20	☐	☐	☐

Teil 5: Handwerksberufe

	A	B	C	D	E	F	G	H
21	☐	☐	☐	☐	☐	☐	☐	☐
22	☐	☐	☐	☐	☐	☐	☐	☐
23	☐	☐	☐	☐	☐	☐	☐	☐
24	☐	☐	☐	☐	☐	☐	☐	☐

Prüfungsteil Hörverstehen (HV)

Überblick und Anforderungen

Der Prüfungsteil Hörverstehen hat fünf Teile. Sie hören in jedem Teil einen oder mehrere Texte und lösen Aufgaben dazu. Der Prüfungsteil dauert insgesamt ungefähr 50 Minuten. Am Ende müssen Sie Ihre Lösungen auf ein Antwortblatt (siehe Seite 168–169) schreiben. Dafür haben Sie 10 Minuten Zeit. Sie dürfen kein Wörterbuch und kein Handy verwenden.

Hörtexte in der Prüfung

In der Prüfung hören Sie alle Texte und Aufgaben hintereinander ohne Stopps. Sie hören auch, was Sie genau tun müssen. Auf der Aufnahme sind auch „Pausen". In diesen Pausen haben Sie Zeit,
- die Aufgaben zu lesen,
- die Lösungen anzukreuzen,
- am Ende die Lösungen auf das Antwortblatt zu schreiben.

Hörtexte in diesem Buch

In diesem Buch gibt es, wie im Teil LV, zu jedem HV-Teil zwei Übungen („Übung 1" und „Übung 2"). Die Hörtexte bei „Übung 1" sind fünf einzelne Audiodateien. Sie können diese beliebig oft üben. Die Hörtexte bei „Übung 2" sind wie in der Prüfung zu einer Audiodatei zusammengefasst: Hier können Sie einmal die ganze Prüfung üben.

Themen der Hörtexte

Die Themen der Hörtexte kommen aus den Bereichen Beruf und Ausbildung, zum Beispiel berufliche Schule, Beruf, Berufswahl und Praktikum.

TIPPS

1. Lesen Sie die Aufgaben auf dem jeweiligen Aufgabenblatt zuerst gut durch. So können Sie beim Hören besser darauf achten, welche Informationen wichtig sind, und die Aufgabe leichter lösen.
2. Hören Sie die Texte ruhig und konzentriert ganz an. Markieren Sie erst dann die richtige Lösung. Das ist wichtig, denn manchmal kommt die entscheidende Information erst am Ende des Hörtextes.
3. Überprüfen Sie auch, ob die anderen Lösungsmöglichkeiten falsch sind. Das ist eine gute Kontrolle für Sie.
4. Denken Sie daran: Achten Sie genau auf die Aussagen in den Hörtexten. Auch wenn Sie etwas über ein Thema wissen: Im Text kann etwas anderes richtig sein.
5. Achten Sie auf die Aussagen, nicht nur auf einzelne Wörter. Wenn Sie ein Wort auf dem Aufgabenblatt im Hörtext hören: Achtung! Diese Antwort kann falsch sein.
6. Wenn Sie keine Lösung für eine Aufgabe finden, machen Sie gleich weiter mit der nächsten Aufgabe. Sonst verpassen Sie den nächsten Hörtext, denn die Aufnahme läuft automatisch weiter.
7. Schreiben Sie Ihre Lösungen immer erst auf die Aufgabenblätter. In der Prüfung müssen Sie die Lösungen am Ende auf ein Antwortblatt schreiben. Arbeiten Sie hier sehr genau (siehe Seite 145).

HV Teil 1: Dreifachwahlaufgaben (Multiple Choice) zu Alltagsgesprächen

Worum geht es? Sie hören fünf kurze Gespräche (Dialoge) aus dem Alltag verschiedener Personen. Zu jedem Gespräch gibt es eine Aufgabe. Sie hören jedes Gespräch zweimal. Es sind „Dreifachwahlaufgaben". Es gibt kein Beispiel.

Wie ist der Text? Jeder Dialog ist ca. 30 Sekunden lang (ca. 60 Wörter). Zwei Personen sprechen miteinander; sie beschreiben etwas oder berichten über etwas.

Was muss ich tun? Hören Sie sich die Audiodatei an. Lesen Sie vor jedem Gespräch zuerst die drei Antwortmöglichkeiten durch. Dann hören Sie das Gespräch und wählen aus, welche der drei Antworten passt. Am Ende hören Sie alle Gespräche (Szenen) noch einmal und können Ihre Lösungen überprüfen.

HV Teil 2: Dreifachwahlaufgaben (Multiple Choice) zu Mitteilungen, Ansagen oder Durchsagen

Worum geht es? Sie hören vier Mitteilungen. Zu jeder Mittelung gibt es eine Aufgabe. Sie hören jede Mitteilung zweimal. Es gibt kein Beispiel.

Wie ist der Text? Jeder Text ist ca. 30 Sekunden lang (ca. 50 Wörter). Sie hören private oder öffentliche Mitteilungen mit bestimmten Informationen: Nachrichten auf einem Anrufbeantworter oder einer Mailbox, Durchsagen oder Telefonansagen (zum Beispiel in einer Firma).

Was muss ich tun? Hören Sie sich die Audiodatei an.
Zuerst lesen Sie sich die Aussagen zu allen vier Hörtexten durch. Dann hören Sie die Mitteilungen. Nach jeder Mitteilung kreuzen Sie die richtige Antwort an. Am Ende hören Sie alle Mitteilungen noch einmal und können Ihre Lösungen überprüfen.

HV Teil 3: Ja-Nein-Aufgaben zu einem längeren Gespräch (Dialog)

Worum geht es? Sie hören einen Dialog und bekommen dazu fünf Aussagen. Sie müssen ankreuzen, ob die Aussagen richtig oder falsch sind. Sie hören den Dialog zweimal. Es gibt kein Beispiel.

Wie ist der Text? Der Dialog ist ca. zehn Minuten lang (ca. 400 Wörter). Sie hören ein Gespräch zwischen zwei Personen, die etwas besprechen oder etwas beschreiben, zum Beispiel:
- Telefongespräch mit Kunden oder Kollegen
- Verkaufsgespräch in einem Geschäft
- Führung durch einen Betrieb
- Interview

Was muss ich tun? Hören Sie sich die Audiodatei an. Lesen Sie zuerst die fünf Aussagen durch. Dann hören Sie das Gespräch und entscheiden, ob die Aussagen richtig oder falsch sind. Am Ende hören Sie das Gespräch noch einmal und können Ihre Lösungen überprüfen.

HV Teil 4: Dreifachwahlaufgaben (Multiple-Choice) zu einem monologischen Text

Worum geht es? Sie hören einen Text und bekommen dazu sechs Dreifachwahlaufgaben. Sie hören den Text zweimal. Es gibt kein Beispiel.

Wie ist der Text? Der Text ist ca. zehn Minuten lang (ca. 450 Wörter). Eine Person berichtet über etwas, zum Beispiel:
- Erfahrungen im Beruf
- Erlebnisse bei der Arbeit oder in der Schule
- eine berufliche Veranstaltung

Was muss ich tun? Hören Sie sich die Audiodatei an. Lesen Sie zuerst die Aufgaben. Dann hören Sie den Text und wählen aus, welche der drei Antworten jeweils passt. Am Ende hören Sie den Text noch einmal und können Ihre Lösungen überprüfen.

HV Teil 5: Zuordnung von Überschriften zu einer kurzen monologischen Stellungnahme

Worum geht es? Sie hören vier kurze Stellungnahmen (Meinungen) zu einem Thema und bekommen dazu acht Aussagen. Sie hören jede Stellungnahme nur einmal. Die Aussagen sind zum Beispiel kurze Beschreibungen, Meinungen, Überschriften, Informationen zu Personen oder Situationen oder Ankündigungen. Sie müssen zu jeder Stellungnahme die passende Aussage finden. Es gibt ein Beispiel.

Wie ist der Text? Vier Personen beschreiben oder erzählen etwas. Jede Stellungnahme ist ca. 30 Sekunden lang (ca. 40 Wörter). Es sind zum Beispiel:
- Ausschnitte aus Gesprächen oder Interviews
- Anrufe im Radio
- Teile eines Telefongesprächs

Was muss ich tun? Hören Sie sich die Audiodatei an. Lesen Sie zuerst die acht Lösungsvorschläge. Dann hören Sie die Texte. Nach jedem Text wählen Sie aus, welche Lösung passt.

Hörverstehen Teil 1, Vorübungen

TIPP
Beim Verstehen hilft es, wenn Ihnen klar ist, in welcher Situation die Personen sprechen. Das können Sie hier üben.

1 **1 Hören Sie jeweils den ersten Satz von 7 Gesprächen. Um welche Situation geht es? Ordnen Sie zu. Eine Situation kommt nicht vor.**

		Hörtext
a	im Unterricht	4
b	Anruf eines Kunden	___
c	auf dem Schulhof	___
d	Gespräch unter Kollegen	___
e	Gespräch Ausbilder mit Mitarbeiter / Mitarbeiterin im Praktikum	___
f	bei einem Vorstellungsgespräch	___
g	in einem Geschäft	___

2 **2 Hören Sie die Aussagen und kreuzen Sie die richtige Lösung an. Achten Sie auf die Wörter, die hier eine besondere Bedeutung haben (Signalwörter, siehe Seite 124), und darauf, was dazu gesagt wird. Nennen Sie dann einen Grund für die richtige Lösung.**

Beispiel:

a ☐ Der Schüler will noch ein *Referat* halten.
☒ Die Lehrerin will dem Schüler noch ein *Referat* aufgeben.
☐ Der Schüler kommt für ein *Referat* nicht infrage.

Grund: Der Schüler **will kein Referat** halten; **die Lehrerin will,** dass er es hält.

b ☐ Die Person hat ihr *Praktikum* eben erst angefangen.
☐ Die Person bekommt nach dem *Praktikum* eine feste Stelle.
☐ Die Person wird bald ein *Praktikum* beginnen.

Grund: ____________________

c ☐ Die Buchhandlung führt keine *Lehrbücher für Georgisch*.
☐ Der Verkäufer kennt sich mit *Lehrbüchern für Georgisch* nicht aus.
☐ Der Kunde wird vom Verkäufer über *Lehrbücher für Georgisch* beraten.

Grund: ____________________

d ☐ Die *Bestellung* ist da und soll ins Lager.
☐ Die *Bestellung* muss ins Lager, wenn sie kommt.
☐ Die *Bestellung* kann nicht ins Lager.

Grund: ____________________

TIPP
Schauen Sie sich bei den Dreifachauswahlaufgaben jede Antwort einzeln an. Jede Antwort enthält eine eigene Information, und jede kann richtig oder falsch sein. Das müssen Sie genau prüfen.

HV 1, Übung 1

Alltagsgespräche 1

3

Sie hören gleich fünf kurze Gespräche. Sie spielen im Alltag verschiedener Personen.
Lesen Sie zuerst die Aufgaben 1–5. Sie haben dafür **eine Minute** Zeit.
Hören Sie nun die Gespräche. Lösen Sie die Aufgaben beim Hören.
Kreuzen Sie bei jeder Aufgabe die richtige Lösung (A oder B oder C) an.
Danach hören Sie die Szenen noch einmal.

Aufgaben 1–5

1 Die Schüler sollen am Tag des Ausflugs
- A ☐ um 9 Uhr an der Schule sein.
- B ☐ das Geld für den Eintritt mitbringen.
- C ☐ ihre Referate dabei haben.

2 Die Kundin
- A ☐ hat ihren Fernseher heute bekommen.
- B ☐ soll mit einem anderen Mitarbeiter sprechen.
- C ☐ hat heute den ganzen Tag Zeit.

3 Der Chef
- A ☐ hat heute noch eine wichtige Besprechung.
- B ☐ soll noch einen Vertrag unterschreiben.
- C ☐ möchte noch schnell die Post beantworten.

4 Der Praktikant Herr Laubach soll am ersten Tag
- A ☐ pünktlich sein.
- B ☐ bequeme Kleidung tragen.
- C ☐ irgendeinen Mitarbeiter ansprechen.

5 Die Mitarbeiterin
- A ☐ war lange Zeit krank.
- B ☐ bleibt im Sommer zu Hause.
- C ☐ übernimmt die Leitung der Abteilung.

HV 1, Übung 2

HINWEIS

Die Hörtexte in „Übung 2" sind wie in der Prüfung in einer Audiodatei zusammengefasst. (Sie hören hier also im Anschluss auch die Hörtexte auf den Seiten 156, 160, 164 und 167). So können Sie die Prüfung „in echt" üben, mit allen Arbeitsanweisungen und Pausen zum Lösen der Aufgaben.

22

Alltagsgespräche 2

Sie hören gleich fünf kurze Gespräche. Sie spielen im Alltag verschiedener Personen.
Lesen Sie zuerst die Aufgaben 1–5. Sie haben dafür **eine Minute** Zeit.
Hören Sie nun die Gespräche. Lösen Sie die Aufgaben beim Hören.
Kreuzen Sie bei jeder Aufgabe die richtige Lösung (A oder B oder C) an. Danach hören Sie die Szenen noch einmal.

Aufgaben 1–5

1 Die Kundin
- A ☐ braucht Bücher für ihre Ausbildung.
- B ☐ bezahlt die Bücher selbst.
- C ☐ hat eine Liste von Büchern dabei.

2 Die Lehrerin teilt den Schülern mit, dass sie
- A ☐ vor allem gut für die Prüfung lernen sollen.
- B ☐ ihren Betrieb bitten müssen, ihnen frei zu geben.
- C ☐ sich für die Prüfung nicht selbst anzumelden brauchen.

3 Die Mitarbeiter
- A ☐ sollen zuerst das Lager aufräumen.
- B ☐ brauchen für den Auftrag den großen Wagen.
- C ☐ überlegen sich etwas für die Feier.

4 Die Kundin
- A ☐ ist als Gast im Hotel.
- B ☐ reserviert einen Massagetermin.
- C ☐ bezahlt nichts für die Massage.

5 Der Kollege
- A ☐ kommt später mit in die Stadt.
- B ☐ lädt die Kollegin zum Sport ein.
- C ☐ hat einen Platz in der Bar reserviert.

Hörverstehen Teil 2, Vorübung

Hören Sie die Durchsagen und ordnen Sie zu. Hören Sie dann noch einmal und kreuzen Sie die Wörter aus dem Hörtext an, die für die Lösung wichtig waren.

> **TIPP**
> Achten Sie beim Hören auf die Sache, die Person(en) oder den Sachverhalt. Hören Sie genau zu: Was wird darüber im Einzelnen gesagt?

4

Nachricht 1: Durchsage im Kaufhaus

1 Kleidung für Männer — c
2 Kleidung für Kinder
3 Kleidung für Frauen

a Man bekommt viele verschiedene Artikel.
b Die Ware wurde gerade geliefert.
c Man bezahlt heute weniger.

1 ☐ Herrenbekleidung ☐ heute ☐ preiswerter ☐ bei uns
2 ☐ Kinderwaren ☐ im Erdgeschoss ☐ große Auswahl
3 ☐ Damenmode ☐ aus Italien ☐ bei uns ☐ neu eingetroffen

Nachricht 2: Durchsage in einer Berufsschule

1 Abteilungsleiter
2 Auszubildende
3 Praktikanten

a müssen später noch in die Schule.
b treffen sich, um über etwas zu reden.
c können an diesem Tag früher gehen.

1 ☐ bitte ☐ Besprechung ☐ Büro
2 ☐ nachher ☐ noch ☐ Schule
3 ☐ Schluss machen ☐ um 13 Uhr ☐ bereits

Nachricht 3: Nachricht auf einem Anrufbeantworter

1 USB-Sticks
2 Beamer
3 Ladekabel

a Der Preis ist nicht hoch.
b Es gibt eine kleine Auswahl.
c Es gibt keine großen Modelle.

1 ☐ momentan ☐ nur kleine Modelle ☐ auf Lager
2 ☐ Modelle ☐ nur zwei ☐ anbieten ☐ leider
3 ☐ gerade ☐ günstig ☐ anbieten

Nachricht 4: Ansage auf einer Mailbox in einer Firma

1 Die Post
2 Das Schreiben
3 Der Rundbrief

a soll noch zum Drucken gegeben werden.
b soll ins Büro des Chefs gelegt werden.
c soll noch geschrieben werden.

1 ☐ auf meinen Schreibtisch ☐ legen ☐ bitte ☐ bevor Sie gehen
2 ☐ tippen ☐ Rechtsanwalt Müller ☐ bitte
3 ☐ bringen ☐ Druckerei ☐ noch

HV 2, Übung 1

Durchsagen und Telefonansagen 1

5

Sie hören gleich vier Durchsagen und Telefonansagen.
Lesen Sie zuerst die Aufgaben 6–9. Sie haben dafür **eine Minute** Zeit.
Hören Sie nun die Durchsagen und Telefonansagen. Lösen Sie die Aufgaben beim Hören.
Kreuzen Sie bei jeder Aufgabe die richtige Lösung (A oder B oder C) an.
Danach hören Sie die Durchsagen und Telefonansagen noch einmal.

Aufgaben 6–9

6 Die Schüler der zwölften Klasse
- A ☐ sollen zu einer Besprechung kommen.
- B ☐ treffen sich gleich am Eingang.
- C ☐ haben wegen der Konferenz frei.

7 Wenn Martin heute nicht mehr ins Lager muss,
- A ☐ kann er den Schlüssel mit nach Hause nehmen.
- B ☐ soll er den Schlüssel bei Lisa vorbeibringen.
- C ☐ findet er den Schlüssel morgen wieder im Büro.

8 Wenn man etwas zu einer Lieferung fragen möchte,
- A ☐ ruft man die Handynummer der Firma an.
- B ☐ wird man angerufen, wenn man seine Daten sagt.
- C ☐ geht man auf die Internetseite der Firma Heiligen.

9 In der Halle werden
- A ☐ gleich ein Buffet und Getränke aufgebaut.
- B ☐ die Mitarbeiter heute ein Jubiläum feiern.
- C ☐ die Kollegen der Marketingabteilung ausgezeichnet.

HV 2, Übung 2

22

Durchsagen und Telefonansagen 2

Sie hören gleich vier Durchsagen und Telefonansagen.
Lesen Sie zuerst die Aufgaben 6–9. Sie haben dafür **eine Minute** Zeit.
Hören Sie nun die Durchsagen und Telefonansagen. Lösen Sie die Aufgaben beim Hören.
Kreuzen Sie bei jeder Aufgabe die richtige Lösung (A oder B oder C) an.
Danach hören Sie die Durchsagen und Telefonansagen noch einmal.

Aufgaben 6–9

6 Die Firma Happer
- A ☐ kann die Ersatzteile am nächsten Tag vorbeibringen.
- B ☐ hat die Ersatzteile noch bis 20 Uhr im Lager.
- C ☐ besorgt die Ersatzteile, wenn man vorher anruft.

7 Frau Reichart
- A ☐ soll spontan auf der Arbeit aushelfen.
- B ☐ hat viele Kunden auf der Warteliste.
- C ☐ hat zu viele Überstunden.

8 Auf der Ausbildungsbörse
- A ☐ kann man im großen Saal Lose bekommen.
- B ☐ kosten die wertvollen Servicepakete kaum etwas.
- C ☐ gibt es rund um das Thema „Handwerk" einen Vortrag.

9 Das Kaufhaus
- A ☐ schließt in einer halben Stunde.
- B ☐ bietet reduzierte Spielwaren an.
- C ☐ hat im Restaurant ein besonderes Angebot.

Hörverstehen Teil 3, Vorübung 1

TIPP
Lösen Sie die Aufgaben Schritt für Schritt. Sie lernen auf diese Weise, alle Informationen in den Hörtexten zu überprüfen.

6 **1 Hören Sie den Ausschnitt aus einem Verkaufsgespräch.**

a Sind die Aussagen richtig oder falsch? Kreuzen Sie an.

		richtig	falsch
1	Der Kunde möchte aus modischen Gründen eine neue Uhr.	☐	☐
2	Der Kunde möchte eine neue Uhr, weil er seine nicht mehr gut findet.	☐	☐
3	Der Kunde möchte eine neue Uhr kaufen, weil er mehrere haben will.	☐	☐
4	Der Kunde möchte nur eine neue Uhr, weil die alte kaputt ist.	☐	☐

b Hören Sie noch einmal. Welche Teile aus dem Hörtext brauchen Sie, um die Aussagen in a beurteilen zu können? Markieren Sie.

A Modische Dinge sind mir egal.
B Meine Uhr war eigentlich genau die richtige für mich.
C Mehr als eine brauche ich auch nicht.
D Sie geht nicht mehr.

7 **2 Hören Sie den Ausschnitt aus einem weiteren Verkaufsgespräch.**

a Sind die Aussagen richtig oder falsch? Kreuzen Sie an.

		richtig	falsch
1	Die Kundin sucht ein Paar Skier aus.	☐	☐
2	Die Kundin sucht eine Skijacke aus.	☐	☐
3	Die Kundin braucht keinen Helm.	☐	☐
4	Die Kundin möchte keine Skischuhe ausleihen.	☐	☐
5	Die Kundin braucht Handschuhe und Skibrille.	☐	☐

b Hören Sie noch einmal. Welche Teile aus dem Hörtext brauchen Sie, um die Aussagen in a beurteilen zu können? Markieren Sie wie in Aufgabe 1b.

A Die Skier können Sie sich erst einmal leihen.
B Eine Skijacke würde ich empfehlen. (...) Gut, dann schauen wir nachher nach einer.
C In vielen Skigebieten muss man einen Helm tragen.
D Gebrauchte Schuhe mag ich nicht.
E Handschuhe, Skibrille – das nehme ich auch noch.

3 Hören Sie den Ausschnitt aus einer Führung durch einen Betrieb.
8

a Sind die Aussagen richtig oder falsch? Kreuzen Sie an.

	richtig	falsch
1 Die Maschine füllt nur kalte Getränke in Flaschen.	☐	☐
2 Die Maschine kann vermeiden, dass Schaum entsteht.	☐	☐
3 In die Maschine passen unterschiedliche Flaschengrößen.	☐	☐
4 Die besichtigte Maschine ist nur für Wasser geeignet.	☐	☐

b Hören Sie noch einmal. Welche Teile aus dem Hörtext brauchen Sie, um die Aussagen in a beurteilen zu können? Markieren Sie wie in Aufgabe 1b.

A Es gibt Maschinen für kalte und für heiße Getränke. Letztere sehen aber anders aus.
B Bei Limonade wäre noch wichtig, dass möglichst wenig Schaum entsteht. Das geht mit dieser Anlage hier nicht.
C Außerdem ist diese Maschine hier für eine bestimmte Flaschengröße eingestellt, nämlich für 0,75 Liter ...
D ... nämlich für 0,75-Liter-Mineralwasserflaschen.

HV 3, Vorübung 2

1 Hören Sie den Ausschnitt aus einer Einweisung am ersten Arbeitstag.
9

a Sind die Aussagen richtig oder falsch? Kreuzen Sie an.

	richtig	falsch
1 Die Sekretärin soll einzelne Exemplare im Druckerraum drucken lassen.	☐	☐
2 Die Sekretärin soll Schreiben für die ganze Firma im Druckerraum drucken lassen.	☐	☐
3 Die Sekretärin soll Material für Kunden im Druckerraum drucken lassen.	☐	☐
4 Die Sekretärin soll Werbeprospekte im Druckerraum drucken lassen.	☐	☐

b Hören Sie noch einmal. Welche Teile aus dem Hörtext brauchen Sie, um die Aussagen in a beurteilen zu können? Ordnen Sie zu.

	Aussage
A Druckerei: Werbung für Kunden	4
B Druckerei: Kataloge an Kunden verschicken	___
C Drucker im Büro: einzelne Exemplare	___
D Druckerraum: etwas für den ganzen Betrieb	___

2 Hören Sie den Ausschnitt aus einem Vorstellungsgespräch.
10

a Sind die Aussagen richtig oder falsch? Kreuzen Sie an.

	richtig	falsch
1 Die Bewerberin hat noch Fragen zur Internetseite der Firma.	☐	☐
2 Die Bewerberin kann die Firma gut mit dem Bus erreichen.	☐	☐
3 Die Bewerberin hat über die Firma bisher nur Gutes gehört.	☐	☐
4 Die Bewerberin hat auf der Homepage der Firma herausgefunden, dass sie dort gut mit dem Bus hinfahren kann.	☐	☐

b Hören Sie noch einmal. Welche Teile aus dem Hörtext brauchen Sie, um die Aussagen in a beurteilen zu können? Ordnen Sie zu.

	Aussage
A Homepage: die meisten Informationen – keine Fragen	___
B mit öffentlichen Verkehrsmitteln gut zu erreichen	___
C alle Bekannten: nur Positives gesagt	___
D gut zu erreichen – wie ich gehört habe	___

11

3 Hören Sie den Ausschnitt aus einem Interview.

a Sind die Aussagen richtig oder falsch? Kreuzen Sie an.

	richtig	falsch
1 Am wichtigsten ist der Frau, von Anfang an gut zu verdienen.	☐	☐
2 Am wichtigsten ist der Frau, beruflich einmal weiterzukommen.	☐	☐
3 Am wichtigsten ist der Frau, dass die Ausbildung zu dem passt, was sie kann und wofür sie sich interessiert.	☐	☐

b Hören Sie noch einmal. Welche Teile aus dem Hörtext brauchen Sie, um die Aussagen in a beurteilen zu können? Ordnen Sie zu.

	Aussage(n)
A Und Ausbildung muss passen – zu meinen Interessen – und was ich kann	___
B gut verdienen – natürlich auch wichtig	___
C größte Rolle: Chancen – später einmal höhere Position	___

HV 3, Übung 1

12
Verkaufsgespräch

Sie hören gleich ein Verkaufsgespräch.
Lesen Sie zuerst die Sätze 10–14. Sie haben dafür **eine Minute** Zeit.

Hören Sie nun das Gespräch. Lösen Sie die Aufgaben beim Hören.
Kreuzen Sie bei jeder Aufgabe (10–14) an: richtig oder falsch?

Danach hören Sie das Gespräch noch einmal.

Aufgaben 10–14

		richtig	falsch
10	Der Kunde möchte nur eine neue Uhr, weil die alte kaputt ist.		
11	Die Uhr soll zwei Anzeigen haben, mit Zeigern und Ziffern.		
12	Der Kunde überlegt sich gut, welche Farbe die Uhr haben soll.		
13	Der Kunde sucht sich eine Uhr mit Stoppuhr aus.		
14	Die Uhr wird mit Kreditkarte bezahlt.		

HV 3, Übung 2

22
Vorstellungsgespräch

Sie hören gleich ein Vorstellungsgespräch.

Lesen Sie zuerst die Sätze 10–14. Sie haben dafür **eine Minute** Zeit.

Hören Sie nun das Gespräch. Lösen Sie die Aufgaben beim Hören.
Kreuzen Sie bei jeder Aufgabe (10–14) an: richtig oder falsch?
Danach hören Sie das Gespräch noch einmal.

Aufgaben 10–14

		richtig	falsch
10	Frau Rohberg fand in der Schule Chemie am besten.		
11	Der Bewerberin fällt es leicht, früh aufzustehen.		
12	Die junge Frau hat schon einmal im gleichen Krankenhaus gearbeitet.		
13	Für sie ist medizinisches Wissen das Wichtigste im Krankenpflegeberuf.		
14	Die Kandidatin hatte schon überlegt, in der Orthopädie anzufangen.		

Hörverstehen Teil 4, Vorübungen

13 **1 Lesen Sie die Aufgaben 1–3.**

a Wann passiert das / ist das passiert? In der Gegenwart (G), in der Vergangenheit (V) oder in der Zukunft (Z)? Notieren Sie *G* oder *V* oder *Z*.

1 Der Praktikant
- A ☐ musste am Anfang Ware ins Lager tragen. ☐ V
- B ☐ muss jeden Tag Ware ins Lager tragen. ☐
- C ☐ muss bald Ware ins Lager tragen. ☐

2 Der Praktikant
- A ☐ sortiert Schilder für Artikel. ☐
- B ☐ sollte am Anfang Schilder sortieren. ☐
- C ☐ darf bald endlich Artikelschilder sortieren. ☐

3 Der Praktikant
- A ☐ übernimmt demnächst auch die Beratung von Kunden. ☐
- B ☐ darf schon selbstständig Kunden beraten. ☐
- C ☐ war in der Kundenberatung beschäftigt. ☐

b Hören Sie jetzt die Aussage des Praktikanten. Achten Sie auf die Zeit und kreuzen Sie die jeweilige Lösung in a an (A oder B oder C). Vergleichen Sie mit dem Lösungsschlüssel.

2 Lesen Sie die Aufgaben 1–3.

a Markieren Sie, *wer* etwas tut und *was* er tut.

1 Telefonische Bestellungen
- A ☐ werden von Kunden im Servicebereich aufgegeben.
- B ☐ muss der Mitarbeiter im Lager nachher zusammenstellen.
- C ☐ sollen vom Servicemitarbeiter aufgeschrieben werden.

2 Der Mitarbeiter, der im Büro sitzt,
- A ☐ stellt die Ware zusammen, wenn ein Kunde anruft.
- B ☐ ist zuständig, wenn jemand ins Büro kommt, um etwas zu bestellen.
- C ☐ schreibt auf, welche Ware Kunden haben möchten, die anrufen.

3 Die Kunden der Firma
- A ☐ können ins Lager kommen und dort bestellte Ware mitnehmen.
- B ☐ müssen im Büro anrufen, wenn sie etwas bestellen möchten.
- C ☐ erhalten Ware im Servicebereich, wenn sie sie telefonisch bestellt haben.

14 **b Hören Sie jetzt die Aussage eines Servicemitarbeiters. Achten Sie darauf, wer etwas tut und was er tut und kreuzen Sie die jeweilige Lösung in 2a an (A oder B oder C). Vergleichen Sie mit dem Lösungsschlüssel.**

15 **3 Hören Sie die Aussagen eines Schülers und achten Sie darauf, *warum* etwas geschieht. Kreuzen Sie jeweils die richtige Lösung an (A oder B oder C).**

Teil A

Der Schüler hat das Berufskolleg gewählt, weil er

A ☐ das Abitur für einen interessanten Beruf braucht.
B ☐ schon bisher gute Noten gehabt hat.
C ☐ einmal im Bereich Informatik arbeiten möchte.

Teil B

Die Schule hat den Schüler in den Informatikzweig aufgenommen, weil

A ☐ er später einmal in der IT-Branche arbeiten will.
B ☐ ein Gymnasium nichts für ihn ist.
C ☐ er gute Leistungen nachweisen konnte.

Teil C

Der Schüler hat sich für seinen fachlichen Zweig entschieden wegen

A ☐ seiner guten Noten in Informatik.
B ☐ seines guten Abiturs im Fach Informatik.
C ☐ der Computerkenntnisse, die er dort bekommen kann.

HV 4, Übung 1

16

Berufsbörse Handwerk

Sie hören einen Bericht im Radio. Reporterin Nina Scholl berichtet von einer Berufsbörse der Handwerkskammer.

Lesen Sie zuerst die Aufgaben 15–20. Sie haben dafür **eine Minute** Zeit.

Hören Sie nun den Bericht. Lösen Sie die Aufgaben beim Hören.
Kreuzen Sie bei jeder Aufgabe die richtige Lösung (A oder B oder C) an.

Danach hören Sie den Bericht noch einmal.

Aufgaben 15–20

15 Bei der Berufsbörse
- A ☐ haben die bekannten Berufe das meiste Publikum.
- B ☐ bekommt man bei den Vorträgen gut einen Sitzplatz.
- C ☐ muss man für den Besuch etwas bezahlen.

16 Am Stand der Buchbinder
- A ☐ kann man sein eigenes Buch herstellen.
- B ☐ sind Maschinen zum Buchbinden zu sehen.
- C ☐ zeigt eine Mitarbeiterin, wie ein Buch repariert wird.

17 Bei den Graveuren
- A ☐ warten vor allem Frauen in der Schlange.
- B ☐ erzählt der Mitarbeiter, worauf man achten muss.
- C ☐ kann man Ringe mit seinem Namen kaufen.

18 Beim Vortrag der Bäcker
- A ☐ wird sehr viel gelacht.
- B ☐ gibt es Brot zum Probieren.
- C ☐ stellen die Leute noch Fragen.

19 Es gibt ein Quiz auf der Börse,
- A ☐ für das man Fragebögen ausfüllen muss.
- B ☐ das dieses Jahr zum ersten Mal stattfindet.
- C ☐ bei dem nur der Sieger einen Preis bekommt.

20 Der Veranstalter berichtet, dass
- A ☐ jedes Jahr mehr Besucher zur Börse kommen.
- B ☐ er eine neue Halle sucht, weil die Miete zu hoch wird.
- C ☐ man auf der Börse Ausbildungsverträge abschließen konnte.

HV 4, Übung 2

🔊 22

Praktikum bei der Agentur für Arbeit

Sie hören einen Bericht im Radio. Julian Peters erzählt von seinem Praktikum im Berufsinformationszentrum der Agentur für Arbeit.

Lesen Sie zuerst die Aufgaben 15–20. Sie haben dafür **eine Minute** Zeit.

Hören Sie nun den Bericht. Lösen Sie die Aufgaben beim Hören.
Kreuzen Sie bei jeder Aufgabe die richtige Lösung (A oder B oder C) an.

Danach hören Sie den Bericht noch einmal.

Aufgaben 15–20

15 Julian hat sich den Praktikumsplatz ausgesucht, weil
- A ☐ sein Bruder im Arbeitsamt arbeitet.
- B ☐ seine Mutter ihn auf die Idee gebracht hat.
- C ☐ eine Schulfreundin dasselbe Praktikum gemacht hat.

16 Am ersten Tag hat Julian
- A ☐ erst die falsche Mitarbeiterin angesprochen.
- B ☐ sich gleich die Karten mit Berufen angesehen.
- C ☐ in der Mittagspause in der Kantine gegessen.

17 Frau Müller wurde immer nervös, wenn
- A ☐ es richtig voll wurde.
- B ☐ etwas nicht zu finden war.
- C ☐ sie etwas nicht sofort wusste.

18 Als eine Freundin von Julian zu einem Termin kam,
- A ☐ hat er einen Test mit ihr gemacht.
- B ☐ war er ein bisschen nervöser als sonst.
- C ☐ konnte er sie richtig zum Lachen bringen.

19 Sein eigener Test hat ergeben, dass
- A ☐ Julian im Büro arbeiten sollte.
- B ☐ eine duale Ausbildung etwas für ihn wäre.
- C ☐ der Umgang mit Menschen ihm liegt.

20 Zum Ende seines Praktikums
- A ☐ wurde für Julian zum Abschied ein Kuchen gebacken.
- B ☐ hatte Julian seinen Traumberuf gefunden.
- C ☐ musste Julian noch einen Bericht schreiben.

Hörverstehen Teil 5, Vorübungen

TIPP
Oft lesen Sie Wörter in den Aussagen, die Sie auch in den Texten hören. Die Aussage mit gleichen Wörtern muss aber nicht immer die richtige Antwort sein. Hören Sie deshalb genau zu.

1 Hören Sie die Meinungen 1–4 und kreuzen Sie die richtigen Lösungen an.

17 Meinung 1
a ☐ Unsere Lehrerin tut viel für uns.
b ☐ Unsere Lehrerin macht interessanten Unterricht.

18 Meinung 2
a ☐ Wir können Pause machen, wann wir möchten.
b ☐ In den Pausen trinke ich meist einen Kaffee.

19 Meinung 3
a ☐ Ich möchte mit dem Computer arbeiten.
b ☐ Meine Eltern wollen, dass ich die Firma übernehme.

20 Meinung 4
a ☐ Ich mache zur Sicherheit ein Praktikum in einer Praxis.
b ☐ Ich brauche zwei Monate Praktikum.

2 Hören Sie die Texte jetzt noch einmal. Kreuzen Sie die richtige Lösung an und schreiben Sie eine Antwort auf die Fragen in Ihr Heft.

17 Meinung 1
Was muss die Lehrerin noch lernen?
a ☐ Den Schülern zu helfen.
b ☐ Einen guten Unterricht zu machen.

Was muss sie also nicht mehr lernen? Was tut sie schon? *Sie hilft den Schülern.*

18 Meinung 2
Was können die Mitarbeiter tun?
a ☐ Sie können Pause machen, *wann* sie möchten.
b ☐ Sie können in der Pause machen, *was* sie möchten.

Was passt also gut zu ihren Pausenzeiten?

19 Meinung 3
Was sagt der Mann über die Arbeit am Computer?
a ☐ Er *muss* (im Betrieb seiner Eltern) am Computer arbeiten.
b ☐ Er *kann* gut am Computer arbeiten.
c ☐ Er *will* gerne am Computer arbeiten.

Worüber würden sich seine Eltern freuen?

20 Meinung 4
Was sagt die Frau über die Dauer ihres Praktikums?
a ☐ Man muss zwei Monate Praktikum machen.
b ☐ Zwei Monate Praktikum sind mehr als nötig.

Muss sie also zwei Monate Praktikum machen?

HV 5, Übung 1

21

Urlaubsplan

Sie hören vier Ausschnitte aus einem Pausengespräch über den Urlaubsplan. In dem Plan wird festgehalten, wer zu welchem Zeitpunkt Urlaub nehmen kann.

Lesen Sie zuerst die Aussagen (A–H).
Sie haben dafür **30 Sekunden** Zeit.

Notieren Sie beim Hören zu jeder Meinung (Nummer 21–24) den richtigen Buchstaben (A–H).

Vier Buchstaben bleiben übrig.

Sie hören die Meinungen nur **einmal**. Zuerst hören Sie ein Beispiel.

Das Beispiel hat die Nummer **0**. Die Lösung ist **Z**.

Aussagen A–H

(Z)	Meine Kollegin arbeitet den Urlaubsplan aus.
(A)	Bei uns bestimmt leider immer alles der Chef.
(B)	Kollegen, die länger hier sind, bestimmen den Urlaubsplan.
(C)	Wer nicht aufpasst, hat Pech gehabt.
(D)	Kollegen mit Kindern dürfen zuerst aussuchen.
(E)	Mir ist der Plan egal, ich bin flexibel.
(F)	Der Chef findet immer gute Lösungen.
(G)	Den Plan stimmen wir immer demokratisch ab.
(H)	Beim Urlaubsplan entscheiden immer betriebliche Gründe.

Aufgaben 21–24

Nummer	Buchstabe
0	Z
21	
22	
23	
24	

HV 5, Übung 2

22

Betriebsklima

Sie hören vier Anrufe im Radio zum Thema „Betriebsklima“. Jugendliche erzählen in einer Sendung, welche Erfahrungen sie in ihrem Betrieb mit den Kollegen und Chefs gemacht haben.

Lesen Sie zuerst die Aussagen (A–H).
Sie haben dafür **30 Sekunden** Zeit.

Notieren Sie beim Hören zu jedem Beitrag (Nummer 21–24) den richtigen Buchstaben (A–H).

Vier Buchstaben bleiben übrig.

Sie hören die Beiträge nur **einmal**. Zuerst hören Sie ein Beispiel.

Das Beispiel hat die Nummer **0**. Die Lösung ist **Z**.

Aussagen A–H

(Z)	Das Betriebsklima ist mir egal.
(A)	Unser Chef ist gerecht und motiviert uns.
(B)	Wir machen auch privat etwas zusammen.
(C)	Wir arbeiten wirklich als gutes Team.
(D)	Die Launen unseres Chefs sind ein Problem.
(E)	In unserem Betrieb ist der Chef einer von uns.
(F)	Bei uns müssen alle „du“ zueinander sagen.
(G)	Mit einigen Kolleginnen bin ich befreundet.
(H)	Bei uns arbeiten alle gegeneinander.

Aufgaben 21–24

Nummer	Buchstabe
0	Z
21	
22	
23	
24	

Übertragung der Lösungen auf die Antwortblätter

1 **Lesen Sie sich jetzt noch einmal die Übungsseite zum Ausfüllen der Antwortblätter im Prüfungsteil LV (Seite 145) durch.**

2 **Wiederholen Sie die Aufgaben 2–4 dort nun für den Prüfungsteil HV. Übertragen Sie zuerst die Lösungen für HV Teil 1–5, Übung 1 auf das Antwortblatt auf Seite 168. Lassen Sie dann jemanden kontrollieren. Übertragen Sie danach die Lösungen für HV Teil 1–5, Übung 2 auf das Antwortblatt auf Seite 169.**

Anwortblatt zur Übertragung der Lösungen zu HV 1–5, Übung 1

(Seite 152, 155, 160, 163, 166)

Deutsches Sprachdiplom der KMK – Niveaustufe A2/B1
Prüfungsteil Hörverstehen
Antwortblatt

____________________ ____________________

Name Vorname

Sie haben **10 Minuten Zeit**, um Ihre Lösungen auf das Antwortblatt zu übertragen.

Markieren Sie mit **schwarzem** Schreiber:

so: ☒ **so nicht:**

Wenn Sie eine Markierung korrigieren möchten, füllen Sie das falsch markierte Feld ganz aus: ■
und markieren Sie anschließend das richtige Feld so: ☒

Teil 1: Alltagsgespräche 1

	A	B	C
1	☐	☐	☐
2	☐	☐	☐
3	☐	☐	☐
4	☐	☐	☐
5	☐	☐	☐

Teil 2: Durchsagen und Telefonansagen 1

	A	B	C
6	☐	☐	☐
7	☐	☐	☐
8	☐	☐	☐
9	☐	☐	☐

Teil 3: Verkaufsgespräch

	richtig	falsch
10	☐	☐
11	☐	☐
12	☐	☐
13	☐	☐
14	☐	☐

Teil 4: Berufsbörse Handwerk

	A	B	C
15	☐	☐	☐
16	☐	☐	☐
17	☐	☐	☐
18	☐	☐	☐
19	☐	☐	☐
20	☐	☐	☐

Teil 5: Urlaubsplan

	A	B	C	D	E	F	G	H
21	☐	☐	☐	☐	☐	☐	☐	☐
22	☐	☐	☐	☐	☐	☐	☐	☐
23	☐	☐	☐	☐	☐	☐	☐	☐
24	☐	☐	☐	☐	☐	☐	☐	☐

Anwortblatt zur Übertragung der Lösungen zu HV 1–5, Übung 2

(Seite 153, 156, 160, 164, 167)

Deutsches Sprachdiplom der KMK – Niveaustufe A2/B1
Prüfungsteil Leseverstehen
Antwortblatt

Name ____________________ Vorname ____________________

Sie haben **10 Minuten Zeit**, um Ihre Lösungen auf das Antwortblatt zu übertragen.

Markieren Sie mit **schwarzem** Schreiber:
so: ☒ so nicht: ● ⊗ ⊘

Wenn Sie eine Markierung korrigieren möchten, füllen Sie das falsch markierte Feld ganz aus: ■
und markieren Sie anschließend das richtige Feld so: ☒

Teil 1: Alltagsgespräche 2

	A	B	C
1	☐	☐	☐
2	☐	☐	☐
3	☐	☐	☐
4	☐	☐	☐
5	☐	☐	☐

Teil 2: Durchsagen und Telefonansagen 2

	A	B	C
6	☐	☐	☐
7	☐	☐	☐
8	☐	☐	☐
9	☐	☐	☐

Teil 3: Vorstellungsgespräch

	richtig	falsch
10	☐	☐
11	☐	☐
12	☐	☐
13	☐	☐
14	☐	☐

Teil 4: Praktikum bei der Agentur für Arbeit

	A	B	C
15	☐	☐	☐
16	☐	☐	☐
17	☐	☐	☐
18	☐	☐	☐
19	☐	☐	☐
20	☐	☐	☐

Teil 5: Betriebsklima

	A	B	C	D	E	F	G	H
21	☐	☐	☐	☐	☐	☐	☐	☐
22	☐	☐	☐	☐	☐	☐	☐	☐
23	☐	☐	☐	☐	☐	☐	☐	☐
24	☐	☐	☐	☐	☐	☐	☐	☐

Prüfungsteil Mündliche Kommunikation (MK)

Überblick und Anforderungen

Die mündliche Prüfung hat zwei Teile und dauert etwa 15 Minuten. Im ersten Teil müssen Sie ein Gespräch führen, im zweiten Teil halten Sie einen Vortrag und müssen danach Fragen dazu beantworten. Die Prüfung beginnt mit einer Begrüßung und allgemeinen Fragen.

MK Teil 1: Ein Gespräch führen

Worum geht es?	Sie müssen ein Gespräch mit dem Prüfer / der Prüferin über Alltagsthemen führen, die mit der Ausbildung oder mit der Berufsschule zu tun haben.
Was muss ich dafür können?	Sie müssen über ein Thema berichten und etwas erklären können. Sie müssen die Fragen des Prüfers / der Prüferin verstehen, darauf reagieren und auch eigene Fragen stellen, damit ein Gespräch zwischen Ihnen und dem Prüfer / der Prüferin entsteht.
Was muss ich tun?	Der Prüfer / Die Prüferin stellt Ihnen etwa zwei bis vier Fragen zu Themen wie „Small Talk mit Kollegen" oder Fragen wie in einem Vorstellungsgespräch. Die Themen passen normalerweise zu Ihren eigenen Erfahrungen und Interessen, aber nicht zum Thema Ihres Vortrags in Teil 2. Sie müssen antworten und so in ein Gespräch mit dem Prüfer / der Prüferin kommen. Er / Sie fragt bei Ihren Antworten auch nach.

TIPP
Geben Sie keine kurzen Antworten. Wenn Ihre Antworten zu kurz sind, bekommen Sie mehr Fragen.

MK Teil 2: Einen Vortrag halten

Worum geht es?	Sie müssen einen Vortrag über ein Thema halten, das Sie vorbereitet haben. Themen sind zum Beispiel die Beschreibung eines Produkts, eines Berufs, einer Firma, eines Berufskollegs oder eines Gegenstandes, den Sie selbst hergestellt haben. Nach dem Vortrag stellt Ihnen der Prüfer / die Prüferin Fragen zu Ihrem Thema.
Was muss ich dafür können?	Sie müssen wie in Teil 1 über etwas berichten und auch Fragen verstehen und beantworten können. Und Sie müssen die Wahl Ihres Themas begründen können. Außerdem müssen Sie ein paar Minuten frei reden können.
Was muss ich tun?	Sie müssen ein Thema vorbereiten und dieses in der Prüfung präsentieren. Das Thema können Sie in den Wochen und Monaten vor der Prüfung selbst wählen. Zur Prüfung können Sie sich Notizen mitnehmen. Sie müssen Ihren Vortrag auch durch Materialien zur Präsentation unterstützen.

TIPP
Wählen Sie Ihr Thema rechtzeitig, am besten in den ersten Wochen des neuen Schuljahrs. Besprechen Sie es mit Ihrem Lehrer / Ihrer Lehrerin. Am besten, Sie wählen ein Thema, zu dem Sie schon ein Projekt gemacht haben.

Prüfungsablauf (Zeit: insgesamt ca. 15 Minuten)

1 Begrüßung und allgemeine Fragen / Teil 1: Gespräch mit dem Pr. / der Pr.	} ca. 5 Minuten
2 Teil 2: Vortrag	
3 Teil 2: Prüferfragen zum Thema	je ca. 5 Minuten

Mündliche Kommunikation Teil 1

Prüfungsgespräch mit Fragen aus vertrauten Themenbereichen

Die geforderte Art der Antwort erkennen

1 **Prüfungsfragen**

a **Überlegen Sie, was Sie bei den folgenden Fragen tun sollen. Ordnen Sie zu.**

Frage		Was Sie tun sollen
1 Was unternehmen Sie am liebsten, wenn Sie sich mit Mitschülern oder Kollegen treffen? Warum?	c	a sagen, was Sie vorhaben bzw. machen möchten
2 Was möchten Sie nach der Ausbildung als Erstes machen?	☐	b sagen, was oder wie Sie etwas normalerweise machen
3 Sie hatten doch neulich einen Tag der offenen Tür in Ihrem Betrieb. Was konnte man da sehen?	☐	c sagen, was Sie gut finden und warum
4 Wie sieht für Sie ein ganz normaler Arbeitstag aus?	☐	d beschreiben, wie Personen, Dinge oder Orte sind, die Sie kennen
5 Können Sie uns Ihre Firma ein bisschen beschreiben?	☐	e sagen, wie man etwas machen kann
6 Sie machen eine Ausbildung als ..., Haben Sie Tipps für diesen Beruf?	☐	f erzählen, wie etwas war und was passiert ist

TIPP

Sie können sich nicht auf alle möglichen Fragen vorbereiten. Es gibt aber verschiedene Grundtypen von Fragen. Wenn Sie diese kennen, können Sie leicht passende Antworten geben. Außerdem wählt Ihr Lehrer / Ihre Lehrerin für Sie Themen aus, über die Sie viel wissen.

b **Lesen Sie die folgenden Grundtypen von Fragen und die Themen. Sie geben Ihnen einen Überblick, was und wie in der Prüfung gefragt wird. (In den nachfolgenden Aufgaben lernen Sie, was Sie in der Prüfung sagen können).**

Überblick: Grundtypen von Fragen

Beispielfragen	Grundtyp	Was Sie tun sollen und was Sie dafür brauchen
– Ihr Lieblingsfach ist ... Warum? – Welche Tätigkeiten im Betrieb mögen Sie am liebsten? Weshalb?	**Vorlieben mit Begründung** Sie mögen gern .... Warum? Was gefällt Ihnen daran?	sagen, was Sie gut finden und warum (Lieblings... / Wie ist das ideale ...?) Dazu brauchen Sie: – Präsens – Sätze mit: „denn“, „weil“, „deshalb“ – Sätze mit Vergleichen (Steigerung): „lieber als“, „besser als“, „interessanter als“ ...

– Wo möchten Sie später gerne arbeiten? Warum? – Wenn Sie bestimmen dürfen: Wie sieht für Sie eine gute Berufsschule aus? Was möchten Sie anders machen?	**Wünsche und Pläne** Was möchten Sie gerne (nach ...) machen?	sagen, was Sie vorhaben bzw. machen möchten oder was Sie tun würden, wenn ... Dazu brauchen Sie: – Präsens – Sätze mit „würde"
– Wie haben Sie Ihren ersten Tag in der Firma erlebt? Erzählen Sie! – Was haben Sie in letzter Zeit beruflich Besonderes erlebt? Erzählen Sie!	**Ereignisse und Erlebnisse** Wie war Ihr (letztes) ...? Erzählen Sie davon.	erzählen, wie etwas war und was passiert ist Dazu brauchen Sie: Vergangenheitsformen: Perfekt, Präteritum
– Wie erholen Sie sich am besten von der Arbeit? Erzählen Sie! – Was haben Sie auf der Arbeit alles zu erledigen?	**Gewohnheiten** Wie verbringen Sie ein typisches ...? / Was machen Sie bei ...?	sagen, was oder wie Sie etwas normalerweise machen Dazu brauchen Sie: – Präsens – Sätze mit Verbindungen, die die Zeit beschreiben: „zuerst", „dann", „später", „immer" ...
– Erzählen Sie mir über Ihren Chef. – Haben Sie ein Hobby? Erzählen Sie.	**Bekanntes** Erzählen Sie von Ihrem .... Wie ist ... / was macht ...?	beschreiben, wie Personen oder Dinge sind, die Sie kennen Dazu brauchen Sie: Zeitformen: Präsens, Perfekt, Präteritum
– Wie lernt man am besten? Was würden Sie jemandem raten? – Können Sie mir Tipps geben, wie man sich am besten organisiert?	**Tipps** Wie würden Sie ... machen? Können Sie mir Tipps geben?	sagen, wie man etwas machen kann Dazu brauchen Sie: – die Zeitform Präsens – Modalverben: „könnte", „würde", müsste" ...

Auf Fragen zur eigenen Person antworten

2 Angaben zur eigenen Person machen

TIPP
Das Prüfungsgespräch beginnt meistens mit Fragen zu Ihrer Person und Ihrer Lebenssituation.
Die Antworten können Sie leicht vorbereiten.

a Beantworten Sie die folgende Prüferfrage mündlich. Arbeiten Sie, wie im Tipp beschrieben.

TIPP
Bei allen mündlichen Aufgaben:
Nehmen Sie Ihre Antworten zur Kontrolle mit Ihrem Handy auf. Sie können auch zu zweit arbeiten.
Ihre Partnerin / Ihr Partner notiert Ihre Antworten.

TIPP
Denken Sie an:
- Name, Wohnort, Familie
- Nationalität, Herkunft, oder auch: Herkunft der Eltern, Sprachen
- Hobbys und Interessen
- Schule, Ausbildung, Beruf / Fachrichtung

Können Sie etwas von sich erzählen, bitte? / Können Sie sich bitte kurz vorstellen?

Mein Name ist ..., ich wohne in... mit meiner Familie, ...

b **Hören oder sehen Sie sich Ihre Antworten jetzt an. Lesen Sie noch einmal die Punkte aus a. Fällt Ihnen jetzt noch etwas ein? Machen Sie sich Notizen und beantworten Sie die Fragen nochmals.**

3 Auf eine Prüferfrage antworten

a **Lesen Sie die folgende Prüferfrage und die Antworten. Wie finden Sie sie? Kreuzen Sie an.**

In der Schule interessieren Sie sich besonders für die Fächer, die mit Ihrem Beruf zu tun haben. Warum?

		☺	😐	☹
1	Weil ich mich dafür interessiere.	☐	☐	☐
2	Das hat zwei Gründe: Ich habe ein Interesse an diesen Fächern und ich lerne gern dafür. Das ist alles.	☐	☐	☐
3	Ja, das stimmt. Ich finde alle Fächer wichtig, aber am meisten die, die etwas mit meinem Beruf zu tun haben. Denn ich habe mir den Beruf deshalb ausgesucht, weil ich mich dafür interessiere. Ich glaube auch, dass diese Fächer wichtiger sind, weil ich dann in meinem Beruf besser werde. Ich merke in der Arbeit jetzt schon, dass ich das benutzen kann, was ich gelernt habe.	☐	☐	☐

b **Was ist Ihrer Meinung nach für eine gute Antwort wichtig? Kreuzen Sie an. Vergleichen Sie dann mit den Antworten in Aufgabe 3a.**

1 Sagen Sie sofort, was Sie denken. Sie haben wenig Zeit! ☐
2 Antworten Sie auf das, was der andere gesagt hat. ☐
3 Beginnen Sie Ihre Antwort mit einer kurzen Einleitung. ☐
4 Sagen Sie einfach, was Sie gerade so denken. ☐
5 Sortieren Sie Ihre Gedanken und antworten Sie klar. ☐
6 Wenn Sie fertig sind, hören Sie einfach auf. Oder sagen Sie: „So, das war´s!" ☐
7 Zum Schluss fassen Sie Ihre Antwort noch einmal zusammen. ☐
8 Es hilft bei dem Gespräch, wenn Sie am Ende etwas sagen, worauf der Prüfer reagieren kann. ☐

c Lesen Sie den Tipp, die Struktur für eine Antwort und das Beispiel.

> **TIPP**
> Geben Sie Ihren Antworten eine Struktur wie im Beispiel. Üben Sie Ihre Antworten nach diesem Muster. Das hilft Ihnen in der Prüfung.

Mögliche Struktur für eine Antwort:

Einleitung → Aspekt 1 → Aspekt 2 → weitere Aspekte mit Beispiel → Abschluss

Beispiel:

Prüferfrage	In der Schule machen Sie besonders gern das Fach Sport. Warum?	
Antwort	Ja, das stimmt. Sport ist für mich ein besonders wichtiges Fach.	**Einleitung**
	Das ist so, weil ich in meiner Ausbildung als Lagerist viel am Schreibtisch sitze. Sport ist eine gute Alternative zu der Arbeit, die ich sonst mache.	**Aspekt 1**
	Es ist auch wirklich gesund, Sport zu machen, und man kann viele Sportarten kennenlernen und sich die beste aussuchen.	**Aspekt 2**
	Außerdem kommt man beim Sport mit vielen Leuten zusammen. Das macht Spaß und man kann auch gemeinsam Sport treiben. Das hilft später: Man macht mit Arbeitskollegen in der Freizeit etwas zusammen, zum Beispiel Fußball spielen.	**Aspekt 3 mit Beispiel**
	Deshalb ist Sport für mich ein besonders wichtiges Fach.	**Abschluss**

d Überlegen Sie sich, welches Fach in der Berufsschule für Sie besonders wichtig ist. Schreiben Sie dann eine Antwort wie in Aufgabe 3c und sprechen Sie sie laut.

In der Schule mögen Sie besonders (das Fach / die Fächer) ... . Warum?

e Vergleichen Sie die beiden Gespräche. Unterstreichen Sie bei Gespräch 2 alle Informationen in den Antworten des Schülers, die Sie auch bei Schüler 1 finden.

Gespräch 1	Gespräch 2
○ Haben Sie schon einen Job gehabt? ◆ Ja. ○ Wo war das? ◆ In einem Supermarkt. ○ Was haben Sie da gemacht? ◆ Ich habe beim Aufräumen geholfen. ○ Und wie waren die Arbeitszeiten? ◆ Ich habe vier Stunden gearbeitet. ○ Und wann haben Sie angefangen? ◆ Um 12 am Mittag. ○ Und haben Sie jeden Tag dort gearbeitet? ◆ Zwei Tage in der Woche, Montag und Mittwoch. ○ Und war das anstrengend? ◆ Ja, ich fand es anstrengend.	○ Haben Sie schon einen Job gehabt? ◆ Ja, ich habe einmal in einem Supermarkt beim Aufräumen geholfen. Ich musste montags und mittwochs vier Stunden arbeiten: von 12 bis 16 Uhr. Das fand ich ganz schön anstrengend, aber ich habe mir ein gutes Taschengeld verdient. Das habe ich etwa drei Monate lang gemacht, dann brauchten sie dort leider niemanden mehr. Es war aber eine ganz gute Erfahrung für mich. Man muss ja wissen, was richtig arbeiten heißt.

Welche Aussagen sind richtig? Kreuzen Sie an.

Schüler / in 2 antwortet besser, weil er / sie

a ☐ kurze Antworten gibt.
b ☐ die eigene Meinung sagt.
c ☐ auf Fragen des Prüfers wartet.
d ☐ eine ausführliche Antwort gibt.

f **Formulieren Sie aus den folgenden Schülerantworten eine ausführliche Schülerantwort wie in e.**

- o Haben Sie schon ein Praktikum gemacht?
- ◆ Ja, habe ich.
- o Was haben Sie denn gemacht?
- ◆ Ich musste viel kopieren.
- o Was haben Sie sonst noch getan?
- ◆ Kunden, die warten mussten, Kaffee angeboten.
- o Wo war das denn überhaupt?
- ◆ Bei einem Architekten im Büro.
- o Wie lange waren Sie dort?
- ◆ Von acht bis drei.
- o Wie lange hat das Praktikum gedauert?
- ◆ Zwei Wochen.
- o Haben Sie sich das selbst ausgesucht?
- ◆ Das Büro ja. Das Praktikum war von der Schule.

4 **Auf „Ja-Nein-Fragen" richtig antworten**
Antworten Sie auf die folgenden Fragen ausführlich wie in 3f. Antworten Sie nicht nur mit „ja" oder „nein".

TIPP

Sie bekommen normalerweise Fragen nach bestimmten Aspekten. Dann haben Sie die Möglichkeit, viel zu erzählen. Manchmal kommt aber doch eine Frage, auf die man einfach mit „ja" oder „nein" antworten könnte. Wenn so eine Frage kommt, geben Sie trotzdem eine ausführliche Antwort.

1 Möchten Sie als Erwachsener lieber in Ihrem Heimatland leben oder woanders, zum Beispiel in Deutschland?
2 Ist die Schule für Sie besser als das Arbeiten in einer Firma?
3 Haben Sie schon Erfahrungen in der Arbeitswelt gemacht?

Sprachliche Mittel einüben

TIPP

Sie finden in den folgenden Aufgaben Ideen für Antworten und viele nützliche Ausdrücke. Das hilft Ihnen bei Ihren Antworten in der Prüfung. Bei den Fragen steht jeweils, für welchen Berufsbereich geantwortet werden soll:

 = Bereich Handwerk  = Bereich Dienstleistung  = Bereich Verwaltung

Lernen Sie ein paar Ausdrücke auswendig, die Sie dann in der Prüfung verwenden können.
Wie immer bei mündlichen Antworten: Sprechen Sie laut, arbeiten Sie zu zweit und nehmen Sie sich auf.

5 Vorlieben vergleichen

Welche der Produkte Ihres Unternehmens verwenden Sie selbst?

oder

Welche der Dienstleistungen Ihres Unternehmens können Sie am meisten empfehlen?

a Überlegen Sie sich Produkte oder Dienstleistungen. Was sind für Sie die besten Angebote? Legen Sie eine persönliche Reihenfolge fest wie im Beispiel.

Beispiel Drogeriemarkt:

1 selbst verwenden: 1. Shampoo, 2. Haarbürste, 3. Kaugummi

2 anderen empfehlen: 1. Waschmittel 2. Zahnpasta, 3. Seife

b Vergleichen Sie zwei Angebote (Produkte, Dienstleistungen) miteinander. Sie können die folgenden Ausdrücke verwenden.

positiver Vergleich
Ich mag X lieber als Y.
Ich finde X besser / interessanter / praktischer als Y.
X gefällt mir besser als Y.
Ich verwende lieber X als Y.
Von den beiden Produkten X und Y ist X das bessere.

negativer Vergleich
Ich mag Y weniger gern als X.
Ich finde Y weniger gut / praktisch / ... als X / nicht so gut / praktisch / ... wie X.
X gefällt mir weniger gut als / nicht so gut wie Y.
Ich mag weder X noch Y.

das Beste
Das beste Angebot / Produkt /... ist X.
Unser bester Artikel ist X.
X gefällt mir am besten.
X ist das interessanteste Produkt von / unter den dreien.
X ist der Artikel, der am meisten Spaß macht.
Am meisten halte ich von X.

c Begründungen formulieren: Begründen Sie nun Ihre Vorlieben. Geben Sie jeweils mehrere Argumente an. Verwenden Sie mehrere der folgenden Ausdrücke.

Welche der Produkte Ihres Unternehmens verwenden Sie selbst?

oder

Welche der Dienstleistungen Ihres Unternehmens können Sie am meisten empfehlen?

oder

Welchen Ablauf in Ihrem Unternehmen finden Sie gut?

Begründungen
..., weil / da die besseren Materialien verwendet wurden.
..., denn da wurden die besseren Materialien verwendet.
Der Grund (dafür) ist, dass ...
Das ist so, weil ...

Erklärungen
Ich glaube, dafür ist / sind ... wichtig.
Dafür gibt es mehrere Erklärungen.
Ein wichtiger Aspekt ist ...
Eine wichtige Rolle spielt dabei, dass ...

TIPP
Geben Sie in Ihren Antworten am besten immer gleich eine Begründung mit Beispielen.

6 Zukunftspläne formulieren

a Lesen Sie die Frage und erzählen Sie über Ihre Zukunftspläne. Sie können sich an den folgenden Situationen orientieren oder über eigene Pläne berichten. Verwenden Sie mehrere der angegebenen Ausdrücke.

Wo würden Sie nach der Ausbildung am liebsten beruflich tätig werden?

Situationen:

im Ausbildungsbetrieb später eine Stelle bekommen • in einem größeren (kleineren) Unternehmen arbeiten • mich weiterqualifizieren • in einem anderen Bereich arbeiten • ...

Beispiel 1:
Nach der Ausbildung würde ich gern ins Ausland gehen.

mögliche Pläne
Ich könnte mir vorstellen, ... zu ...
Ich weiß es noch nicht so genau, aber ...
Vielleicht ...
Ich kann mich noch nicht entscheiden.
Es hängt davon ab, ...
Es gibt mehrere Möglichkeiten: ...

sichere Pläne
Ich bin mir sicher, dass ich ...
Ich habe fest vor, ...
Wenn es möglich ist, ...
Wenn ich die Chance habe, ...
Ich habe einige konkrete Ideen.

Nach meiner Ausbildung gibt es mehrere Möglichkeiten: Ich könnte mir zum Beispiel vorstellen, ein bis zwei Jahre in meinem Beruf zu arbeiten und dann noch den Meister zu machen. Aber wenn ich die Chance habe, ins Ausland zu gehen, dann würde ich das machen.

Beispiel 2:
Ich werde noch meinen Meister machen.

zeitlicher Ablauf
Als Erstes ...
Dann ...
Danach ...
Irgendwann werde ich (dann) ...

Als Erstes mache ich mal meine Ausbildung fertig. Dann arbeite ich ein bis zwei Jahre und danach mache ich meinen Meister.

b Antworten Sie auf die folgende Frage wie in a.

Wie planen Sie Ihre Suche nach einem passenden Arbeitsplatz nach Ihrer Abschlussprüfung?

7 Wünsche formulieren und Idealvorstellungen darstellen

Formulieren Sie Wünsche für den Arbeitsalltag. Sie können sich an den folgenden Situationen orientieren oder Ihre eigenen Wünsche nennen. Verwenden Sie mehrere der angegebenen Ausdrücke.

Sie können in Ihrem Betrieb etwas nach Ihren Vorstellungen verändern. Was hätten Sie gern?

späterer Arbeitsbeginn • abwechslungsreichere Aufträge • weniger Kunden, die sich beschweren • Jobticket • ...

Wünsche äußern
Ich würde am liebsten ...
Ich habe mir immer schon gewünscht ...
Mein Traum wäre es, ...
Wenn ich mir etwas wünschen darf, wäre(n) das ...

Ideen formulieren
Da müsste ich nicht lange nachdenken. Da hätte ich schon einige Ideen.
Dazu fällt mir spontan einiges ein ...

Sagen, was man tun würde:
Als Erstes würde ich ...
Ich hätte ich gern, dass ...
Ich würde auch nicht vergessen, ... zu ...
Wichtig wäre ...

mögliche Folgen angeben
Dann gäbe es mehr ...
Dann gäbe es kein ... mehr
Das würde dann (ungefähr) so aussehen: ...

eine optimale Lösung vorschlagen
Das Ideale ... (wäre) ...
Mein Traum-... ist ...
Das Beste ... hätte(n) wir ...

8 Von Erlebnissen und Ereignissen in der Vergangenheit erzählen

Bilden Sie Sätze, in denen Sie möglichst interessant erzählen, was Sie erlebt haben.

> Berichten / Erzählen Sie bitte von Ihrem ersten Tag in Ihrer Firma.

einen Bericht einleiten
Ich berichte jetzt von ...
Ich möchte jetzt von ... erzählen.

Erinnerung formulieren
An diesen Tag erinnere ich mich noch genau.
Oh ja, das war etwas ganz Besonderes für mich!
Das weiß ich noch gut.

sagen, was vorher war
Vorher musste ich ...
Vorher hatten wir ...
Einige Tage vorher ...

über einen Arbeitstag berichten
An dem Tag ...
Zuerst ...
Erst ...
Erst einmal ..., dann
Danach ...
Schließlich ...
Zum Schluss ...

sagen, was danach war
Nach ... musste ich dann noch ...
Am Tag danach
Später ...

ein Fazit ziehen
Jetzt finde ich ...
Wenn ich daran denke ...

> **TIPP**
> Sie können hier berichten oder erzählen:
> Bei einem Bericht geben Sie hauptsächlich sachliche Informationen.
> Wenn Sie erzählen, können Sie auch Ihre Meinung oder Ihre Gefühle sagen.

9 Gewohnheiten und typische Abläufe beschreiben

a **Wählen Sie ein typisches Ereignis, das in Ihrem Berufsleben eine Rolle spielt (z. B. Messebesuch, Inventur, Reklamation, Besprechung, Übergabe, ...). Erzählen Sie dann über die Abläufe und Gewohnheiten. Verwenden Sie dabei passende Ausdrücke.**

> Wie läuft bei Ihnen ein typischer Herstellungsprozess ab?

oder

> Wie sieht bei Ihnen ein typischer Arbeitstag aus?

oder

> Wie sieht Ihr Arbeitsplatz aus?

etwas beschreiben
Ich beschreibe einmal, was alles so an einem typischen Tag passiert: ...
Ich beschreibe einen typischen Tag: ...
Ich möchte jetzt einmal beschreiben ...

beschreiben, wie etwas normalerweise ist
Normalerweise ...
In der Regel ...
gewöhnlich
meistens
regelmäßig
oft

über Gewohnheiten berichten
Wir sind daran gewöhnt, dass wir ...
Es ist bei uns üblich, ...
Wir machen es immer so, dass ...
Ich mache das immer gleich.

etwas erklären
Ich erkläre, wie wir das machen.
Es kommt (dabei) auch vor, dass ...
Man kann allerdings auch genauso gut ...

über Erfahrungen berichten
Ich habe die Erfahrung gemacht, ...
Es hilft, wenn man ...
Mir hilft es, wenn ich ...
Es klappt gut, wenn ...

b Antworten Sie auf eine der folgenden Fragen wie in a.

Können Sie uns Ihre Werkstatt oder Produktionshalle beschreiben?

oder

Können Sie uns beschreiben, wie Ihr Arbeitsplatz aussieht?

10 Bekanntes beschreiben

a Beschreiben Sie etwas oder jemanden. Sie können sich an den folgenden Angaben zur Person orientieren. Verwenden Sie mehrere der angegebenen Ausdrücke. Sie können auch Ausdrücke aus Aufgabe 9 verwenden.

Ideen:

Äußeres: Kleidung (seriös, korrekt, sportlich) • Anzug, Berufskleidung • Fachwissen • Führungsstil (autoritär / flache Hierarchien) • Umgang mit Mitarbeitern • Auftreten (distanziert, locker) • ...

Können Sie uns beschreiben, was für ein Typ Ihr Chef ist?

eine Person beschreiben
Er / Sie ist ein Mensch, der / die ...
Er / Sie sieht ... aus
Ich mag an ... (nicht), dass er / sie ...
Für ihn / sie ist ... typisch.
Er / Sie ist oft ...

eine Sache oder eine Firma beschreiben
Wir sind ...
Wir machen ...
Man findet uns oft an / in / bei ...
Bei uns gibt es ...
Bei uns findet man ...
Bei uns kann man ... sehen.

b Antworten Sie auf eine der folgenden Fragen wie in a.

Können Sie uns Ihre Werkstatt oder Produktionshalle beschreiben?

oder

Können Sie uns Ihre Station / Ihren Laden / Ihren Kundenbereich beschreiben?

oder

Können Sie uns Ihre Abteilung oder Ihr Büro beschreiben?

11 Tipps und Hinweise geben

Formulieren Sie Tipps und Hinweise, die Sie begründen.
Verwenden Sie mehrere der folgenden Ausdrücke.

Ich möchte eines Ihrer Produkte erwerben. Können Sie mich für den Kauf beraten?

oder

Ich möchte eine Dienstleistung bei Ihnen in Anspruch nehmen. Können Sie mich beraten?

Tipps und Hinweise geben
Ich kann Ihnen ein paar Tipps geben.
Ich gebe Ihnen gern einige Empfehlungen.
Hier kann ich besonders ... empfehlen.

sagen, was man beachten soll
Hier sollte man darauf achten, dass ...
Was zu beachten ist: ...
Man muss unbedingt daran denken, ...
Dabei ist wichtig, dass ...

sagen, was man tun muss
Dabei ist Folgendes zu tun: ...
Es kommt darauf an, dass ...
Ich kann Ihnen genau erklären, wie man das macht: ...
So geht das: ...
... funktioniert so: ...

Auf Aspekte eingehen

12 Lesen Sie das Beispiel einer Einleitung zum Thema „Mein Arbeitstag in der Bäckerei".

Ich erzähle Ihnen jetzt etwas über einen typischen Arbeitstag in der Bäckerei.
Dazu werde ich berichten, mit wem ich zusammenarbeite, und auch beschreiben, was ich genau zu tun habe und in welchen Räumen ich was erledige. Ich sage auch, wann wir morgens anfangen, wann mein Arbeitstag endet und was für Hilfsmittel und Geräte ich für meine Tätigkeit brauche. Schließlich gehe ich auch darauf ein, welche Motivation ich habe und was mir an meinem Beruf am meisten Spaß macht.

a Ergänzen Sie die folgenden Informationen.

Arbeit wird nie langweilig • bis elf Uhr • Fachwissen • Brot aus dem Ofen holen • Brot und Brötchen backen • in der Backstube • kreative Arbeit • Maschinen starten • ~~mein Kollege Stefan und ich~~ • morgens um halb drei • Ofen anheizen • Spaß an der Arbeit mit Lebensmitteln

Frage	Beispiele
wer? mit wem?	*Mein Kollege Stefan und ich*
was?	
wo? wohin?	
wann?	
wie? womit?	
warum?	

b Wählen Sie ein Thema aus. Stellen Sie nun die Fragen und beantworten Sie sie.

Themen:
1 Mein Unterricht im Fach Mathematik an der Berufsschule
2 Meine Teilnahme an einer Dienstbesprechung in der Firma
3 Ein besonderes Ereignis
4 Unsere Belegschaft
6 Meine beruflichen Pläne

TIPP
In der Prüfung bekommen Sie etwa zwei bis vier Fragen. Je weniger Sie antworten, desto mehr Fragen werden wahrscheinlich gestellt. Wenn Sie zu einer Frage viel sagen können, dann antworten Sie auch ausführlich darauf.

Kriterien für gute Antworten

13 Was gehört allgemein zu einer guten Antwort? Kreuzen Sie an.

	☺
1 Die Antwort passt zum Thema.	☐
2 Die Antwort ist ausführlich und vollständig.	☐
3 Die Antwort gibt nur die wichtigsten Informationen.	☐
4 Argumente werden begründet. Es werden Beispiele genannt.	☐
5 DSD PRO im Ausland: Es gibt Beispiele aus dem eigenen Land und aus Deutschland, Österreich oder der Schweiz, wo das möglich ist. Inlands-DSD PRO: Es gibt Beispiele aus Deutschland und aus Ihrem Herkunftsland, wo das möglich ist.	☐
6 Die Antwort bleibt immer ganz sachlich.	☐
7 Es wird lebendig und interessant erzählt.	☐
8 Es wird langsam und mit Pausen gesprochen, damit der Fragende alles versteht.	☐
9 Es wird flüssig, in normalem Sprechtempo und deutlich gesprochen.	☐
10 Der Sprecher / Die Sprecherin schaut die Gesprächspartner an.	☐
11 Der Sprecher / Die Sprecherin achtet nicht so genau auf Fehler, Hauptsache, er wird verstanden.	☐
12 Der Sprecher / Die Sprecherin achtet darauf, nur wenige Fehler zu machen.	☐
13 Wenn dem Sprecher / der Sprecherin Fehler passieren, macht er einfach weiter.	☐
14 Wenn dem Sprecher / der Sprecherin Fehler passieren, korrigiert er / sie sich selbst.	☐
15 Der Sprecher spricht meist so, wie er auch schreibt.	☐
16 Der Sprecher benutzt auch umgangssprachliche Wörter.	☐
17 Der Sprecher / Die Sprecherin sagt seine / ihre persönliche Meinung nicht.	☐
18 Der Sprecher / Die Sprecherin sagt auch seine / ihre persönliche Meinung.	☐

14 Zusammenfassende Übungen

a Üben Sie zu zweit eine mündliche Prüfung (Schüler / Schülerin A und B). Hören Sie dazu die Prüferfragen 1 bzw. 2 und antworten Sie auf die Fragen.

23–29
- A spielt die Prüferfragen, Beispiel 1 vor, z. B. vom Handy. B beantwortet diese Fragen. In jedem Beispiel gibt es vier Fragen. Zu einer Frage gibt es eine Nachfrage, zu einer anderen zwei Nachfragen.
- Sprechen Sie danach über die „Prüfung“: A bewertet das, was B gesagt hat, und gibt Tipps.

30–36
- Danach tauschen Sie die Rollen: B spielt die Prüferfragen, Beispiel 2 und A antwortet.

b Vertiefung: Üben Sie zu viert eine mündliche Prüfung (Schüler / Schülerin A, B, C und D).

1 Hören Sie dazu die Beispiele 3 und 4.

37–43
Prüferfragen, Beispiel 3
- Gehen Sie vor wie in Aufgabe 14a. C und D sind Beobachter und füllen einen Protokollbogen aus (Kopiervorlage unter hueber.de/fit-fuer).
- Sprechen Sie danach über die „Prüfung“: C und D berichten, was sie beobachtet haben.

44–50
Prüferfragen, Beispiel 4
Tauschen Sie die Rollen: A und B arbeiten mit den Protokollbögen und berichten, was sie bei C und D beobachtet haben.

2 Üben Sie bei Bedarf in dieser Art weiter mit den Prüferfragen aus a.

Aufbauübungen zu MK Teil 1

15 Angaben zur Person: Beantworten Sie mündlich die folgenden Fragen wie in Aufgabe 2.

> **TIPP**
> Geben Sie weitere Informationen zu Ihrer Person. Auch wenn Sie nicht danach gefragt werden.

Welches sind Ihre Lieblingsfächer?

Was unternehmen Sie in Ihrer Freizeit?

Surfen Sie viel im Internet? Was interessiert Sie dort am meisten?

Welche Sprachen sprechen Sie?

Was können Sie besonders gut?

16 Üben Sie zu zweit Antworten auf Prüferfragen. Arbeiten Sie wie folgt:

1. Überlegen Sie sich zunächst zwei Fragen, die zu Ihren Berufen passen. (Jede(r) für sich.) Ideen dazu finden Sie in den Tabellen „Grundtypen von Fragen" (Seite 171) und „Fragetypen und Themen" auf Seite (Seite 218).
2. Schreiben Sie die Fragen auf und geben Sie sie Ihrem Partner / Ihrer Partnerin.
3. Überlegen Sie sich dann jede(r) noch zwei Fragen, die zu Ihrem Gesprächspartner passen. Diese behalten Sie.
4. Stellen Sie sich dann nacheinander jeweils die vier Fragen, die zu Ihrem Gesprächspartner passen, und beantworten Sie sie entsprechend.

Beispiele:

1 In der Schule machst du besonders gern das Fach Mathe. Warum?
2 Was unternimmst du mit deinen Kolleginnen und Kollegen außerhalb der Arbeitszeit? Warum?
3 Du surfst gern im Internet und bist auch in beruflichen Netzwerken aktiv. Was findest du daran gut? Welchen Nutzen versprichst du dir von Berufsportalen und beruflichen Netzwerken?
4 Stell dir vor, du hättest eine eigene Firma. Worauf würdest du vor allem Wert legen? Warum?

17 Vorlieben vergleichen: Beantworten Sie mündlich die folgende Frage wie in Aufgabe 5.

a Notieren Sie zuerst, welche Schulfächer Sie mögen bzw. nicht mögen.

Thema: Berufsschulfächer

Welche Berufsschulfächer interessieren Sie am meisten?
Lieblingsfächer: 1. ..., 2. ..., 3. ...
Fächer, die Sie nicht mögen: 1. ..., 2. ..., 3. ...

Welche gar nicht?

51–52 **b Hören Sie sich eine der beiden Prüferfragen zum Thema „Vorlieben mit Begründung" an. Gehen Sie dabei folgendermaßen vor.**

1. Nehmen Sie auf die Frage Bezug und formulieren Sie eine Einleitung.
2. Kündigen Sie dabei einige Aspekte an (siehe Aufgabe 12).
3. Stellen Sie diese Aspekte klar strukturiert dar.
4. Formulieren Sie einen Schluss, am besten so, dass man das Gespräch fortsetzen kann.
5. Geben Sie sich dann gegenseitig eine kurze Rückmeldung, ob Sie diese vier Punkte berücksichtigt haben.

18 Wünsche formulieren und Idealvorstellungen darstellen

a Beantworten Sie mündlich die folgenden Fragen wie in Aufgabe 7.

Thema: Idealvorstellungen

Was wären nach Ihrer Ansicht die idealen Unterrichtsinhalte in der Berufsschule?

53–54 **b Hören Sie sich eine der beiden Prüferfragen zum Thema „Wünsche und Idealvorstellung" an. Arbeiten Sie wie in Aufgabe 3c.**

19 Erlebnisse und Ereignisse in der Vergangenheit erzählen

a Beantworten Sie mündlich die folgenden Fragen wie in Aufgabe 8.

Erzählen Sie bitte von Ihrem ersten eigenständig absolvierten Herstellungsvorgang.

oder

Erzählen Sie bitte von Ihrer ersten selbst durchgeführten Beratung oder Behandlung.

b Bilden Sie Sätze, in denen Sie möglichst interessant vom Verlauf eines Geschehens erzählen.

Beispiele:
1 Du warst doch bei diesem Projekt in der Schweiz dabei. Erzähl doch mal davon.
2 Ihr hattet doch schon eure erste Blockphase in der Berufsschule. Und? Wie war das?

55–56 **c Hören Sie sich eine der beiden Prüferfragen zum Thema „Erlebnisse und Ereignisse" an. Arbeiten Sie wie in Aufgabe 3c.**

20 Gewohnheiten und typische Abläufe beschreiben

a Beantworten Sie mündlich die folgenden Fragen wie in Aufgabe 9.

Wie bereiten Sie sich zu Arbeitsbeginn auf eine Kundenberatung / ein Kundengespräch vor?

oder

Wie bereiten Sie sich auf eine Besprechung vor (Unterlagen etc.)?

b Wählen Sie ein typisches Ereignis, das in Ihrem Berufsleben eine Rolle spielt (z. B. Messebesuch, Inventur, Reklamation, Besprechung, Übergabe, ...). Erzählen Sie dann über die Abläufe und Gewohnheiten. Verwenden Sie dabei passende Ausdrücke.

Beispiele:
1 Wie sieht ein typischer Montag bei Ihnen im Betrieb aus?
2 Um welche Gesprächsthemen geht es bei Ihnen in der Mittagspause meistens?

57–58 **c Hören Sie sich eine der beiden Prüferfragen zum Thema „Gewohnheiten und typische Abläufe" an. Arbeiten Sie wie in Aufgabe 3c.**

21 Bekanntes beschreiben

59–60 **Hören Sie sich eine der beiden Prüferfragen zum Thema „Bekanntes beschreiben – typische Abläufe" an. Arbeiten Sie wie in Aufgabe 3c.**

22 Tipps und Hinweise geben

a Beantworten Sie mündlich die folgenden Fragen wie in Aufgabe 11.

Beispiele:

1 Können Sie mir ein Lehrbuch für den berufsbezogenen Unterricht empfehlen?
2 Von welcher Ihrer Kolleginnen / welchem Ihrer Kollegen können Sie am meisten lernen? Erzählen Sie mal von ihr / ihm.

b Wählen Sie ein Produkt / eine andere Dienstleistung / ein anderes Problem aus und antworten Sie dann wie in a.

Ich habe gehört, Sie verkaufen ... . Das würde mich interessieren. Können Sie mir da etwas Bestimmtes empfehlen?

oder

Ich habe gehört, Sie bieten ... an. Das würde ich auch gerne einmal ausprobieren. Können Sie mir etwas Passendes empfehlen?

oder

Ich habe gehört, Sie kennen sich gut aus mit ... . Können Sie mir Tipps geben, worauf ich achten sollte?

c Formulieren Sie Tipps und Hinweise, die Sie begründen.

Beispiele:

1 Sie kommen gut in Ihrer Ausbildung zurecht. Welche Tipps würden Sie Anfängern geben?
2 Bei uns soll demnächst der Garten neu gemacht werden. Sie sind doch Fachmann: Haben Sie ein paar gute Ideen für meine Eltern?

61–62 **d Hören Sie sich eine der beiden Prüferfragen zum Thema „Tipps und Hinweise" an. Arbeiten Sie wie in Aufgabe 3c.**

Mündliche Kommunikation Teil 2

Vortrag zu einem vorbereiteten Thema und Gespräch darüber

Ein Thema für den Vortrag auswählen

1 **Das Thema für Ihren Vortrag legen Sie mindestens ein halbes Jahr vor der Prüfung mit Ihrem Lehrer fest. Überlegen Sie sich verschiedene Themen, die Sie sich vorstellen können. Überprüfen Sie sie anhand der folgenden Checkliste.**

1 Das Thema interessiert mich persönlich. ☐
2 Zu dem Thema finde ich leicht genug Material. ☐
3 Mit dem Thema habe ich eigene Erfahrungen. ☐
4 Das Thema hat etwas mit dem Unterricht bzw. meinem Beruf zu tun. ☐
5 Das Thema ist (auch) in Deutschland / in meinem Heimatland interessant. ☐
6 Zu dem Thema fällt mir sofort eine Menge ein. ☐
7 Mit dem Thema habe ich mich schon einmal beschäftigt. ☐
8 Zu dem Thema kenne ich die meisten wichtigen Wörter. ☐
9 Zu dem Thema habe ich schon einmal gearbeitet (z. B. ein Projekt gemacht). ☐

TIPP
Wenn Sie die Fragen 1 und 2 und zwei weitere Fragen angekreuzt haben, dann ist Ihr Thema geeignet. Besprechen Sie diese Themen mit Ihrem Lehrer; er wird Sie im Normalfall auch prüfen.

Einen Arbeitsplan aufstellen

2 **Damit Sie gut vorbereitet sind, sollten Sie sich einen Arbeitsplan erstellen. Füllen Sie mithilfe der folgenden Stichworte die Tabelle aus.**

den Wortschatz für das Thema vorbereiten • die Präsentation auf Fehler prüfen • ~~ein Thema festlegen~~ • Stichpunkte für den Vortrag festlegen • den Vortrag üben • Bilder und Informationsmaterial sammeln • sich auf Fragen des Prüfers vorbereiten • die Präsentation erstellen • alles wiederholen

Zeit (vor der Prüfung)	Datum	Vorbereitung
6 Monate		*ein Thema festlegen*
5 Monate		
3 Monate		
2 Monate		
3 Wochen		
2 Wochen		
1 Woche		*1.* *2.*
Wenige Tage		

Material finden

3 Sammeln Sie zu Ihrem Thema Informationen. Das können Bilder, Texte oder auch Gegenstände sein, die Sie in Ihrem Vortrag präsentieren und erklären.

Überlegen Sie sich weitere „Fundorte" für Informationen (Material).

Meine persönlichen Erfahrungen	Informationen aus meinem Umfeld	Digitale Informationen
Arbeitsmaterial, Werkstück aus meinem Betrieb	Interviews zum Thema	Internetrecherche, Texte
Bilder vom Arbeitsplatz	Bücher, Broschüren	Podcasts
Dokumentationen meines Ausbildungsbetriebs	Unterrichtsmaterial	Internet, Filme
...	...	...

Dem Vortrag eine Struktur geben

4 Sie finden hier Stichpunkte zu drei Vorträgen.

a Bringen Sie sie jeweils in eine passende Reihenfolge.

Thema 1: Umgang mit Patienten	Thema 2: Der Beruf des Garten- und Landschaftsbauers	Thema 3: Hotel „Zum ruhigen Schlaf" – ein Traditionsbetrieb
- Bedürfnisse der Patienten - Vorstellung des Berufs, Problemstellung - Mein Lösungsansatz - Erfordernisse auf der Station	- Der Gartenbauer - Pflanzenwahl und -pflege - Porträt des Berufs - Terrassenbau - Der Landschaftsbauer - Gartenteiche und Wasserläufe - Parks und Grünanlagen - Straßenbegrünung	- Ausblick in die Zukunft - Unternehmensgründung - Wachstum des Betriebs - Die erfolgreiche Gegenwart

b Drei Möglichkeiten, einen Vortrag zu strukturieren. Ergänzen Sie jeweils das Thema aus a.

		Thema
1	Hier geht es um eine Reihenfolge von Ereignissen. Sie sollten hier chronologisch ordnen. (Was war zuerst? Was war danach? Wie ist es heute?)	☐
2	Hier muss man differenziert strukturieren: Manche Punkte folgen aus anderen Punkten; manche Punkte bestehen aus mehreren Teilen.	☐
3	Hier ist es wichtig, was die Zuhörer wissen müssen, um das Folgende zu verstehen.	☐

5 **Sobald Sie ein Thema und das Material ausgewählt haben, wählen Sie Stichpunkte für die einzelnen Teile Ihres Vortrages aus und sortieren Sie sie ebenfalls nach einer der drei Möglichkeiten in b.**

TIPP

Um Stichpunkte für Ihr Thema zu finden,

- schreiben Sie zunächst alles auf, was Ihnen spontan einfällt, und ordnen Sie dann.
- beantworten Sie W-Fragen zum Thema („Worum geht es? Wer spielt eine Rolle? Was ist wichtig? Wo spielt sich etwas ab? Wann geschieht etwas / ist etwas geschehen? Warum ist die Sache so, wie sie ist?")
- recherchieren Sie zu Ihrem Thema im Internet. Verwenden Sie, was Sie notiert haben, als Suchwörter.
- Schauen Sie in anderen Quellen nach (Bücher, die Sie zum Thema haben; Bibliothek; Personen, die Ihnen weiterhelfen können).

Moderationskarten erstellen

TIPP

Erstellen Sie Moderationskarten für Ihren Vortrag mit den wichtigsten Informationen.
So vergessen Sie nichts Wichtiges.
Denken Sie daran: In diesem Teil wird geprüft, ob Sie frei sprechen können. Sie dürfen also Ihren Vortrag nicht einfach ablesen oder auswendig lernen und dann aufsagen.
Sie können aber ab und zu auf Ihre Karten schauen. Vergessen Sie aber nicht, dass Sie bei Ihrem Vortrag mit jemandem sprechen. Schauen Sie die Person, zu der Sie sprechen, immer wieder an.

6 **Was könnte auf Ihren Moderationskarten stehen?**

a **Kreuzen Sie an.**

A Datum ☐
B Titel des aktuellen Unterpunktes ☐
C Nummer der Karte ☐
D ausformulierter Text zum Unterpunkt ☐
E Stichworte zum Unterpunkt ☐
F wichtige Vokabeln, die ich nicht sicher kann ☐
G wichtige Fachbegriffe ☐
H Hinweise zum Vortrag (z. B. „Hier Bild 4 erklären.") ☐
I Mutmacher („Ich bin gleich fertig!") ☐
J Textpassagen, die zu schwer sind und die ich besser vorlese, weil ich sie nicht richtig verstehe ☐

b **Wo könnte das stehen? Ordnen Sie die passenden Buchstaben aus a zu.**

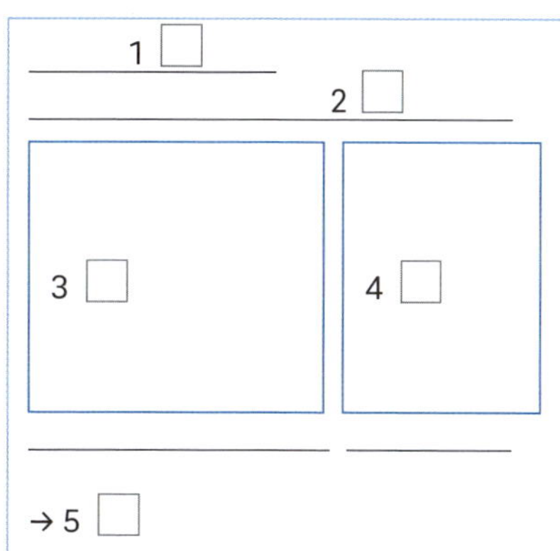

7 Welche Stichwortauswahl auf den folgenden Moderationskarten A–C ist für den Vortrag geeignet? Was glauben Sie?

Die Aufgaben des Garten- und Landschaftsbauers sind vielfältig. Er beschäftigt sich mit der Gestaltung und Pflege von Gärten. Auch kümmert er sich um neue Parks und die Erhaltung von Grünanlagen. Die Begrünung an Straßen und anderen öffentlichen Einrichtungen ist wichtig. Er organisiert und führt Erd- und Pflanzarbeiten aus und baut Mauern, Wege, Treppen, Sitzgelegenheiten, Teiche und anderes mehr.

Moderationskarte A ☐

1
Aufgaben des Garten- und Landschaftsbauers vielfältig.
Er beschäftigt sich mit:
- *Gestaltung und Pflege von Gärten*
- *Anlage und Erhaltung von Parks und Grünanlagen*
- *Begrünung an Straßen*
- *Begrünung an anderen öffentlichen Einrichtungen*

Seine Tätigkeiten:
- *Erd- und Pflanzarbeiten*
- *Bau von Außenanlagen wie Mauern, Wegen, Treppen, Sitzgelegenheiten, Teichen usw.*

Moderationskarte B ☐

Aufgaben:
1.) Gärten – *Gestaltung*, *Pflege*
2.) öffentl. Anlagen – *Anlage*, *Erhaltung*
Parks *Grünanlagen* *Straßen* *öffentliche Einrichtungen*

Moderationskarte C ☐

Gärten
Parks
Grünanlagen
Pflanzarbeiten
Mauern und Wege bauen

TIPP

Notieren Sie nicht zu viel, denn sonst lesen Sie zu sehr ab, statt frei zu sprechen.
Notieren Sie auch nicht zu wenig, denn sonst vergessen Sie vielleicht wichtige Informationen.
Finden Sie einen für Sie guten Mittelweg: Notieren Sie Stichpunkte, die Sie an alles erinnern, was Sie zu diesem Punkt sagen wollten.
Beispiel Landschafts- und Gartenbauer:
Das Stichwort „Pflege" genügt, wenn Sie wissen, welche Tätigkeiten es bei der Pflanzenpflege gibt.

Das eigene Interesse begründen

TIPP

Sie müssen Ihre Themenwahl kurz begründen. Notieren Sie das auf einer Moderationskarte, damit Sie das nicht vergessen.
Beispiel:
„Ich habe das Thema Garten- und Landschaftsbau gewählt, weil ich hier eine Ausbildung mache. Besonders wichtig ist für mich der Gartenbau, denn das ist der besondere Schwerpunkt meiner Arbeit. Mit Landschaftsbau habe ich nicht so viel zu tun, kann mir aber vorstellen, dass ich mich später damit beruflich beschäftige."

8 **Denken Sie sich zwei bis drei mögliche Vortragsthemen im Zusammenhang mit Ihrem Beruf oder Ihrem Berufswunsch aus. Erzählen Sie spontan, warum Sie diese Themen interessieren. Die folgenden Ausdrücke können Ihnen helfen.**

Dieses Thema interessiert / begeistert mich besonders, weil ...
Mit diesem Gebiet beschäftige ich mich schon länger, weil ich finde ...

interessant • spannend • ungewöhnlich
An diesem Thema interessiert mich vor allem ...
Die Frage, die ich mir bei diesem Thema stelle, ist ...
Zu dem Thema habe ich eine besondere Beziehung durch ...
... hat mich auf dieses Thema aufmerksam gemacht.

Dieses Thema spielt in meinem Beruf eine wichtige Rolle.
Ich habe mir diesen Beruf unter anderem ausgesucht, weil ...

Den Vortrag sprachlich vorbereiten

9 **Bereiten Sie Formulierungen vor, die Ihnen in Ihrem Vortrag helfen können.**

a **Ordnen Sie die Abschnitte a–g Ihres Vortags den Formulierungen 1–7 zu.**

Ausdrücke		Punkte deines Vortrags
1 Ich halte nun einen Vortrag über ... Mein Vortrag beschäftigt sich mit dem Thema ...	a	**a** Sie leiten den Vortrag ein.
2 Lassen Sie mich zum Abschluss einmal zusammenfassen. Ich möchte nun noch einmal zusammenfassen: ...	☐	**b** Sie erklären, welche Schritte Sie nacheinander vorhaben.
3 Dabei möchte ich so vorgehen: Zunächst ... Dazu gebe ich Ihnen nun zuerst einen Überblick: ...	☐	**c** Sie sprechen etwas mit Ihren Zuhörern ab.
4 Ich bitte um Entschuldigung, ich muss einen Moment überlegen. Einen Augenblick bitte, ich glaube, da stimmt etwas nicht.	☐	**d** Sie sagen etwas zur Struktur Ihres Vortrags.
5 Auf den Folien können Sie den Ablauf des Vortrags sehen. Als Nächstes kommen wir zu Punkt X, wie Sie hier sehen. So viel zu diesem Punkt. Haben Sie bis hierher Fragen?	☐	**e** Sie wissen im Moment nicht mehr richtig weiter.
6 Bitte stellen Sie jederzeit Fragen, wenn etwas unklar ist. Können Sie so alles gut lesen?	☐	**f** Sie beenden gleich den Vortrag.
7 Ich danke Ihnen für Ihre Aufmerksamkeit! Damit darf ich mich bei Ihnen für Ihr Interesse bedanken.	☐	**g** Sie sind mit Ihrem Vortrag fertig.

b **Merken Sie sich für die verschiedenen Punkte jeweils Formulierungen, die Sie verwenden können. Üben Sie sie dann bei einem Probevortrag. Sie finden weitere Ausdrücke auf Seite 222.**

TIPP
Achten Sie bei Ihrem Vortrag darauf, dass Sie die Punkte a–g wirklich berücksichtigen.

Kriterien für eine gute Präsentation

10 Präsentieren

a **Überlegen Sie die Vorteile und Nachteile, die die verschiedenen Präsentationsarten haben.**

A Plakat

B Gegenstände mitbringen

C Präsentation über Beamer

Beispiele:

Vorteile Plakat
Ich habe die Möglichkeit, das Plakat kreativ zu gestalten.
Ich kann alles auf einen Blick zeigen.

Nachteile Gegenstände
Ich kann nur eine einzige Sache erklären. Ich muss den Gegenstand in die Prüfung mitbringen können.

b **Zwei Schüler(innen) haben verschiedene Strategien für ihren Vortrag mit einer Präsentation am Computer. Kreuzen Sie an, was Sie für Ihren Vortrag jeweils übernehmen möchten.**

Schüler(in) 1	☺	☹
1 Mein Material macht den Inhalt meines Vortrags deutlich.	☐	☐
2 Mein Material enthält alle Infos.	☐	☐
3 Die Schrift auf den Folien muss groß genug sein, damit man sie ohne Mühe lesen kann.	☐	☐
4 Auf einer Folie steht nur so viel, wie man „schnell" lesen kann.	☐	☐
5 Bilder sollen nur Spaß machen.	☐	☐
6 Ich spreche die Zuhörer an.	☐	☐
7 Ich sehe während meines Vortrags nicht auf mein Material.	☐	☐
8 Ich klicke selbst, um zur nächsten PowerPoint-Folie zu wechseln.	☐	☐

Schüler(in) 2	☺	☹
1 Mein Material hat eigene interessante Inhalte.	☐	☐
2 Mein Material ist eine Ergänzung.	☐	☐
3 Auf einer Folie muss viel stehen, damit ich nicht so oft die Folien wechseln muss.	☐	☐
4 Je mehr Information eine Folie bietet, desto besser.	☐	☐
5 Bilder unterstützen das Verstehen.	☐	☐
6 Ich rede frei in den Raum hinein.	☐	☐
7 Ich zeige auch auf das Material.	☐	☐
8 PowerPoint stelle ich so ein, dass es automatisch abläuft.	☐	☐

TIPP

Notieren Sie Ihre Punkte von oben und beachten Sie sie bei der Vorbereitung auf die Prüfung.

11 **Üben Sie zu zweit Fragen zu Ihrem Vortrag. Ihr Partner stellt Ihnen eine der Fragen zu Ihrem Thema. Sie antworten. Nach einem Durchgang wechseln Sie die Rollen.**

TIPP

Bereiten Sie sich auf Rückfragen vor zu Dingen, die Sie in Ihrem Vortrag nur kurz behandelt haben.

Prüferfragen:

1 Auf Ihrem Plakat sieht man … . Können Sie uns bitte erklären, was das bedeutet?
2 Sie haben den Beruf des … genannt. Haben Sie schon einmal gesehen, wie dort gearbeitet wird?
3 Sie kennen sich also mit … aus. Damit habe ich öfter Probleme. Wie würden Sie mir helfen?
4 Sie arbeiten viel mit … . Würden Sie auch gerne einmal mit … arbeiten?
5 Ihr Beruf klingt interessant! Was verdient man in diesem Beruf denn so?
6 Sie möchten … lernen. Welche Aufstiegschancen haben Sie in dem Beruf?
7 Sie haben mögliche Ausbildungsgänge genannt. Was würden Sie denn am liebsten machen?
8 Ihr Berufswunsch klingt interessant, aber auch schwierig. Wo sehen Sie hier Probleme?
9 Ihre Tätigkeiten hören sich stressig an? Wie würden Sie mit dem Stess umgehen?
10 Wenn man wie Sie Karriere als … machen möchte, muss man vielleicht Dinge entscheiden, die unangenehm sind. Welche Dinge könnten das sein und wie würden Sie damit umgehen?

12 **Mögliche Prüferfragen**

Trainieren Sie zu zweit mit den Karten (Kopiervorlage unter hueber.de/fit-fuer). Wählen Sie abwechselnd eine Karte, stellen Sie eine Frage und antworten Sie spontan darauf.

Ausbildung und Beruf 1: Berufsschule und Betrieb

Wichtige Ausdrücke

Ergänzen Sie die passenden Wörter, indem Sie den richtigen Buchstaben eintragen.

1 Ausbildung allgemein

A Praktika • B Ausbildung • C Azubis aus • D lernen • E Abteilungen • F einstellen

Viele Unternehmen bilden [C]. Dass Firmen Auszubildende [ ], ist auch wichtig, denn qualifizierte Arbeitskräfte werden gesucht und nur mit einer guten [ ] bekommt man eine gute Stelle. Wenn man eine Firma kennenlernen möchte, sind [ ] eine gute Möglichkeit, besonders wenn man in mehreren [ ] arbeiten kann. Der Arbeitsmarkt bietet viele Möglichkeiten: Man kann im Bereich Bildung oder Medizin / Pflege arbeiten oder einen kaufmännischen oder handwerklichen Beruf [ ].

2 Gleitzeit und feste Arbeitszeiten

A Kernzeit • B Werktagen • C Schichtdienst • D pünktlich • E gleitende • F Besprechungen

In vielen Unternehmen gibt es [ ] Arbeitszeiten, d. h. man kann selbst bestimmen, wann man morgens kommt und abends geht. Trotzdem gibt es eine [ ], meist zwischen 9 und 16 Uhr: Dann müssen alle da sein, z. B. damit sich Teams zu [ ] treffen können. Diese Unternehmen sind normalerweise auch nur an [ ] geöffnet, also von Montag bis Freitag bzw. Samstag.
Das gilt nicht, wenn man [ ] hat, z. B. in Krankenhäusern oder in der Industrieproduktion. Da wird in mehreren Schichten oft 24 Stunden gearbeitet, und man muss [ ] kommen.

3 Betriebsbesichtigung

A aufgebaut • B Durchwahl • C Empfang • D Zutritt zum Gelände • E Sicherheitsvorschriften

Wir treffen uns zur Betriebsbesichtigung am [ ] im Hauptgebäude. [ ] haben nur Mitarbeiter, daher werden wir herumgeführt. Wegen der [ ] müssen wir einen Helm tragen. Falls jemand zu spät kommt: Unser Ansprechpartner ist Herr Conrady, er hat die [ ] 137. Wir werden auch den Unternehmer persönlich kennenlernen. Er hat die Firma [ ], deshalb wird das Gespräch mit Sicherheit sehr interessant.

4 Arbeitszeit und Überstunden

A Arbeitszeiten • B vertreten • C Überstunden • D tauschen • E Steuern zahlen • F Abbau • G Wochenarbeitszeit

In unserem Betrieb sind die [ ] genau geregelt. Es gibt eine feste [ ] von 38 Stunden und eine Urlaubsregelung. Wenn man [ ] gemacht hat, gibt es Vereinbarungen für den [ ] von Überstunden. Man kann sich die Überstunden auch bezahlen lassen, aber da muss man natürlich auch [ ]. In Urlaubszeiten können sich die Kollegen [ ], und wenn es notwendig ist, können sie auch ihren Dienst [ ].

Wortschatz

Lösen Sie das Kreuzworträtsel und ergänzen Sie den Lösungssatz.

Wer mal von 6 bis 14 Uhr, mal von 14 bis 22 Uhr und mal von 22 bis 6 Uhr arbeiten muss, arbeitet im ...

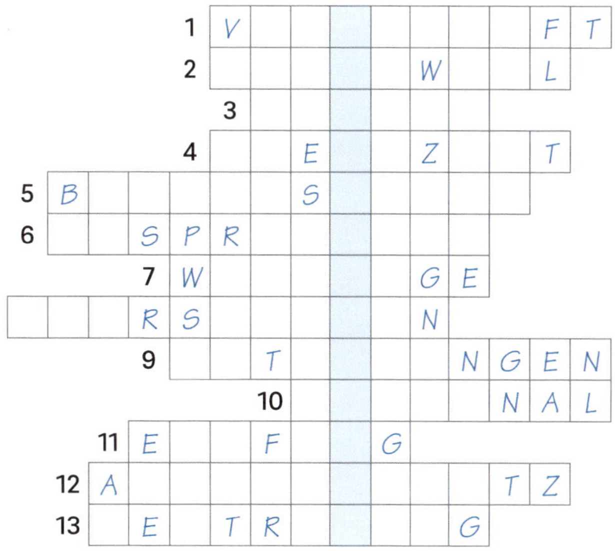

1 Was man tun muss, steht in einer ...
2 Wenn man direkt mit einem Mitarbeiter telefonieren möchte, braucht man seine ...
3 Gibt Unterricht an einer Schule.
4 Wer morgens früher oder später mit der Arbeit anfangen kann, hat ...
5 Schule in der dualen Ausbildung
6 Alle Teammitglieder sollen sich um 11 Uhr in Raum 2.14 zu einer ... treffen.
7 Wochentage, an denen gearbeitet wird
8 Wer mehr arbeitet als normal, macht ...
9 Eine Firma besteht aus mehreren ..., z. B. Personal, Produktion ...
10 Alle Mitarbeiter zusammen sind das ... einer Firma.
11 Besucher einer Firma müssen sich am ... melden.
12 Der Ort, an dem man arbeitet, ist der ...
13 Der Kollege, der meinen Job macht, wenn ich nicht da bin, ist meine ...

Informationen zum Thema

Lesen Sie den Text und schlagen Sie den Personen 1–5 vor, was sie machen sollen.

Wenn man nicht an einer Universität studiert, lernt man in Deutschland viele Berufe in einer schulischen oder einer dualen Ausbildung. Die rein schulische Ausbildung findet an Berufsfachschulen statt, d. h. man lernt dort alles für den Beruf. Es gibt unterschiedliche Typen, z. B. im technischen Bereich und im Gesundheits- und Sozialwesen. Zum Teil kann man hier parallel höhere Schulabschlüsse wie den Realschulabschluss oder die Fachhochschulreife machen.
Die meisten Auszubildenden machen eine duale Ausbildung: Sie sind bei einer Firma angestellt und lernen ihren Beruf dort in der Praxis. An einer Berufsschule lernen Sie das theoretische Grundwissen für ihren Beruf und haben zusätzlich noch allgemeine Fächer. Die Ausbildung dauert meist drei Jahre.
Der schnellste Weg in den Beruf ist die sog. „einjährige Ausbildung" (z. B. zum Pflegehelfer).

1 Hans lernt gerne, ist aber kein praktischer Typ.
2 Moritz möchte nach dem Abitur nicht studieren.
3 Gabi findet Erzieherin oder Physiotherapeutin gut.
4 Noah will möglichst schnell Geld verdienen.
5 Hannah möchte gern praktisch arbeiten, aber auch die Theorie für ihren Beruf lernen.

Hören

63 **Sie hören ein Gespräch in der Schule. Entscheiden Sie, ob die folgenden Aussagen richtig (r) oder falsch (f) sind. Kreuzen Sie an.**

		r	f
1	Die Schülerin findet ihre Leistungen insgesamt in Ordnung.	☐	☐
2	Carolines Leistungen sind in den beruflichen Fächern besser als in den allgemeinbildenden.	☐	☐
3	Ihre schlechten Leistungen kommen vor allem davon, dass sie sich nicht richtig konzentrieren kann, weil es Probleme mit ihren Eltern gibt.	☐	☐
4	Caroline glaubt, dass die Arbeit für Betrieb und Schule zu viel für sie ist.	☐	☐
5	Die Schülerin findet, dass die meisten Unterrichtsinhalte langweilig sind.	☐	☐
6	Der Lehrer schlägt vor, Carolines Kritik mit den Kolleginnen und Kollegen zu besprechen.	☐	☐

Anregung zum Schreiben

Schreiben Sie einen Text zum Thema „Regeln im Betrieb" zu den folgenden Punkten.

1 Welche Regeln haben Sie in Betrieben erlebt? Berichten Sie von Ihren Erfahrungen.
2 Welche Regeln sollte es in einem Unternehmen geben? Denken sie z. B. an Kleidung, Umgang mit Kollegen, Gesprächsthemen, ...

Begründen Sie Ihre Meinung.

Anregung zum Sprechen

Führen Sie zu zweit ein kurzes Gespräch bzw. Interview. Sie können die Stichpunkte auf den Karten benutzen. Wechseln Sie die Rollen.

Rolle A: Interviewer Stichpunkte zum Interview		Rolle B: Person, die interviewt wird Stichpunkte für die Antwort	
Wie finden Sie die Kombination von Schule und Betrieb in der Ausbildung?	Wie sehen Sie Ihre berufliche Zukunft?	– wie schwer? – Lehrer und Mitschüler – Chef und Kollegen	– Berufswunsch – Ausbildungsziel – Flexibilität – Selbstständigkeit?
Was möchten Sie in der Berufsschule gerne lernen?	Warum haben Sie Ihren Ausbildungsberuf gewählt?	– fachliches Wissen – „Soft Skills" – Bezug zum Betrieb – Theorie und Praxis – Hintergrundwissen	– Interessen – Jobchancen – Geld, Gehalt – Karriere – Freunde / Familie

Ausbildung und Beruf 2: Kollegen und Vorgesetzte

Wichtige Ausdrücke

Ergänzen Sie die passenden Wörter und Ausdrücke, indem Sie den richtigen Buchstaben eintragen.

1 Rechte und Pflichten

A auf Urlaub • B beschweren • C den Anweisungen • D die Sicherheit • E geregelt • F und Pflichten

Die Rechte [ ] von Arbeitgebern und Arbeitnehmern sind gesetzlich [ ]. Als Arbeitnehmer bekommt man Geld und dafür erledigt man seine Arbeit und folgt [ ] seines Vorgesetzten bzw. Lehrlinge denen ihres Ausbilders. Es gibt ein Recht [ ] und man wird auch bezahlt, wenn man krank ist. Die Firma ist aber auch verantwortlich für [ ] im Betrieb. Bei Konflikten können sich Mitarbeiter [ ], z. B. beim Betriebsrat.

2 Verhältnis zu Kolleginnen und Kollegen

A gut und fair • B hilfreich • C verbringt • D Verhältnis

Man [ ] viel Zeit mit Kolleginnen und Kollegen am Arbeitsplatz. Da ist es immer [ ], wenn man ein kollegiales [ ] hat. Manchmal entstehen sogar Freundschaften. Man sollte jedenfalls zumindest [ ] zusammenarbeiten.

3 Unternehmensstil

A fördern • B Führungsstile • C Großraumbüros • D Hierarchien • E miteinander • F mitzuentscheiden

Die [ ] in Unternehmen sind unterschiedlich: In flachen [ ] hat der einzelne Mitarbeiter mehr Möglichkeiten, etwas [ ]. Auch das Firmengebäude spielt eine Rolle, wie man [ ] arbeitet: Man kann in [ ] sitzen oder jeder im eigenen Büro. Meetingräume können farbig gestaltet sein oder einfach in Weiß. Kreativ eingerichtete Pausenräume oder Kreativräume sollen die Entstehung von Ideen und Teamarbeit [ ].

Informationen zum Thema

Lesen Sie den Text und beantworten Sie die Fragen.

In einem deutschen Betrieb hat nicht nur der Besitzer der Firma etwas zu sagen: Es gibt die sogenannte „betriebliche Mitbestimmung" durch die Arbeitnehmer. Diese können einen „Betriebsrat" wählen, der ihre Interessen im Betrieb vertritt, und so auch mitentscheiden.
Dieses demokratische Prinzip ist auch im Interesse der Arbeitgeber, weil man dadurch Konflikte vermeiden und die Motivation steigern kann. Einen Anspruch auf Mitbestimmung gibt es z. B. bei der Gestaltung der Arbeitsplätze. Der Betriebsrat muss aber auch darauf achten, dass alle Kolleginnen und Kollegen gleich behandelt werden oder dass der Arbeitsschutz beachtet wird. Für Auszubildende bis 25 und Arbeitnehmer unter 18 gibt es die „Jugend- und Auszubildendenvertretung".
Betriebsräte arbeiten ehrenamtlich, d. h. sie werden für die Betriebsratsarbeit nicht bezahlt. Sie machen ihre Arbeit aber innerhalb der Arbeitszeit.

1 Warum brauchen Arbeitnehmer Mitbestimmung?
2 Warum ist die Mitbestimmung auch für den Arbeitgeber gut?
3 Welche Aufgaben hat ein Betriebsrat?
4 Wodurch wird ein Betriebsrat unterstützt?

Wortschatz

Lösen Sie das Kreuzworträtsel und ergänzen Sie den Lösungssatz.

Gleiche Rechte für alle, das nennt man ...

1 Sie sagt mir, was ich tun soll: Sie ist meine direkte ... .
2 Sie arbeitet mit mir zusammen.
3 Er kann mir Anweisungen geben. Er ist mein ...
4 Chef einer kleineren Gruppe von Mitarbeitern
5 Jeder Mensch hat ... und Pflichten.
6 Menschen, die in Firmen oder Behörden arbeiten
7 Gegenteil von Arbeitnehmer
8 Gruppe, die zusammenarbeitet
9 Chef in einer Bank
10 Zwei Firmen, die eng zusammenarbeiten
11 weibliche Vorgesetzte
12 In unserer Firma gibt es wenig Chefs; wir haben eine flache ...
13 Ein kollegiales Verhalten ist wichtig für ein gutes ... .
14 Einige Mitarbeiter arbeiten zusammen an einem Projekt in einer ...
15 Am Ende des Praktikums bekommt man vom Chef eine ...
16 In einer .... steht, was man tun muss.
17 Kooperation bedeutet ...
18 Er arbeitet mit mir zusammen.

Hören

64 **Sie hören ein Gespräch in der Kantine. Entscheiden Sie, ob die folgenden Aussagen richtig (r) oder falsch (f) sind. Kreuzen Sie an.**

	r	f
1 Die Mitarbeiterin wünscht sich einen besseren Chef.	☐	☐
2 Bei ihrem alten Chef hatte sie gesundheitliche Probleme.	☐	☐
3 Man sagt, dass die Kollegin Claudia alles weitererzählt, was man ihr sagt.	☐	☐
4 Claudia möchte in der Firma Karriere machen.	☐	☐
5 Der Kollege wird in die IT-Abteilung der Firma wechseln.	☐	☐
6 Die Kollegin sagt, die Gehälter sind bei Firma Schulte auch nicht besser.	☐	☐

Anregung zum Schreiben

Schreiben Sie einen Text zum Thema „Verhältnis zu Vorgesetzten" zu den folgenden Punkten.

1 Welche Erfahrungen haben Sie mit Lehrern und / oder Chefs gemacht? Berichten Sie davon.
2 Welches Verhältnis (Nähe / Distanz) sollte man zu Lehrern bzw. Vorgesetzten haben? Begründen Sie Ihre Meinung.

Anregung zum Sprechen

Führen Sie zu zweit ein kurzes Gespräch bzw. Interview. Sie können die Stichpunkte auf den Karten benutzen. Wechseln Sie die Rollen.

Rolle A: Interviewer Stichpunkte zum Interview		Rolle B: Person, die interviewt wird Stichpunkte für die Antwort	
Was ist Ihnen im Umgang mit Kolleginnen und Kollegen wichtig?	Wie gehen Sie damit um, wenn Sie kritisiert werden? Sagen Sie selbst offen Ihre Meinung?	– Verlässlichkeit – Spaß, Humor – privater Kontakt – Professionalität – Ehrlichkeit, Offenheit	– persönlicher Ehrgeiz – Art der Kritik – Angst vor Nachteilen – Kollegen / Chef – Umgang mit Fehlern
Wie empfinden Sie die Atmosphäre in Ihrem Unternehmen?	Möchten Sie selbst später gerne Vorgesetzte(r) werden? Warum (nicht)?	– Offenheit – Leistungsdruck – Sorge um Arbeitsplatz – Identifikation – Einsatz erwünscht	– Verantwortung – nötige Eigenschaften – fachliche Qualifikation – Karriere – Umgang mit Menschen

Ausbildung und Beruf 3: Kunden und Computer

Wichtige Ausdrücke

Ergänzen Sie die passenden Wörter und Ausdrücke, indem Sie den richtigen Buchstaben eintragen.

1 Kundenzentrum

A Reparatur • B wenden sich • C festgestellt • D Anliegen • E Schadenersatz • F umtauschen • G beschweren sich

Kunden ☐ an das Kundenzentrum eines Unternehmens mit verschiedenen ☐: Ein Kunde beauftragt die Firma mit der ☐ eines Gerätes. Wenn ☐ wird, dass ein Artikel einen Produktionsfehler hat, fordert eine Kundin ☐. Ein anderer möchte etwas ☐. Einige Kunden ☐ z. B. über die Höhe der Preise.

2 Reklamation

A gleichwertiges Produkt • B ablehnt • C abgelaufen • D reparieren • E hat reklamiert • F erledigt • G funktioniert

Eine unzufriedene Kundin ☐, dass das Gerät nach der Reparatur immer noch nicht ☐. Die Garantie ist noch nicht ☐. Es ist weiterhin kaputt und sie muss es noch einmal ☐ lassen. Sie bekommt ein ☐ als Ersatz, bis die Reparatur ☐ ist. Es kommt aber auch vor, dass ein Kunde ein solches Angebot ☐

3 Computer

A passende Betreffzeile • B Programme • C Länge • D Software • E anhängt • F ausdrucken kann

Der Computer gehört längst zum Arbeitsalltag. Jeder weiß, wie ☐ ablaufen. Oder wie man eine Rechnung als PDF-Dokument ☐. Es ist auch selbstverständlich, immer eine ☐ zu einer E-Mail auszuwählen. Nur manchmal, wenn man z. B. eine Datei nicht ☐, Probleme mit der verwendeten ☐ hat oder ein Kabel in einer bestimmten ☐ braucht, bittet man die IT-Abteilung um Hilfe.

4 Telefonzentrale

A Abteilungsleiter Einkauf • B läuft • C bestätigen • D Erhalt • E vereinbaren • F schalten • G ist gültig

Was man in der Telefonzentrale des Unternehmens alles hören kann:
Die Frist für die Bewerbung ☐ am 4. Mai ab.
Bitte bestätigen Sie den ☐ unseres Pakets.
Das Angebot ☐ bis 31. 12.
Wir ☐ noch einen Liefertermin.
Wir ☐ Ihren Auftrag vom 1. 4.
Können Sie mich bitte mit dem ☐ verbinden?
Und schließlich auch so etwas wie: Bitte ☐ Sie den Rechner aus, wenn Sie fertig sind!

Wortschatz

Lösen Sie das Kreuzworträtsel und ergänzen Sie den Lösungssatz.

Lösung: Es geht immer mal wieder etwas kaputt. Dafür hat unsere Firma einen ...

1 Er bringt Buchstaben aufs Papier.
2 Am Rechner schreibt man mit der ... .
3 Kann man gegen Waren eintauschen ...
4 Der Kunde sagt, was ihm nicht gefällt: eine ... .

5 Im Computer gespeicherte Informationen.
6 Jemand bestätigt Ihnen schriftlich, dass Sie etwas bezahlt haben: Er gibt Ihnen eine ... .
7 älterer Begriff für Datenverarbeitung mit Computern
8 Ein Kunde, der etwas zurückgeben will, weil es nicht in Ordnung ist, hat eine ... .
9 Sie besteht aus Zeilen und Spalten und man trägt darin z. B. Zahlen ein.
10 Ein Tipp, eine Bemerkung, die mir hilft.
11 Wenn ein Kunde mitteilt, was er kaufen möchte, gibt er eine ... auf.
12 Wenn ein Hersteller eine ... gibt, repariert er eine Ware eine bestimmte Zeit lang kostenlos.

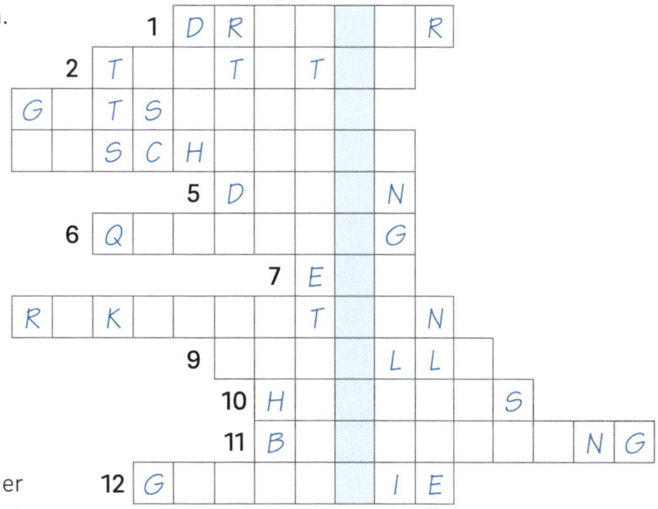

Informationen zum Thema

Lesen Sie den Text. Welche Aussage stimmt? Kreuzen Sie an: richtig oder falsch.

Kunden kommen entweder in den Laden oder rufen an – so war das früher einmal. Im Zeitalter der Digitalisierung ändert sich auch der Kundenkontakt. Damit geht man aber in den Unternehmen unterschiedlich um. Die digitalen Medien werden vor allem zur Verbesserung der Arbeitsabläufe genutzt, die Kommunikationswege laufen über E-Mails und soziale Netzwerke. Darüber hinaus spielen Bewertungsportale, Foren und Chats eine große Rolle, wie Umfragen zeigen. Hier kann man Kaufentscheidungen beeinflussen, Kundenwünsche kennenlernen oder Feedback bekommen. So kann man Angebote besser dem Bedarf der Kundschaft anpassen. Außerdem bedeuten Online-Angebote eine starke Konkurrenz für klassische Anbieter. Wer also wettbewerbsfähig sein will, muss digital unterwegs sein. Digitale Märkte werden zunehmend „liquide" sein, d. h. alle Daten sind für den Kunden auf allen seinen Geräten jederzeit synchronisiert nutzbar.

	richtig	falsch
1 Kunden kommen heute nicht mehr in den Laden.	☐	☐
2 Die meisten Unternehmen nutzen heute Chats.	☐	☐
3 Firmen wissen digital besser, was Kunden wollen.	☐	☐
4 In „liquiden" Märkten kann ich auf Handy oder Tablet immer sehen, was in meinem Warenkorb ist.	☐	☐

Hören

65 **Sie hören ein Messegespräch. Entscheiden Sie, ob die folgenden Aussagen richtig (r) oder falsch (f) sind. Kreuzen Sie an.**

	r	f
1 Die Firma Mayer hat den Namen des PC-Anbieters online gefunden.	☐	☐
2 Kunden haben den Anbieter auf der Messe in Frankfurt empfohlen.	☐	☐
3 Der bisherige Lieferant war aus mehreren Gründen nicht mehr mit der Firma Mayer zufrieden.	☐	☐
4 Herr Mäcker kann zurzeit mehr Artikel anbieten als noch in Frankfurt.	☐	☐
5 Frau Rosmar vereinbart, dass Herr Mäcker vor Ort ein Angebot macht.	☐	☐
6 In den Katalogpreisen ist die Mehrwertsteuer noch nicht enthalten.	☐	☐

Anregung zum Schreiben

Schreiben Sie einen Text zu einem der beiden folgenden Themen.

1 Welche Rolle spielen Computer und Internet in Ihrer Schule bzw. Ausbildungsstätte? Berichten Sie von Ihren Erfahrungen.
2 Was halten Sie von flexiblen Regelungen bei Arbeitszeiten wie Gleitzeit und Homeoffice? Begründen Sie Ihre Meinung.

Anregung zum Sprechen

Führen Sie zu zweit ein kurzes Gespräch bzw. Interview. Sie können die Stichpunkte auf den Karten benutzen. Wechseln Sie die Rollen.

Rolle A: Interviewer Stichpunkte zum Interview		Rolle B: Person, die interviewt wird Stichpunkte für die Antwort	
Was bedeutet die Digitalisierung für Ihren Beruf?	Was glauben Sie: Wie gut sind Ihre Computerkenntnisse?	– Spielt welche Rolle? – Wissen notwendig? Welches? – Arbeitsplätze in Gefahr? – Arbeit leichter – ältere Mitarbeiter	– benutzte Programme – Fortbildung – Vergleich mit Kollegen – Programmieren – Internetnutzung
Was gefällt Ihnen am Umgang mit Kunden? Was nicht?	Was halten Sie bei Gesprächen mit Kunden für wichtig?	– Kontakt mit Menschen – persönliche Beratung – Beschwerden – negative Emotionen – Fokus auf Gewinn	– Menschenkenntnis – fachliches Wissen – Gefühle beherrschen – Sprache anpassen – Ehrlichkeit / Strategie

Ausbildung und Beruf 4: Qualifikation und Karriere

Wichtige Ausdrücke

Ergänzen Sie die passenden Wörter und Ausdrücke. Tragen Sie den richtigen Buchstaben ein.

1 Lohn und Gehalt

A Karriereplanung • B wechseln • C Steuern und Sozialabgaben • D Bezahlung • E Gehaltsvorstellung • F verdienen • G brutto

Für viele spielt bei der ☐ der Verdienst eine wichtige Rolle. Löhne oder Gehälter werden immer ☐ angegeben, nach Abzug von ☐ bleibt dann der Nettoverdienst. Viele Mitarbeiter wissen aber nicht, wie viel ihre Kolleginnen und Kollegen ☐. Im Vorstellungsgespräch muss man oft seine ☐ nennen. Dazu muss man wissen, welche ☐ für die jeweilige Tätigkeit ungefähr üblich ist, und man sollte sich auch überlegen, für wie viel Geld man zu einem neuen Arbeitgeber ☐ würde.

2 Jobwechsel

A professionell genug • B private Gründe • C eine bessere Position • D einen neuen Job • E fortgebildet • F selbstständiger • G Qualität

Gründe, ☐ zu suchen, kann es viele geben: Der Arbeitsplatz ist nicht ☐, man möchte ☐ arbeiten, man erwartet, besser geschult und ☐ zu werden, oder eine andere Firma ist berühmt für die ☐ ihrer Produkte und die Arbeitsbedingungen. Viele wollen aber mehr verdienen oder ☐ bekommen. Oder man hat einfach ☐, z. B. weil man wegen der Familie in eine andere Stadt ziehen möchte.

3 Lebenslauf

A übersichtlich • B persönlichen Angaben • C aktuellen Daten • D Kenntnisse und Erfahrungen • E tabellarischer • F Lebenslauf • G Aus- und Weiterbildung

Zu einer Bewerbung gehört immer ein ☐. Er sollte ☐ gestaltet sein und nur korrekte Informationen enthalten. Man kann damit beweisen, dass man ☐ besitzt, die man für den Job braucht. Also neben ☐ z. B. auch Praxiserfahrung, Kenntnisse oder ☐. Die jeweiligen Jahreszahlen gehören dazu, wobei ein ☐ Lebenslauf mit den ☐ beginnt.

Wortschatz

Lösen Sie das Kreuzworträtsel und ergänzen Sie den Lösungssatz.

Der oberste Leiter eines Unternehmens ist der ...

1 Wer für eine Arbeit Talente hat, hat eine ... dafür.
2 Firma, Unternehmen
3 Man muss ... bringen, um weiterzukommen.
4 Jemand, der von einer Sache etwas versteht
5 Geld, das ein Arbeiter für Arbeit bekommt
6 Funktionen und Stellen im öffentlichen Bereich
7 Sie hat eine wichtige ... in der Firma. = Sie arbeitet an einer wichtigen Stelle im Unternehmen.
8 Die ... im Schichtbetrieb sind von 6 bis 14 und von 14 bis 22 Uhr.
9 Stellung in einem Unternehmen
10 Wir brauchen Mitarbeiter, die gut ausgebildet sind und eine gute ... haben.
11 Wenn man entlassen wird, muss man eine ... bekommen.
12 Geld, das ein Angestellter für Arbeit bekommt
13 Ein ... organisiert, plant und kontrolliert bestimmte Arbeiten in einem Unternehmen.
14 Über Praktika muss man oft einen ... schreiben.
15 Wer die höchste Ausbildung in einem Handwerksberuf hat, darf sich ... nennen.

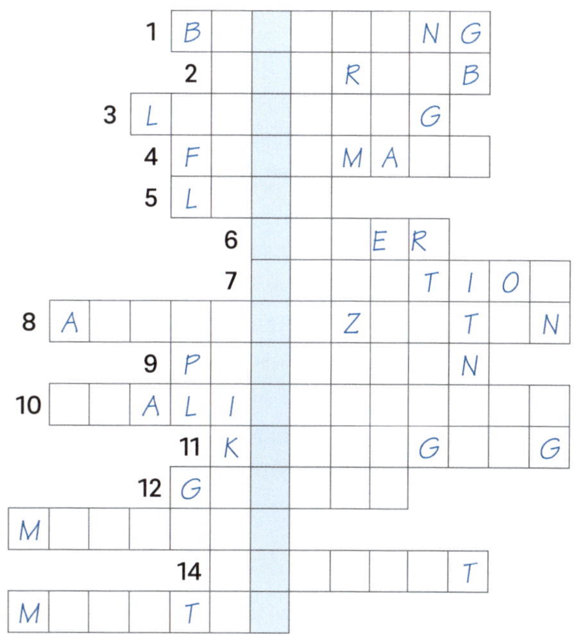

Informationen zum Thema

Lesen Sie den Text und beraten Sie anschließend einen Mitschüler / eine Mitschülerin.

Wenn man sich bewirbt, sollte man Ahnung von seinem Fach haben. Das kann man meist gut durch Noten nachweisen. Diese Art Fähigkeiten nennt man auch „Hard Skills". Mindestens genauso wichtig sind für Personalleiter aber die „Soft Skills". Das sind „überfachliche" Qualifikationen: soziale, persönliche und methodische Kompetenzen. Sie sind nicht so leicht zu überprüfen wie Faktenwissen. Genau darum aber geht es in Bewerbung und Bewerbungsgespräch. Die Unternehmen schauen sich das Anschreiben und den Lebenslauf genau an: Hat der Bewerber / die Bewerberin sich Mühe gegeben, ist das Design passend und originell, kann man eine Persönlichkeit erkennen? Dabei geht es z. B. darum, ob man Selbstvertrauen hat, diszipliniert ist, belastbar und motiviert. Oder ob man teamfähig ist, Kritik annimmt und gut kommunizieren kann. Wichtig ist auch, ob man Dinge präsentieren, Probleme lösen, organisieren oder seine Zeit gut einteilen kann. Das sind alles Dinge, die nicht in einem Zeugnis stehen.

Sie beraten einen Mitschüler, der sich auf eine Bewerbung vorbereitet. Was raten Sie ihm, wie er diese „Soft Skills" in Bewerbung und Gespräch nachweisen kann?

1 Er ist bereit, sich anzupassen.
2 Er kann gut mit Stress umgehen.
3 Er kann gut Verantwortung übernehmen.
4 Er kann gut organisieren.

Hören

66 **Sie hören ein Mitarbeitergespräch. Entscheiden Sie, ob die folgenden Aussagen richtig (r) oder falsch (f) sind. Kreuzen Sie an.**

	r	f
1 Die Mitarbeiterin hat auf die Bitte um ein Gespräch schnell reagiert.	☐	☐
2 Frau Möller hatte bei ihrer ersten Bewerbung die Stelle abgelehnt.	☐	☐
3 Frau Möller hat in ihrer Abteilung Verbesserungen erreicht.	☐	☐
4 Der Chef will Herrn Lehmann zum Jahresende entlassen.	☐	☐
5 Der Direktor hat nicht daran gedacht, dass er die Leitung des Einkaufs neu besetzen muss.	☐	☐
6 Frau Möller möchte das Angebot nicht annehmen.	☐	☐

Anregung zum Schreiben

Schreiben Sie einen Text zum Thema „Kooperation und Konkurrenz" zu den folgenden Punkten.

1 Wie sieht es bei Ihnen in Schule und Betrieb mit Konkurrenz und Zusammenarbeit aus? Berichten Sie von Ihren Erfahrungen.
2 Welche Grundsätze sollten Mitarbeiter einhalten, die in Konkurrenz zueinanderstehen? Begründen Sie Ihre Meinung.

Anregung zum Sprechen

Führen Sie zu zweit ein kurzes Gespräch bzw. Interview. Sie können die Stichpunkte auf den Karten benutzen. Wechseln Sie die Rollen.

Rolle A: Interviewer Stichpunkte zum Interview	Rolle B: Person, die interviewt wird Stichpunkte für die Antwort
Welche beruflichen Stärken und Schwächen haben Sie?	– Wissen, Kenntnisse – Ehrgeiz und Fleiß – Ordnung, Organisation – Umgang mit Menschen – Planung, Visionen
Wie sieht Ihre Karriereplanung aus?	– konkrete Ziele – Auslandsaufenthalt – Zusatzqualifikationen – Wechsel der Stelle – erreichte Position
Wie ist das Verhältnis zwischen Privatleben und Karriere bei Ihnen („Work-Life-Balance")?	– Rolle von Familie und Freunden – Arbeitszeiten – Hobby als Beruf – Immer erreichbar? – Gesundheit
Wie und worin wollen Sie sich weiterbilden?	– Fortbildung im Betrieb – Sprachen lernen – Arbeitstechniken – aktuelle Trends – höhere Qualifikation

Ausbildung und Beruf 5: Berufliche Tätigkeitsfelder 1 – Service und Pflege

Wichtige Ausdrücke

Ergänzen Sie die passenden Wörter und Ausdrücke. Tragen Sie den richtigen Buchstaben ein.

1 Im Hotel

A Hotel und Gaststättengewerbe • B immer freundlich bleiben • C eingecheckt • D die Speisekarte • E etwas los • F mit dem Service • G reist

In einem Hotel ist immer ☐ – auch für das Personal: Der Gast aus Zimmer 161 ☐ morgen ab, die Dame aus 402 war ☐ im Restaurant nicht zufrieden und das Paar in der Suite im 5. Stock möchte gern ☐. An der Rezeption werden ständig Gäste ☐, Taxis gerufen oder Stadtpläne verteilt. Wer im ☐ arbeitet, muss mit Stress und Termindruck umgehen können – und doch ☐.

2 Krankenpflege

A Humor • B erfüllen • C stressigen • D zu tun ist • E erklären • F zu pflegen • G hineinversetzen

Die Anforderungen an den Krankenpflegeberuf sind nicht leicht zu ☐: Man muss auch in ☐ Situationen ruhig reagieren und wissen, was ☐. Höflichkeit und Freundlichkeit sind ebenfalls wichtig. Man muss Dinge so ☐ können, dass ein Patient sie versteht. Neben dem medizinischen Wissen braucht man praktische Fertigkeiten, um die Patienten konkret ☐. Man muss sich auch in ihre Situation ☐ und die Patienten trösten können. Dabei braucht es auch viel ☐: Man darf das Lachen nicht vergessen.

3 Gästeservice

A erfüllt • B Lieblingszimmer • C Karten • D Empfehlungen • E Ausflüge • F Leistungen • G die Wünsche

Der Gästeservice hört auf ☐ der Gäste. Er berät sie und bietet spezielle ☐ an: Die Mitarbeiter organisieren ☐ oder Besichtigungen, geben ☐ für Shoppingtouren oder besorgen ☐ für Konzertbesuche. Oder ein Stammgast bekommt sein ☐, in dem er sich wie zu Hause fühlt. Es wird immer dafür gesorgt, dass möglichst jeder Wunsch des Gastes ☐ wird, denn der Kunde ist schließlich König.

4 Berufe im Dienstleistungssektor

A mit Menschen • B produziert • C Diensten • D anspruchsvollen • E qualifizierte • F mehrere hundert • G Dienstleistungssektor • H Serviceleistungen

Wer den direkten Kontakt ☐ mag, für den ist ein Beruf im ☐ vielleicht das Richtige. Hier wird nichts ☐, sondern man bietet ☐ an. Es gibt ☐ solcher Berufe – von einfacheren ☐ wie Gebäudereiniger oder Kellner über höher ☐ Berufe wie Polizisten bis hin zu ☐ Tätigkeiten wie etwa beim Zahnarzt oder Apotheker. In jedem Fall aber sollte man Freude daran haben, anderen zu helfen.

Wortschatz

Lösen Sie das Kreuzworträtsel und ergänzen Sie den Lösungssatz.

Eine Arbeit, bei der man nichts herstellt, nennt man eine ...

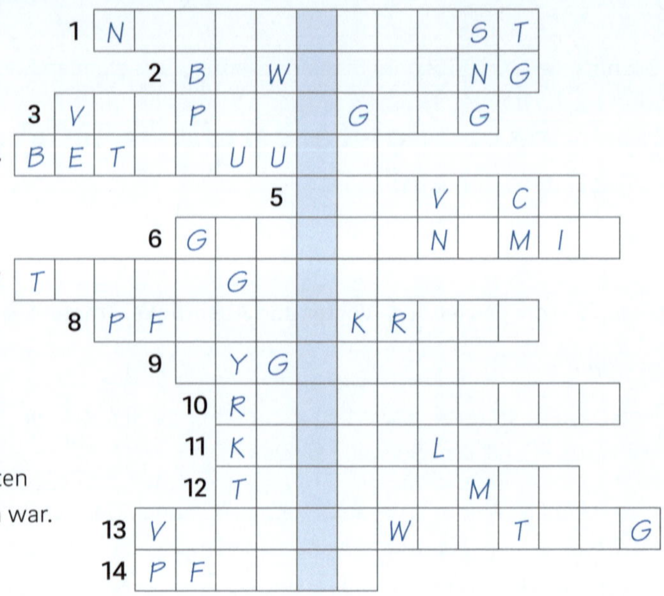

1 Arbeitet ein Pfleger nicht tagsüber, hat er ... .
2 Essen und Getränke für Geschäftspartner.
3 ... heißt die Versorgung mit Nahrung.
4 Unser Hotelpersonal tut alles für eine optimale ... unserer Gäste.
5 Dieses Hotel ist nicht ganz billig, aber der ... ist sehr gut: Das Personal ist immer da, wenn man etwas braucht.
6 Gaststättengewerbe
7 ... bekommt das Personal in Gaststätten oder Hotels, wenn der Gast zufrieden war.
8 Person, die in der Pflege arbeitet
9 anderes Wort für „Sauberkeit“
10 anderes Wort für „Gaststätte“
11 Arbeitskleidung z. B. von Pflegekräften
12 Fremdenverkehr
13 Jemand ist für ein Projekt zuständig: Er / Sie hat die ... dafür.
14 Meine Mutter kann sich nicht mehr alleine helfen. Sie braucht ... .

Informationen zum Thema

Lesen Sie den Text und bearbeiten Sie die folgenden Aufgaben.

1 Im Text werden einige Berufe in unterschiedlichen Bereichen genannt.
Unterstreichen Sie Informationen darüber, was diese Berufe gemeinsam haben.
2 Legen Sie eine Tabelle an, in die Sie Unterschiede zwischen Dienstleistungsberufen eintragen.
In die Spalten kommen: „Bereiche", „Arbeitsplatz" und „Arbeitszeiten".

Der Dienstleistungssektor ist sehr vielseitig. Dazu gehören Berufe in Verkehr und Tourismus, bei Banken oder Versicherungen, im öffentlichen Dienst, in Handel oder Handwerk. Entsprechend verschieden kann der Arbeitsplatz aussehen. Man arbeitet im Büro, berät Kunden am Telefon oder in einem Laden, repariert Produkte in einer Werkstatt oder direkt beim Kunden, bedient im Hotel- und Gaststättenbereich oder pflegt und versorgt z. B. ältere oder kranke Menschen.
Dazu sollte man vor allem offen sein und gern Kontakt zu Menschen haben. Man muss gut mit Kritik umgehen können – Kunden sind ja nicht immer glücklich und zufrieden. Gerade dann muss man freundlich und hilfsbereit bleiben.
Die Arbeitszeiten sind sehr unterschiedlich. In einigen Berufen hat man feste und geregelte Arbeitszeiten, in anderen muss man an Wochenenden arbeiten. Denn Metzger, Kaufmann, Koch, Schornsteinfeger oder Raumausstatter haben ganz unterschiedliche Tätigkeiten, aber alle sind Dienstleister.

Hören

67 **Sie hören ein Gespräch im Stationszimmer. Entscheiden Sie, ob die folgenden Aussagen richtig (r) oder falsch (f) sind. Kreuzen Sie an.**

		r	f
1	Die Stationspflegerin begrüßt alle Mitarbeiterinnen und Mitarbeiter herzlich.	☐	☐
2	Auf der Station gilt das kollegiale „Du" für alle.	☐	☐
3	Im Bad gibt es für Hendrik die Möglichkeit, seine Sachen zu reinigen.	☐	☐
4	Hendrik hat die Erfahrung gemacht, dass man beruflich und privat trennen muss.	☐	☐
5	Im Team kann man gut über berufliche Schwierigkeiten sprechen.	☐	☐
6	Hendrik wird Marlena beim Frühstück kennenlernen.	☐	☐

Anregung zum Schreiben

Schreiben Sie einen Text zum Thema „Berufliches und Privates" zu den folgenden Punkten.

1 Wie sehr vermischen sich bei Ihnen und Ihren Bekannten und Kollegen Beruf und Privatleben?
Berichten Sie von Ihren Erfahrungen.
2 Wie stark sollte man das Private aus dem Beruf heraushalten, z. B. Patienten oder Gästen gegenüber?
Begründen Sie Ihre Meinung.

Anregung zum Sprechen

Führen Sie zu zweit ein kurzes Gespräch bzw. Interview. Sie können die Stichpunkte auf den Karten benutzen. Wechseln Sie die Rollen.

Rolle A: Interviewer Stichpunkte zum Interview		Rolle B: Person, die interviewt wird Stichpunkte für die Antwort	
Haben / Brauchen Mitarbeiter in Heil- und Pflegeberufen eine besondere Motivation?	Was würden Sie im Bereich der Pflegeberufe gerne verbessern?	– Liebe zum Menschen – Mitleid, Sorge – Verantwortung – für andere da sein – sozial sein, helfen	– Arbeitsbelastung – Arbeitszeiten – Verdienst – zu wenig Personal
Was finden Sie besonders attraktiv an Berufen in der Tourismusbranche?	Welche Fähigkeiten sind Ihrer Meinung nach in der Gastronomie wichtig?	– Vielseitigkeit – andere Länder sehen – international – Kontakt mit Gästen – Erfolg direkt sichtbar	– organisieren können – unter Stress arbeiten – freundlich sein – handwerklich begabt – Managerqualitäten

Ausbildung und Beruf 6: Berufliche Tätigkeitsfelder 2 – Herstellung und Verkauf

Wichtige Ausdrücke

Ergänzen Sie die passenden Wörter und Ausdrücke. Tragen Sie den richtigen Buchstaben ein.

1 Verkauf

A hochwertigem Material • B 10 % Rabatt • C rechnet sich • D im Verkauf • E der Verkauf • F Verkaufszahlen • G große Mengen ab

- ○ Stimmt es, dass Ihre ☐ abnehmen? Wir nehmen Ihnen ja immer ☐.
- ◆ Nein, zurzeit läuft ☐ ganz gut. Unsere Zahlen haben sich im letzten Quartal wieder erholt.
- ○ Klar, seitdem Sie ☐ arbeiten! Ihre Ware ist aber auch aus besonders ☐. Für uns ist auch wichtig, dass Sie immer eine pünktliche Lieferung garantieren.
- ◆ Freut mich, das zu hören. Sie bekommen bei uns als Großkunde ja auch ☐ auf alle Waren.
- ○ Das ist richtig, und deshalb ☐ der Einkauf bei Ihnen für uns auch.

2 Bestellung und Sicherheit

A anbieten • B mögliche Gefahren • C nachbestellt • D auf Lager • E in Betrieb • F die Breite • G Betriebsanleitung

a Wir können Ihnen für Ihren Zweck mehrere Produkte ☐. Messen Sie vor der Bestellung bitte ☐ Ihrer Schreibtische aus.

b Lesen Sie die ☐ sorgfältig durch, bevor Sie die Geräte ☐ nehmen. Die Gebrauchsanweisung weist auf ☐ hin.

c Leider haben wir die bestellte Anzahl nicht ☐, aber ich habe gestern noch zehn Stück ☐.

3 Preise

A sinken • B reduziert • C Gesamtpreis • D inklusive Mehrwertsteuer • E gestiegen

- o Ihre Preise sind ja schon wieder ☐! Der Kirschsaft kostet 2,50 Euro pro Flasche, der ☐ eines Kartons beträgt also schon 15 Euro!
- ◆ Heute haben wir den Preis erst ☐. Und die Preise werden wahrscheinlich noch weiter ☐. Der Preis ist außerdem ☐.

4 Lieferung

A transportiert • B verbrauchen • C verarbeitet • D zugenommen • E geliefert • F Warenangebot • G spricht für

a Unsere Firma ☐ vor allem Metall und stellt viele Produkte her. Sie hat ein großes ☐. Die Ware wird mit der Eisenbahn ☐. Lastwagen ☐ viel Benzin und stehen oft im Stau.
b Die bestellte Ware wird schnell und pünktlich ☐.
c Der Verkauf von Produkten unserer Firma hat in letzter Zeit stark ☐. Das ☐ eine hohe Kundenzufriedenheit.

Wortschatz

Lösen Sie das Kreuzworträtsel und ergänzen Sie den Lösungssatz.

So nennt man den Zeitpunkt, zu dem bestellte Ware zu Ihnen gebracht wird: ...

	1	A		T		K											
						2	L			F		R			G		
						3	M										
					4	A			T			G					
5	E		S				T			L							
					6	H								E	R		
		7	A		B					R							
						8	B		S	T							G
						9	P							I	O	N	
							10			S	T		R				
	11	W					E			G			G				
		12	K														

1 Wir verkaufen spezielle ... für Maler.
2 Wir erwarten die ... der Ware in zehn Tagen, dann sollte sie bei uns sein.
3 Ausstellung, auf der Unternehmen neue Produkte präsentieren
4 Ein Kunde hat 10.000 Stück bestellt. Das ist ein großer ... .
5 Bevor wir das Auto reparieren können, müssen wir ein bestimmtes ... bestellen.
6 anderes Wort für „Produzent"
7 Wer etwas zum Verkauf bereit hält.
8 Nach Bezahlung der Ware bekommen sie eine automatische ... der Bestellung.
9 anderes Wort für „Herstellung"
10 kleine Menge einer Ware, an der der Kunde erkennen kann, wie die Ware ist
11 Abteilung, in der Waren ankommen
12 Ausgaben für die Produktion

Informationen zum Thema

1 Lesen Sie den Text und bearbeiten Sie Aufgabe 2.

Wie verkaufe ich einem Kunden etwas, von dem er noch gar nicht weiß, dass er es haben will? Dazu gibt es Verkaufsstrategien und Werbung. Verkaufen hat viel mit Psychologie zu tun: Wenn uns jemand z. B. einen Gefallen tut, wollen wir dem anderen auch einen Gefallen tun. Ein Verkäufer nutzt das: Er behandelt uns besonders freundlich, macht kleine Werbegeschenke oder ein besonders günstiges Angebot. Man nennt diese Strategie „Reziprozitätseffekt", negativ auch „Reziprozitätsfalle".
Andere Tricks bestehen darin, den Kunden zu positiven Bemerkungen über ein Produkt zu bringen. Der will dann „konsistent" sein und sich nicht selbst widersprechen – und kauft. Oder man behauptet, dass es nur noch wenige Exemplare gibt („Verknappung"): Was für ein Glück, soll der Kunde denken, dass ich noch eins bekommen konnte!
In der Werbung kennt man das „AIDA-Modell": Werbung soll den Kunden auf ein Produkt „aufmerksam" machen („attention"), ihn dafür „interessieren" („interest"), bei ihm einen „Wunsch" zum Kauf wecken („desire") und ihn zu einer „Handlung" (zum Kauf) bewegen („action"). Aber auch wenn wir all das wissen – können wir immer widerstehen?

2 Ordnen Sie die Fachbegriffe den Verkaufs- / Werbeaussagen zu.

1 Das beste jemals getestete Produkt!
2 Wie ist der Sound? Sagen Sie mal selbst! Klingt das nicht toll?
3 Nur noch einmal auf unserer Seite verfügbar. Bestellen Sie schnell!
4 Dass Sie einen besonders guten Geschmack haben, merkt man wirklich sofort!

a Reziprozitätsfalle
b Konsistenz
c AIDA-Modell
d Verknappung

Hören

68 **Sie hören ein Telefongespräch. Entscheiden Sie, ob die folgenden Aussagen richtig (r) oder falsch (f) sind. Kreuzen Sie an.**

	r	f
1 Es handelt sich um das erste Telefonat zwischen den beiden Personen.	☐	☐
2 Herr Brand möchte von der Firma Kaffeegut ein Angebot bekommen.	☐	☐
3 Waren kann man von der Firma Kaffeegut normalerweise innerhalb von zwei Wochen bekommen.	☐	☐
4 Frau Liepold fragt im Lager nach, ob es die Ware dort noch gibt.	☐	☐
5 Die Ware muss spätestens 30 Tage, nachdem man die Rechnung erhalten hat, bezahlt werden.	☐	☐
6 Die Firma Kaffeegut hatte bereits die Anschrift des Kunden.	☐	☐

Anregung zum Schreiben

Schreiben Sie einen Text zum Thema „Ärger mit Kunden" zu den folgenden Punkten.

1 Welche Erfahrungen haben Sie im Umgang mit „schwierigen" Kunden oder Geschäftspartnern gemacht? Berichten Sie davon.
2 Wie verhält man sich am besten, wenn man Ärger mit Kunden (Lehrern / Geschäftspartnern / ...) hat? Begründen Sie Ihre Meinung.

Anregung zum Sprechen

Führen Sie zu zweit ein kurzes Gespräch bzw. Interview. Sie können die Stichpunkte auf den Karten benutzen. Wechseln Sie die Rollen.

Rolle A: Interviewer Stichpunkte zum Interview		Rolle B: Person, die interviewt wird Stichpunkte für die Antwort	
Mit welchen Materialien und Werkstoffen arbeiten Sie gerne? Warum?	Was ist für Sie wichtig, wenn man ein neues Produkt entwickelt?	– Holz, Leder, Ton – Stein, Metall, Gold – Verarbeitung – Kunst – Fühlen, Sehen, Riechen	– Neuheit, Originalität – Bedarf und Absatz schätzen – Kunden befragen – Gewinn – Nützlichkeit
Wie verkauft man einen Artikel am besten?	Wo würden Sie in einem Unternehmen am liebsten arbeiten? Warum?	– Werbung – guter Preis – hohe Qualität – Verkaufsstrategie – Zielgruppe	– Einkauf – Verkauf – Management – Werbung – Organisation, Logistik

Ausbildung und Beruf 7: Berufswahl, Bewerbung, Vorstellung

Wichtige Ausdrücke

Ergänzen Sie die passenden Wörter und Ausdrücke. Tragen Sie den richtigen Buchstaben ein.

1 Absageschreiben

A aufnehmen • B bedanken • C aufgeben • D senden • E wünschen • F schicken

„Wir ☐ uns für Ihr Interesse an einer Tätigkeit in unserem Unternehmen. Leider müssen wir Ihnen eine Absage ☐, da wir im Moment keine Auszubildenden ☐ können. Die von Ihnen eingereichten Unterlagen ☐ wir hiermit anbei zurück. Wir ☐ Ihnen für Ihren weiteren beruflichen Werdegang viel Erfolg."
Solche Absagen bekommt man leider. Dann darf man nicht ☐!

2 Die erste Stelle

A bekommen • B mache • C fängt • D gehört • E vereinbaren mit • F gefunden • G bringt

a Wir ☐ Ihnen eine Probezeit von sechs Monaten.
b Bald ☐ ich ein Praktikum in einer Konditorei.
c Morgen ☐ in unserer Firma eine Schülerpraktikantin an.
d Sie ☐ die nötige Qualifikation für die Stelle mit.
e Zu meinen Stärken ☐, dass ich selbstständig arbeite.
f Meine Klassenkameradin hat eine neue Stelle ☐.
g Ich habe jetzt einen unbefristeten Arbeitsvertrag ☐.

3 Fragen in einem Bewerbungsgespräch

A passen • B gewonnen • C sagt • D ausgesucht • E verdienen • F informiert • G einbringen

a Haben Sie sich im Internet über unsere Firma ☐?
b Welche Vorstellungen haben Sie von den Abläufen in unserer Fabrik ☐?
c Warum ☐ Ihnen eine Tätigkeit bei uns zu?
d Weshalb haben Sie sich gerade unser Unternehmen ☐?
e Warum glauben Sie, dass Sie zu unserem Betrieb ☐?
f Welche Stärken können Sie in unser Team ☐?
g Was möchten Sie bei uns ☐? Haben Sie noch Fragen?

Wortschatz

Lösen Sie das Kreuzworträtsel und ergänzen Sie den Lösungssatz.

So nennt man die Person, an die man sich mit einem bestimmten Anliegen wenden kann: ...

1 (junge) Person, die kurze Zeit in einem Unternehmen arbeitet, um einen bestimmten Beruf kennenzulernen
2 Was Sie gut können, sind Ihre ... .
3 Wenn die schriftliche Bewerbung gut war, wird man zu einem ... eingeladen.
4 Viele Schüler machen ein ..., um für eine kurze Zeit die Arbeitswelt kennenzulernen.
5 Es ist nicht leicht, den richtigen Job zu finden. Die Arbeitsagentur hilft bei der ... .
6 Arbeitsplatz in einem Unternehmen
7 anderes Wort für „Anzeige / Inserat"
8 Gäste werden durch einen Betrieb geführt.
9 Frist am Anfang eines Arbeitsverhältnisses, um auszuprobieren, ob der neue Mitarbeiter geeignet ist
10 Mitteilung der Firma, dass man einen Job bekommt
11 Ihre Unterlagen müssen bis zum 30. September bei uns sein, dann endet die ... für die Bewerbung.
12 Dokumente, die man z. B. für eine Bewerbung einreichen muss
13 Inserat, mit dem ein Arbeitnehmer gesucht wird
14 Mitteilung der Firma, dass man den Job nicht bekommt
15 Person, die eine Stelle haben möchte

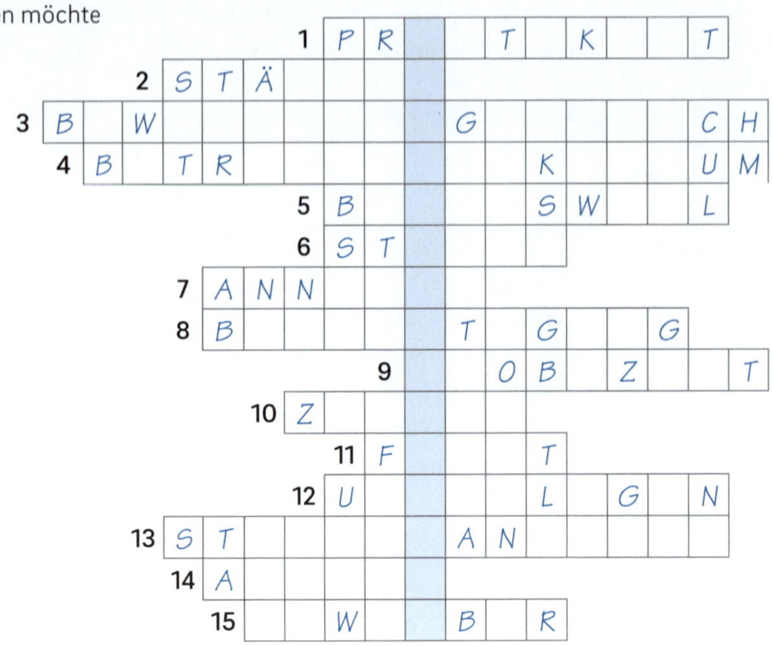

Informationen zum Thema

1 Lesen Sie den Text und bearbeiten Sie Aufgabe 2.

Wer zum Vorstellungsgespräch eingeladen ist, hat schon den ersten erfolgreichen Schritt gemacht. Nun kommt es darauf an, wie man sich verhält. Personalchefs lassen sich hier so einiges einfallen. Dabei möchten sie oft gar nicht wissen, was die Antwort auf ihre Fragen ist, sondern sehen, wie die Bewerber reagieren. Was soll man z. B. sagen zu einem Streit zwischen Kollegen und Chef? Man kann für die Kollegen sein, dann wäre man gegen den Chef. Und wenn man sich für den Chef entscheidet, kommt gern die Frage: „Auch wenn er nicht im Recht ist?" Sagen Sie dann lieber, dass das in dieser Firma sicherlich nicht passiert. Oder, dass man gemeinsam eine Lösung sucht. Das gilt immer bei „Entweder-oder-Fragen": Arbeiten Sie lieber im Team oder alleine? Das kommt auf die Arbeit an: Bestimmte Dinge erledigt man schneller allein, bei anderen Dingen braucht es ein Team.
Vor allem muss man ruhig und souverän bleiben: „Überfordert dieser Job Sie nicht?" – Wer bei dieser Frage schon nervös wird, macht den Eindruck, dass man im Beruf schnell überfordert wird. Lieber sicher reagieren und sagen, warum man der Richtige ist. Das ist nicht zuletzt eine Frage von Vorbereitung, Training und Erfahrung.

2 Spielen Sie ein Vorstellungsgespräch und versuchen Sie, den „Fallen" aus dem Weg zu gehen. Sie können die Fragen als Anregung verwenden. Beachten Sie dabei die Hinweise im Text.

1 Welche Rolle spielt das Gehalt für Sie?
2 Was können Sie besonders schlecht?
3 Wie schnell kann ein Gepard laufen?
4 Was möchten Sie im nächsten Leben sein?

Hören

69 **Sie hören ein Vorstellungsgespräch. Entscheiden Sie, ob die folgenden Aussagen richtig (r) oder falsch (f) sind. Kreuzen Sie an.**

		r	f
1	Der Personalchef fragt, warum Frau Mühres Buchhändlerin gerade in einer Buchhandlung lernen möchte.	☐	☐
2	Frau Mühres möchte mit ganz verschiedenen Kundenwünschen zu tun haben.	☐	☐
3	Die Kandidatin soll ein gutes Gedächtnis haben, um die Handlung von Büchern wiedergeben zu können.	☐	☐
4	Die Bewerberin richtet sich lieber nach persönlichen Werbeplakaten als nach anonymen.	☐	☐
5	Frau Mühres wurde der Laden, in dem sie sich bewirbt, empfohlen.	☐	☐
6	Die Bewerberin würde den Wohnort wechseln, wenn sie genommen wird.	☐	☐

Anregung zum Schreiben

Schreiben Sie einen Text zum Thema „Ehrlichkeit im Berufsleben" zu den folgenden Punkten.

1 Welche Erfahrungen haben Sie beruflich mit dem Thema „Ehrlichkeit" gemacht? (Situationen: Schule, Arbeitsalltag, Bewerbung, Lebenslauf, Vorstellungsgespräch etc.) Berichten Sie davon.
2 Wie ehrlich sollte man im Berufsleben sein? (Zu möglichen Situationen siehe Aufgabe 1) Begründen Sie Ihre Meinung.

Anregung zum Sprechen

Führen Sie zu zweit ein kurzes Gespräch bzw. Interview. Sie können die Stichpunkte auf den Karten benutzen. Wechseln Sie die Rollen.

Rolle A: Interviewer Stichpunkte zum Interview	Rolle B: Person, die interviewt wird Stichpunkte für die Antwort
Nach welchen Kriterien sollte man seinen Beruf wählen? Worauf kommt es bei einer Bewerbung am meisten an? Wonach würden Sie bei einem Vorstellungsgespräch vor allem fragen? Was ist für Sie beim „ersten Eindruck" wichtig?	– Begabung – Interesse – Angebot und Nachfrage – Bezahlung – Probleme lösen – helfen – Noten und Abschlüsse – Fachkenntnisse – sonstige Fähigkeiten – Persönlichkeit – wie man sich präsentiert – Fachwissen – Kenntnis meiner Firma – Motivation – Hobbys und Interessen – bisherige Tätigkeiten – Pünktlichkeit – Kleidung – Begrüßung – höfliches Auftreten – Sprache, Wortwahl

Hinweise zum Prüfungsteil SK

Hier sind die Hinweise zum Prüfungsteil SK noch einmal zusammengefasst, zu denen Sie dort Aufgaben und Übungen gemacht haben.

Allgemeiner Hinweis

Achten Sie unbedingt darauf, dass
- Sie alle drei Aufgaben bearbeiten.
- Ihr Text eine Einleitung und einen Schluss enthält.
- Ihr Text Überleitungen zwischen den einzelnen Teilen enthält.

Hinweise zur Einleitung

1. Beginnen Sie Ihren Text mit einer Anrede. Sie können ihm auch eine Überschrift geben.
2. Sagen Sie, warum Sie über das Thema schreiben, und machen Sie das Thema interessant für Ihre Leserinnen und Leser.
3. Schreiben Sie, wo Sie die Aussage gelesen haben und welchen Text Sie schreiben. Beachten Sie dazu die Prüfungsaufgabe.
4. Schreiben Sie, dass Sie das Thema besonders interessiert und warum das so ist.
5. Stellen Sie die Verfasserin / den Verfasser des Internetbeitrags kurz vor.
6. Wenn Sie es besonders gut machen wollen, kündigen Sie in der Einleitung alle drei Aufgaben an: Wiedergabe, Ihre Erfahrungen und Ihre eigene Meinung.

Hinweise zur Wiedergabe (Inhalt)

1. Sie müssen bei der Wiedergabe alle (vier) Abschnitte des Textes berücksichtigen.
   Sie müssen
   - den Verfasser vorstellen,
   - die Situation beschreiben,
   - die Meinung des Verfassers wiedergeben und
   - sein Ziel bzw. seinen Appell nennen.

   Aus jedem Abschnitt müssen die wichtigen Informationen genannt werden, damit der Leser versteht, was in dem Internetbeitrag steht.

2. Achten Sie bei der Kombination von Aussagen auch darauf, dass die Informationen Ihrer Wiedergabe aufeinander abgestimmt sind.
   Ein Beispiel (Prüfungsbeispiel 1):
   Sie haben in der Einleitung gesagt, dass Sabine Buchhändlerin werden will. Dann brauchen Sie das in der Wiedergabe nicht mehr zu erwähnen. Wenn nicht, dann müssen Sie das hier sagen, damit Ihre Leser Sabines Meinung verstehen.

3. Achten Sie darauf, dass Sie die wichtigsten Punkte der Meinung wiedergeben. Wenn möglich, kombinieren Sie sie geschickt. Die Meinung besteht meistens aus mehreren einzelnen Aussagen. Sie müssen nicht jede Einzelheit davon wiedergeben, nur die wichtigsten. Sagen sie deutlich, dass es sich um die Meinung des Verfassers / der Verfasserin handelt.

4. Am Ende des Beitrags, den Sie wiedergeben sollen, werden die Leser meistens aufgefordert, etwas zu tun. Man nennt diese Aufforderung einen Appell an die Leser. Sie müssen diesen Appell bei der Wiedergabe berücksichtigen. Hinter diesem Appell steht ein Ziel des Verfassers / der Verfasserin. Sie können auch dieses Ziel nennen.
   Beispiel (Prüfungsbeispiel 1):
   Sabines Appell: „Nehmt die Schule nicht so wichtig!"
   Sabines Ziel: „Ich möchte erreichen, dass die anderen die Schule (ebenso wie ich) nicht mehr so wichtig nehmen."
   Dahinter steckt vielleicht ein bestimmter Grund bzw. eine Motivation. Zum Beispiel: „Sabine möchte mit ihrer Meinung nicht dauernd alleine stehen." Es ist positiv, wenn Sie diesen Grund formulieren, es ist aber nicht unbedingt nötig.

5. Achten Sie am Ende darauf,
   - was die Leser nach der Meinung des Verfassers tun sollen und
   - warum sie es tun sollen.

   Das heißt: Welche Meinung sollen die Leser übernehmen?
   Beachten Sie auch den Zusammenhang mit dem Text, zum Beispiel:
   „Kümmert euch um den Job" bedeutet:
   „Kümmert euch in der dualen Ausbildung stärker um den Job als um die Schule."
   Aber nicht: „Kümmert euch darum, den Job zu bekommen" oder „Kümmert euch nur um euren Job". Das wäre eine falsche Wiedergabe.

Hinweise zur Wiedergabe (Sprache)

1. Wechseln Sie die Person („ich" → „sie / er")
2. Geben Sie den Beitrag nicht wörtlich wieder, sondern verwenden sie möglichst eigene Wörter und Satzstrukturen. Wo immer es geht: Ersetzen Sie die Wörter und Ausdrücke durch andere. Versuchen Sie, mit Ihren Ersetzungen möglichst genau das zu treffen, was der Schüler oder die Schülerin gesagt hat.
   Es gibt natürlich auch Wörter, für die Sie keine anderen finden können, wie z. B. „Schule" oder „duale Ausbildung". Diese können Sie dann übernehmen.

Hinweise zum Erfahrungsbericht

1. Schreiben Sie zwischen der Wiedergabe und Ihren eigenen Erfahrungen eine kurze Überleitung. Sie müssen sich darin auf beide Teile beziehen: Wiedergabe und Bericht. Es ist besonders gut, wenn Sie eine inhaltliche Überleitung schreiben.
2. Wenn Sie keine eigenen Erfahrungen haben, schreiben Sie über die Erfahrungen anderer Personen oder darüber, welche Erfahrungen man haben *könnte*.
3. Sagen Sie nicht einfach nur kurz, was Sie erlebt haben. Berichten Sie über mehrere Aspekte und stellen Sie jeden davon ausführlich dar. Ihre Leserinnen und Leser sollen gut verstehen können, was Sie erlebt bzw. erfahren haben.

Deshalb:
- Überlegen Sie sich drei bis vier verschiedene Aspekte, zu denen Sie etwas erzählen können.
- Bilden Sie sich (im Kopf oder auf einem Blatt) zu jedem Aspekt eine kleine Mindmap.
- Formulieren Sie dann Ihren Text an den Mindmaps entlang.
- Schreiben Sie verständlich und verbinden Sie die einzelnen Aspekte sinnvoll miteinander.

Beachten Sie: Es wird negativ bewertet, wenn Ihr Text
- nicht mehrere Aspekte enthält und / oder
- die Aspekte nur kurz abgehandelt werden.

Hinweise zum Teil „eigene Meinung"

1. Formulieren Sie am besten eine thematische Überleitung zur eigenen Meinung. Dazu können Sie mit einem Punkt aus Ihrem Erfahrungsbericht beginnen. Verbinden Sie die Stellungnahme mit dem Bericht.
2. Wenn Ihnen klar ist, dass Sie eine bestimmte Meinung zu einem Thema haben, dann können Sie sie gleich formulieren.
   Wenn nicht, sammeln Sie zuerst Argumente und schreiben Sie diese auf ein eigenes Blatt, nicht auf die Prüfungsbögen.
3. Wenn Sie Argumente suchen, schreiben Sie sich die genaue Fragestellung in der Prüfung auf.
   Dann können Sie in drei Schritten vorgehen:
   Schritt A:
   Schreiben Sie zunächst die Argumente auf, die Ihnen spontan einfallen.
   Schritt B:
   Bearbeiten Sie dann die Schüleraussagen in der entsprechenden Aufgabe nach den Strategien, die Sie in Aufgabe B 54 kennengelernt haben.
   Schritt C:
   Suchen Sie weitere Argumente mit den Kriterien 1–7 aus Aufgabe B 56.
   Formulieren Sie, wenn nötig, Teilfragen zu einzelnen Aspekten.
4. Schreiben Sie so, dass Ihre Meinung deutlich wird (dafür, dagegen oder unentschieden). Es reicht nicht, einfach Argumente aufzuzählen oder zu sagen, dass Sie das Thema interessant oder uninteressant finden.
5. Begründen Sie immer Ihre Position, auch wenn Sie sich nicht entscheiden können, ob Sie dafür oder dagegen sind.
6. Geben Sie Beispiele für Ihre Begründungen.
7. Wenn Sie Ihre Meinung begründen, müssen Sie Ihre Argumente deutlich sagen.
   Sagen Sie also **nicht** allgemein:
   …, weil es langweilig / interessant / gut / schlecht … ist
   sondern ganz konkret zum Beispiel:
   Ich lerne lieber mit Freunden, weil wir uns gegenseitig helfen können.
   Ich lerne lieber allein, weil ich mich da besser konzentrieren kann.

Hinweise zur Pro- und Kontra-Argumentation

1. Wenn Sie in Ihrem Text von „pro" und „kontra" oder „dafür" und „dagegen" sprechen, achten Sie darauf, dass Sie klar sagen, wie Sie die Fragestellung formulieren. Meist ist dies durch die Aufgabenstellung festgelegt. Da es aber manchmal mehrere Möglichkeiten gibt, sollten Sie für Klarheit sorgen.

Beispiel (Prüfungsbeispiel 1):
„Sollte man (im dualen System oder in der Vorbereitung auf eine Ausbildung) viel Arbeit in den schulischen Teil der Ausbildung stecken? Oder soll man sich vor allem um den Betrieb kümmern oder schon nebenher jobben?"
Wenn Sie die Frage formulieren: „Sollte man viel für die Schule lernen?", vertritt Sabine die Kontra-Position. Wenn Sie die Frage formulieren: „Sollte man sich vor allem um den Betrieb kümmern?", vertritt Sabine die Pro-Position. Manchmal ist es möglich, die Frage aus Sicht der Person aus dem Internetbeitrag zu formulieren *oder* aus allgemeiner Sicht.

2. Ordnen Sie Ihre Argumente nach Kriterien. Wenn Sie Pro- und Kontra-Argumente haben, sortieren Sie entweder zuerst alle Pro- und dann alle Kontra-Argumente nach Kriterien (oder umgekehrt). Oder Sie sortieren Pro und Kontra zuerst zu einem Kriterium (also innerhalb eines Kriteriums), dann zum nächsten. Wenn Sie die Kriterien 1–7 wie in Aufgabe B 56 notiert haben, ist das Ordnen für Sie leichter.

Schema zum Ordnen von Argumenten

entweder:	bzw.:
Kriterium A	**Kriterium A**
Argument 1 Pro	Argument 1 Pro →
Argument 2 Pro →	Argument 1 Kontra
Argument 1 Kontra	Argument 2 Pro →
Argument 2 Kontra	Argument 2 Kontra
Kriterium B	**Kriterium B**
Argument 1 Pro	Argument 1 Pro →
Argument 2 Pro →	Argument 1 Kontra
Argument 1 Kontra	Argument 2 Pro →
Argument 2 Kontra	Argument 2 Kontra
oder	
Kriterium A	**Kriterium A**
Argument 1 Pro	Argument 1 Kontra
Argument 2 Pro	Argument 2 Kontra
Kriterium B	**Kriterium B**
Argument 1 Pro	Argument 1 Kontra
Argument 2 Pro	Argument 2 Kontra

Hinweise zum Schluss Ihres Beitrags

1. Ihr Beitrag muss einen Abschluss haben. Als Schluss Ihres Beitrages können Sie den Abschluss der Stellungnahme nehmen, wenn Sie diesen gut ausgearbeitet haben.
   Sie können auch einen Briefschluss formulieren (bei einem Leserbrief).
2. Elegant ist auch ein „Zirkel": Sie schließen Ihren Beitrag ab, indem Sie auf eine Formulierung zurückkommen, mit der Sie ihn eingeleitet haben.
3. Ein Briefschluss als Abschluss des Blogbeitrags kann die folgenden Elemente enthalten:
   Thema, Meinung, Wertung, Hoffnung, Interesse / Lob, Ausblick, Grüße, Name.

Hinweise zu den sprachlichen Mitteln

Beim DSD I PRO werden auch die sprachlichen Mittel (Wortschatz und Strukturen), die Sie verwenden, bewertet. Sie müssen die Aufgaben ausführlich bearbeiten. Das wird beim Inhalt bewertet und auch beim Wortschatz und bei den Strukturen.

1. Wortschatz:
   - Geben Sie die Äußerungen aus dem Internetbeitrag mit eigenen Worten wieder oder umschreiben Sie sie.
   - Verwenden Sie möglichst viele Wörter, die nicht schon in dem Internetbeitrag stehen.
   - Schreiben Sie nicht zu wenig, damit es genug Wortschatz für eine gute Bewertung gibt.
   - Wechseln Sie ab, zum Beispiel nicht nur „sagen" (Wörter der Kommunikation), sondern auch „meinen", „denken", „schreiben", „erklären", „berichten" usw.
2. Strukturen:
   - Achten Sie darauf, dass Sie verschiedene Strukturen einsetzen.
   - Schreiben Sie nicht zu wenig, damit es genug Strukturen für eine gute Bewertung gibt.
   - Bauen Sie möglichst auch komplexe Strukturen ein.
3. Beachten Sie die Strategien für Ersetzungen und Umschreibungen in Aufgabe B 32.

Hinweise zum Prüfungsteil MK, Teil 1

Allgemeiner Hinweis

In der Prüfung bekommen Sie Fragen zu Dingen, die Sie gut kennen.
Üben Sie deshalb Antworten zu Themen in der Schule oder im Beruf, die für Sie besonders wichtig sind:
- Was ist für Sie typisch?
- Was weiß Ihre Lehrerin / Ihr Lehrer über Sie? (Was kann er / sie fragen?)

- Welche (schulische, betriebliche) Ausbildung machen Sie? Welchen Beruf erlernen Sie?
- In was für einem Unternehmen / Betrieb arbeiten Sie? Was ist dafür typisch?
- Welche besonderen Dinge tun Sie oder welche Vorlieben und Hobbys haben Sie?
- Was ist an Ihrer persönlichen, schulischen und beruflichen Lebenssituation besonders?
- Was gab es in letzter Zeit Besonderes?

Übersicht: mögliche Fragetypen und Themen

Typ	Themen
Vorlieben mit Begründung	– Berufsschule (Fächer, Unterricht, Projekte) – Betrieb (Tätigkeiten, Produkte, Werkstoffe etc.) – Beruf, Arbeitsbereich, Spezialisierungen – Ausgleich: Hobbys, Sport, Freizeit (ggf. mit Bezug zum Berufsleben) – Medien (Buch, Film, Fernsehen, Computer und Internet mit beruflichem Bezug) – sonstiges (spezielle Interessensgebiete, berufsbezogene Interessen)
Wünsche und Pläne	– Schule und Beruf (Zukunft: Berufswahl, Praktika, Zeit im Ausland, Abschlüsse, Tätigkeiten, mögliche Stellen, Karriereplanung etc.) – Weiterbildung (Fortbildungen, Qualifikationen) – Lebensgestaltung (Wohnorte, Familie, weitere Ideen) – „Wunsch-frei-Situationen“ (z. B. im Unternehmen oder allgemein in der beruflichen Zukunft)
Ereignisse und Erlebnisse	– besondere Anlässe (Feiern und Feste, Projekte, Veranstaltungen) – typische Zeiten (Ferien, Schuljahr, Phase des Blockunterrichts, Wochenende) – sonstige besondere Ereignisse – Entwicklungen (wie Sie etwas gelernt / sich verbessert haben)
Gewohnheiten und Typisches	– schulischer und beruflicher Alltag – Art des Umgangs mit etwas (Medien wie Computer / Internet; Arbeitsmaterialien) – regelmäßige (betriebliche oder schulische) Abläufe – was in der Schule oder auf der Arbeit bei Ihnen üblich ist (Abläufe, Rollen, Arbeiten, Regeln) – typische Ereignisse (Prüfungen, Inventur, Messe, Besprechungen)
Bekanntes	– Personen – fachliche Zusammenhänge – Orte (z. B. Firma, Werkhalle, Werkstatt, Büro) – schulische und berufliche Aktivitäten
Tipps	– Vorbereitung auf etwas (Lernen, Referate, Prüfungen, Verhandlungen, Aufträge) – Themen, mit denen Sie zu tun haben (Kontakt zu den Mitarbeitern, Verhältnis zum Chef, Suche nach einem Arbeitsplatz)

Übersicht: mögliche Prüferfragen

Hier finden Sie eine Liste von Fragen, die Ihnen Ihr Prüfer / Ihre Prüferin in der mündlichen Prüfung stellen kann. Lesen Sie die Fragen und formulieren Sie persönliche Antworten dazu.

A Fragen für alle Schülerinnen und Schüler (in Deutschland und im Ausland)

- Welches sind Ihre Lieblingsfächer?
- Was unternehmen Sie in Ihrer Freizeit?
- Surfen Sie viel im Internet? Was interessiert Sie dort am meisten?
- Welche Sprachen sprechen Sie?
- Was können Sie besonders gut?
- Was finden Sie gut an der Schule?
- Was würden Sie gerne verändern?
- Haben Sie Pläne für Ihr Leben? Wie sehen sie aus?
- Wie sehen Ihre beruflichen Vorstellungen aus?
- Welche Ausbildung würden Sie gerne anfangen?
- Welche schulische oder berufliche Ausbildung machen Sie gerade?
- Welchen Beruf erlernen Sie? / Welche Ausbildung machen Sie?

- Welchen Abschluss möchten Sie machen? Was planen Sie danach?
- Warum haben Sie sich für dieses Berufsfeld entschieden? Was gefällt Ihnen daran?
- Worin bestehen Unterschiede zwischen der Schule in Deutschland und in Ihrem Heimatland?
- Würden Sie gerne ein Praktikum machen? Wo? Was interessiert Sie daran?
- Haben Sie schon einmal einen Nebenjob gehabt?
- Wenn Sie mit der Schule fertig sind, welche Pläne haben Sie für die Zukunft?
- Sprechen Sie mit Ihren Freunden über das Thema „Berufswahl"?

B Fragen für Schülerinnen und Schüler an Schulen im Ausland

- Kennen Sie Menschen in Deutschland? Haben Sie vielleicht Freunde oder Verwandte dort?
- Haben Sie hier schon einmal ein Praktikum gemacht?

C Fragen für Schülerinnen und Schüler an Schulen in Deutschland

- Worüber unterhalten Sie sich mit Ihren Freunden hier? Welchen Kontakt haben Sie in Ihr Heimatland?
- Wie gefällt Ihnen die Schule in Deutschland?
- Was finden Sie gut am Schulsystem hier? Was nicht?
- Was gefällt Ihnen in Deutschland? Was gefällt Ihnen nicht?

Redemittel SK

Anrede (Leserbrief)

Liebe Leser unseres Blogs!
Hallo zusammen!
Liebe Mitschüler!
Liebe Redaktion!
Liebe Leserinnen und Leser!
Liebes Forum!
Liebe Blogger!

sagen, dass man von einem Thema persönlich betroffen ist

Mich wundert es immer, wenn / dass ...
Ich habe mich immer schon gefragt, ...
Meine Erfahrung sagt mir ...
Ich mache mir Sorgen, dass ...
Manchmal frage ich mich wirklich, ob / wie / wer / was ...
Es ärgert mich total, dass / wenn ...

die Leser persönlich ansprechen

Findet ihr nicht auch, dass ...
Stellt euch einmal vor, ...
Wie findet ihr eigentlich ...?
Habt ihr schon mal darüber nachgedacht, ...?
Was denkt ihr eigentlich über ...?

sagen, dass die Leser das Problem auch kennen

Hat jemand von euch auch schon mal ...?
Ihr wisst doch sicher alle ...
Ihr habt bestimmt auch schon mal ...
Dieses Problem kennt jeder: ...
Das hat jeder schon erlebt: ...

sagen, dass ein Thema spannend oder wichtig ist

Eine sehr aktuelle / wichtige / spannende / schwierige Frage ...
Ein Problem von großer Bedeutung ...
Eine interessante Frage ...

Das Thema	hat mich interessiert. / interessiert mich.
Die Frage	finde ich interessant / spannend / gut / wichtig.
Das Problem	geht uns alle an / kennt ihr sicher.
Die Diskussion	würde ich gerne weiterführen.

über die eigene Situation / eigene Erfahrungen schreiben

Bei mir	ist es so, dass
In meiner Klasse	merke ich immer wieder, ...
In unserem Betrieb	kann ich gut beobachten ...
In meinem Freundeskreis	habe ich die Erfahrung gemacht ...
Bei meinen Kollegen	sehe ich jeden Tag ...
In unserem Beruf	ist es wichtig ...
Bei meinem Chef	kommt es darauf an ...
	braucht man ...

nach meiner Erfahrung
nach meinen bisherigen Erfahrungen
meiner Erfahrung nach
Ich bin (es) gewohnt ...
Das geht mir immer so.
Damit habe ich schon gute / schlechte / viele / einige Erfahrungen gemacht.
Das ist zumindest meine Erfahrung.
Ich erlebe immer wieder ...

die eigene Situation vergleichen

Ich habe die gleichen / ähnliche Erfahrungen gemacht wie ...
... und ich haben die gleichen / ähnliche Erfahrungen.

Ich habe andere / unterschiedliche Erfahrungen gemacht als ...
... und ich haben verschiedene / unterschiedliche Erfahrung.

das Thema nennen

Das Thema heißt / lautet / ist ...
Es geht hier um das Thema / die Thematik ...

die Situation beschreiben

Ihre Situation / Lage ist ...
Sie sind in der Situation / Lage, dass ...
Für sie geht es um ...

sagen, für wen das Thema wichtig ist

Dies betrifft / ist wichtig / ist aktuell für ...

sagen, um was für eine Frage es bei dem Thema geht

Die Frage ist / heißt ...
Die Frage muss also heißen ...
Die Frage stellt sich ...

sagen, dass man einen Beitrag wiedergeben möchte

Einen interessanten Beitrag möchte ich jetzt	wiedergeben.
Eine dieser spannenden Meinungen werde ich nun	zusammenfassen.

sagen, was eine andere Person gesagt / geschrieben hat

Person X | beschreibt ihre / seine Situation.
erzählt von ihren / seinen Erlebnissen
berichtet von ihren / seinen Erfahrungen.
stellt ... vor.
argumentiert ...
begründet ihre / seine Meinung damit, dass ...
gibt als Beispiel ...
erklärt ...
hat eine interessante / klare Meinung.

über seine Erfahrungen berichten

Ich möchte nun von meinen Erfahrungen / Erlebnissen	berichten. erzählen.

Und jetzt berichte / erzähle ich von meiner Situation.

die eigene Meinung sagen

Ich möchte jetzt meine eigene/ persönliche Meinung	begründen. nennen.

Ich glaube / denke / meine / finde, dass ...
Ich bin der / habe die Meinung / Ansicht, dass ...
Ich sehe es so, dass ...
Für mich ist es klar, dass ...

ein Fazit ziehen

Daher ist meine persönliche Meinung, ...
Deshalb glaube ich, dass ...
Trotzdem denke ich, dass ...
So glaube ich, dass ...

sagen, wer den Beitrag geschrieben hat

Der Verfasser / Die Verfasserin Der Schreiber / Die Schreiberin Der Schüler / Die Schülerin Der / Die Auszubildende	heißt ... ist ...

Der Beitrag im Internetforum Der Eintrag im Blog Der Artikel	stammt von ... ist von ... wurde von ... geschrieben.

jemanden zu etwas auffordern

Jemand | fordert die Leser (dazu) auf, ...
möchte / will, dass die anderen ...
verlangt, dass ...
gibt die Empfehlung / den Rat, dass ...
hat die Bitte / den Wunsch, ...
appelliert an die Leser

auf etwas reagieren, was man gelesen oder gehört hat

Oft hört man zwar, dass ...
Zwar ist es richtig, dass ...
Man muss aber auch verstehen, dass ...
Viele sagen, dass ...
Es stimmt natürlich, dass ...
Genauso wichtig ist aber, dass ...
andererseits

einen Briefschluss formulieren

Nun kennt ihr meine Meinung zum Thema / zu der Frage / zur Diskussion über ...
Dieses Thema war sehr interessant / spannend / geeignet.
Dieses Thema hat mich sehr interessiert / beschäftigt / begeistert.
Ich hoffe, mein Beitrag hat euch gefallen / interessiert.
Den Berufsschulblog lese ich gern / regelmäßig / häufig.
Ich bin schon gespannt / freue mich schon / warte schon auf das nächste Thema.
Viele Grüße / Ciao / Bis bald!
Euer / Eure

Redemittel MK

etwas positiv miteinander vergleichen

Ich mag X lieber als Y.
Ich finde X besser / interessanter / praktischer als Y.
X gefällt mir besser als Y.
Ich verwende lieber X als Y.
Ich arbeite lieber im / in der X als im / in der Y.
Von den beiden Produkten X und Y ist X das bessere.

etwas negativ miteinander vergleichen

Ich mag Y weniger gern als X.
Ich finde Y weniger gut / praktisch als X
Ich finde Y nicht so gut / praktisch wie X.
X gefällt mir weniger gut als / nicht so gut wie Y.
Ich arbeite nicht so gern im / in der X als im / in der Y.
X nehme ich auch gern, aber mit Y arbeite ich noch lieber.
Ich finde X und Y gleich gut / interessant.
Ich mag weder X noch Y.

sagen, was das Beste ist

Das beste Angebot / Produkt ist X.
Unser bester Artikel ist X.
X finde ich (von allen Artikeln) am besten.
X finde ich viel besser als Y und Z.
X gefällt mir am besten.
X ist das interessanteste Produkt von den dreien.
X ist mein(e) Lieblings- ...

über die (berufliche) Zukunft sprechen

Nach der Ausbildung möchte ich / will ich / würde ich gern / werde ich ins Ausland gehen.
Ich habe noch keine festen Pläne, aber es könnte sein, dass ich ... mache.
Ich weiß es noch nicht so genau / bin (mir) noch nicht sicher.
Ich habe mir darüber noch keine Gedanken gemacht.
Ich warte noch etwas ab.
Ich habe mich noch nicht entschieden. / Ich kann mich noch nicht entscheiden.
Es gibt mehrere Möglichkeiten.
Ich bin sicher, dass ich ...
Ich habe vor, ...
Wenn es möglich ist, ... / Wenn ich die Chance habe, ...
Ich habe einige Ideen / Pläne / Absichten / Ziele / Wünsche.
Ich mache noch meinen Meister. / Ich werde noch meinen Meister machen. / Ich muss erst (noch) meinen Meister machen.

über Wünsche sprechen

Ich hätte gern ...
Ich würde am liebsten ...
Mein Traum wäre es, ...
Wenn ich mir etwas wünschen darf, wäre(n) das ...
Als Erstes würde ich ...
Wichtig wäre ...

über ein besonderes Erlebnis sprechen

Ich berichte jetzt von ...
An ... erinnere ich mich noch genau.
Oh ja, das war etwas ganz Besonderes!
Das war ein ganz besonderer Tag!
An dieses Ereignis denke ich gern zurück!
Das weiß ich noch gut.
An dem Tag ...
zuerst / während / danach / am Ende / zum Schluss

einen typischen Ablauf beschreiben

Ich beschreibe einmal einen typischen / eine typische ...
normalerweise / gewöhnlich / meistens / oft / häufig
Ich bin (Wir sind) (daran) gewöhnt, dass ich (wir) ...
Es ist üblich, ...
Es ist (dabei) eine Tradition, ...
Ich (Wir) mache(n) es immer so, dass ...
Dazu gehört auch, dass man ...

Tipps und Ratschläge geben

Ich kann Ihnen ein paar Tipps geben.
Ich gebe Ihnen gern einige Hinweise.
Ich kann Ihnen gern sagen, woran man unbedingt denken sollte / was wichtig ist.
Ich gebe Ihnen ein paar Tipps, wie man das macht / wie man Erfolg hat bei ...
Sie können mich gern fragen, wie das geht / funktioniert.

Formulierungen für einen mündlichen Vortrag

Punkte Ihres Vortrags	Ausdrücke
Sie leiten den Vortrag ein.	Ich halte nun einen Vortrag über ... Das Thema, über das ich sprechen möchte, lautet ... Ich würde Ihnen gern etwas zum Thema ... sagen. Mein Vortrag beschäftigt sich mit dem Thema ...
Sie erklären, welche Schritte Sie nacheinander vorhaben.	Dabei möchte ich wie folgt vorgehen: Zunächst ... Dazu gebe ich Ihnen nun zuerst einen Überblick: ...
Sie sprechen etwas mit Ihren Zuhörern ab.	So viel zu diesem Punkt. Haben Sie bis hierher Fragen? Bitte stellen Sie jederzeit Fragen, wenn etwas unklar ist. Können Sie mich gut verstehen? Bitte fragen Sie gern, wenn Sie ein Punkt näher interessiert. Können Sie so alles gut lesen?
Sie sagen etwas zur Struktur Ihres Vortrags.	Auf den Folien können Sie den Ablauf des Vortrags sehen. Meinen Vortrag habe ich so strukturiert: ... Wir kommen nun zu Punkt X, auf Ihrem Handout Seite ... Als Nächstes kommen wir zu Punkt X, wie Sie hier sehen.
Sie wissen im Moment nicht mehr richtig weiter.	Einen Augenblick bitte, ich glaube, da stimmt etwas nicht. Ich bitte um etwas Geduld, hier stimmt etwas nicht. Ich bitte um Entschuldigung, ich muss einen Moment überlegen. Entschuldigung, ich mache gleich weiter, mir ist etwas unklar.
Sie beenden gleich den Vortrag.	Und so komme ich nun zum letzten Punkt meines Vortrags. Lassen Sie mich zum Abschluss noch einmal zusammenfassen. Ich möchte nun noch einmal zusammenfassen: ... Damit ist unsere Frage fast beantwortet. Bleibt nun noch ... Bleibt nun nur noch ein letzter Punkt zu klären, nämlich ...
Sie sind mit Ihrem Vortrag fertig.	Möchten Sie zum Abschluss noch etwas fragen? Ich hoffe, ich konnte Sie für dieses Thema interessieren. Ich danke Ihnen für Ihre Aufmerksamkeit! Damit darf ich mich bei Ihnen für Ihr Interesse bedanken.

Deutsches Sprachdiplom der Kultusministerkonferenz

Bewertungskriterien Schriftliche Kommunikation – DSD I PRO

Kriterium		B1 3 Punkte	B1/A2 2 Punkte	A2 1 Punkt	unter A2 0 Punkte
Gesamteindruck		Der Text ist zusammenhängend und insgesamt flüssig zu lesen.	Der Text ist weitgehend zusammenhängend. Mehrere Textstellen lesen sich nicht flüssig.	Es liegen einfache Sätze vor, die inhaltlich verbunden sind. An mehreren Textstellen wird der Lesefluss deutlich unterbrochen.	Es liegen überwiegend Wendungen und Sätze vor, die weder inhaltlich noch sprachlich miteinander verbunden sind.
Inhalt	*Wiedergabe*	Die Aussagen werden angemessen und eigenständig wiedergegeben.	Die Aussagen werden weitgehend angemessen und weitgehend eigenständig wiedergegeben.	Die Aussagen werden nur zum Teil angemessen und nur zum Teil eigenständig wiedergegeben.	Die Aussagen werden nicht angemessen oder gar nicht wiedergegeben bzw. abgeschrieben.
	eigene Erfahrungen	Der Bericht enthält mehrere Aspekte, die detailliert und nachvollziehbar dargestellt werden.	Der Bericht enthält einige Aspekte, die knapp, aber insgesamt nachvollziehbar dargestellt werden.	Der Bericht ist insgesamt knapp und teilweise nicht ganz nachvollziehbar.	Der Bericht ist sehr kurz und kaum noch nachvollziehbar.
	eigene Meinung	Die eigene Meinung wird angemessen begründet.	Die eigene Meinung wird nur knapp begründet, ist aber noch nachvollziehbar.	Die eigene Meinung wird deutlich, aber nicht begründet.	Die eigene Meinung wird nicht geäußert bzw. ist unverständlich.
Verfügbarkeit sprachlicher Mittel	*Wortschatz*	Der Wortschatz ermöglicht eine angemessene Bearbeitung der Aufgabe. Wortfehler treten überwiegend im Zusammenhang mit einer komplexer angelegten Lexik auf.	Der Wortschatz lässt eine Bearbeitung der Aufgabe weitgehend zu. Wortschatzlücken und Wortfehler treten auch bei einer weniger komplex angelegten Lexik gelegentlich auf.	Der Wortschatz lässt eine Bearbeitung der Aufgabe nur begrenzt zu. Wortschatzlücken und Wortfehler treten häufiger auf.	Der Wortschatz ist so begrenzt, dass er nicht ausreicht, um die Aufgabe zu bearbeiten.
	Strukturen	Die Strukturen ermöglichen eine angemessene Bearbeitung der Aufgabe. Gelegentlich werden komplexe Strukturen verwendet.	Die Strukturen lassen eine Bearbeitung der Aufgabe weitgehend zu. Komplexe Strukturen kommen kaum vor.	Die Strukturen lassen eine Bearbeitung der Aufgabe nur begrenzt zu. Komplexe Strukturen kommen nicht vor.	Die Strukturen sind so begrenzt, dass sie nicht ausreichen, um die Aufgabe zu bearbeiten.
Korrektheit	*grammatische Korrektheit*	Die grammatischen Strukturen werden mit wenigen Ausnahmen korrekt verwendet. Diese Ausnahmen beeinträchtigen die Verständlichkeit nicht.	Einfache Strukturen werden überwiegend korrekt verwendet. Bei der Verwendung komplexer Strukturen kommen Fehler vor, die die Verständlichkeit beeinträchtigen können.	Einige einfache Strukturen werden korrekt verwendet, allerdings zeigen sich viele elementare Fehler. Es wird jedoch überwiegend klar, was ausgedrückt werden soll.	Auch wenn nur einfache Strukturen verwendet werden, ist der Text sehr fehlerhaft. Dadurch wird die Verständlichkeit an einigen Stellen beeinträchtigt.
	orthografische Korrektheit	Orthografie und Interpunktion sind weitgehend korrekt.	Orthografie- und Interpunktionsfehler kommen vor, ohne die Verständlichkeit zu beeinträchtigen.	Orthografie- und Interpunktionsfehler treten häufig auf, jedoch wird die Verständlichkeit kaum beeinträchtigt.	Orthografie und Interpunktion sind so fehlerhaft, dass die Verständlichkeit beeinträchtigt wird.

Deutsches Sprachdiplom der Kultusministerkonferenz

Bewertungskriterien Mündliche Kommunikation – DSD I PRO

	Kriterium	B1 3 Punkte	B1/A2 2 Punkte	A2 1 Punkt	unter A2 0 Punkte
Verfügbarkeit sprachlicher Mittel	*Wortschatz*	Der Wortschatz reicht aus, um sich zu Themen des eigenen Erfahrungsbereichs angemessen zu äußern. Wortschatzlücken bzw. -fehler kommen bei komplexer angelegten bzw. weniger vertrauten Themen vor.	Der Wortschatz reicht weitgehend aus, um sich zu Themen des eigenen Erfahrungsbereichs zu äußern. Wortschatzlücken bzw. -fehler treten gelegentlich auch bei einfachen und vertrauten Themen auf.	Der Wortschatz ist begrenzt, reicht aber aus, um konkrete und vertraute Alltagssituationen sprachlich zu bewältigen. Wortschatzlücken bzw. -fehler treten häufiger auch bei einfachen und vertrauten Themen auf.	Der Schüler verfügt über einen elementaren Wortschatz und einzelne Wendungen, um sich in konkreten und vertrauten Alltagssituationen begrenzt zu verständigen.
	Strukturen	Der Schüler verfügt über ein hinreichend breites Spektrum an Satzbaumustern und Strukturen, um sich zu Themen des eigenen Erfahrungsbereichs angemessen zu äußern.	Der Schüler verfügt über ein ausreichendes Spektrum an Satzbaumustern und Strukturen, um sich zu Themen des eigenen Erfahrungsbereichs zu äußern.	Der Schüler verfügt über ein Repertoire elementarer Satzbaumuster und Strukturen, um konkrete und vertraute Alltagssituationen sprachlich zu bewältigen.	Der Schüler verfügt nur über sehr einfache Satzbaumuster und Strukturen, um sich in konkreten und vertrauten Alltagssituationen begrenzt zu verständigen.
Umsetzung der Aufgabenstellung	*Inhalt*	Der Schüler trägt das Thema nachvollziehbar und strukturiert vor. Im Gespräch rundet der Schüler seinen Vortrag durch vertiefende Aussagen zum Thema ab.	Der Schüler trägt das Thema weitgehend nachvollziehbar und weitgehend strukturiert vor. Im Gespräch ergänzt der Schüler seinen Vortrag durch mehrere zusätzliche Informationen.	Der Schüler trägt das Thema zum Teil nicht nachvollziehbar und wenig strukturiert vor. Im Gespräch ergänzt der Schüler seinen Vortrag nur durch wenige zusätzliche Informationen.	Der Schüler trägt lediglich einzelne Aspekte des Themas kaum nachvollziehbar und unstrukturiert vor. Im Gespräch wiederholt der Schüler lediglich bereits genannte Aspekte bzw. kann der Schüler keine zusätzlichen Informationen zu seinem Vortrag geben.
	Präsentation	Die Integration von Vortrag und mitgebrachtem Material gelingt dem Schüler durchgängig. Das eingesetzte Material unterstützt die Strukturierung des Vortrags und illustriert das Thema in angemessener Weise.	Der Schüler nimmt im Vortrag an mehreren Stellen auf das mitgebrachte Material Bezug, jedoch gelingt die Integration nicht durchgängig. Das eingesetzte Material unterstützt die Strukturierung des Vortrags im Wesentlichen und illustriert das Thema in weitgehend angemessener Weise.	Der Schüler verweist im Vortrag manchmal auf das mitgebrachte Material. Das eingesetzte Material unterstützt die Strukturierung des Vortrags begrenzt und illustriert das Thema in eingeschränkter Weise.	Der Schüler nimmt im Vortrag kaum Bezug auf das mitgebrachte Material. Das eingesetzte Material leistet einen sehr geringen Beitrag zur Strukturierung des Vortrags und Illustration des Themas.
Korrektheit	*Grammatik*	Der Schüler zeigt unter Berücksichtigung der Merkmale gesprochener Sprache eine gute Beherrschung grammatischer Strukturen. Fehler beeinträchtigen die Kommunikation nicht.	Der Schüler zeigt unter Berücksichtigung der Merkmale gesprochener Sprache eine weitgehende Beherrschung grammatischer Strukturen. Fehler beeinträchtigen die Kommunikation nicht.	Der Schüler verwendet unter Berücksichtigung der Merkmale gesprochener Sprache einige einfache Strukturen im Allgemeinen korrekt. Es können elementare Fehler vorkommen. Die Verständigung kann beeinträchtigt werden.	Der Schüler verwendet unter Berücksichtigung der Merkmale gesprochener Sprache nur wenige einfache Strukturen korrekt, macht insgesamt zahlreiche elementare Fehler, die die Kommunikation erschweren.
	Aussprache	Die Aussprache ist trotz eines Akzents gut verständlich. Falsche Aussprache einzelner Wörter kann auftreten.	Trotz Aussprachefehlern und eines merklichen Akzents ist die Aussprache klar genug, sodass der Schüler verstanden wird.	Die Aussprache ist klar genug, um trotz eines merklichen Akzents meistens verstanden zu werden, doch manchmal muss der Prüfer um Wiederholung bitten bzw. kooperieren.	Die Aussprache weist einen so starken Akzent auf, dass es insgesamt mühsam ist, den Schüler zu verstehen. Der Prüfer muss öfter um Wiederholung bitten.